Coordinadores:
Silvia López Ripoll
Julia Miñano López

Autores:
Pilar Ballester Bielsa
Susana Catalán Gallén
Mª Ángeles Díaz Tapia
Silvia López Ripoll
Ana López Samaniego
Julia Miñano López

Destino ERASMUS

1

Estudios Hispánicos
Universidad de Barcelona

UNIVERSITAT DE BARCELONA

SGEL

Nuestro agradecimiento a Irene Yúfera y a Pedro Gras
por sus acertadas sugerencias.

Primera edición, 2009

Produce: SGEL - Educación
          Avda. Valdelaparra, 29
          28108 Alcobendas (MADRID)

Diseño de cubierta: Thomas Hoermann
Maquetación: Track Comunicación (Bernard Parra)
Ilustraciones: Antoni Garcés Clotet
Fotografías: Cordon Press, Getty Images y Shutterstock

ISBN SGEL: 978-84-9778-412-2
ISBN UB: 978-84-475-3409-8
Depósito legal: M-44508-2009
Printed in Spain - Impreso en España

Impresión: Orymu, S.A.

PRESENTACIÓN

Destino Erasmus 1 es un manual para el aprendizaje de la lengua española como lengua extranjera. Elaborado por un grupo de profesores de español del centro de Estudios Hispánicos de la *Universitat de Barcelona*, pretende contribuir al establecimiento de unos procedimientos comunes para la enseñanza de segundas lenguas a la comunidad universitaria europea. Los países de la Unión Europea, con sus múltiples diferencias, comparten cada vez más el ámbito sociocultural, y ello se manifiesta sobre todo entre los estudiantes universitarios.

La lengua española es objeto de aprendizaje en las aulas universitarias españolas a través de los programas ERASMUS y SÓCRATES. La normativa europea obliga a estos estudiantes a conocer la lengua de la comunidad de destino para poder cursar las titulaciones de grado, postgrado y doctorado. Cada universidad ha puesto a disposición de esta comunidad extranjera los medios necesarios para preparar lingüísticamente bien a los que poseen menor dominio de la lengua bien a los que no tienen fluidez.

Estudios Hispánicos de la *Universitat de Barcelona* viene colaborando en la impartición de la enseñanza del español como lengua instrumental en estos programas europeos desde su implantación en la última década del siglo xx. Con la publicación de ***Destino Erasmus 1*** se ofrecen unos materiales bien contrastados para el aprendizaje de la lengua española; el nivel de conocimiento sobrepasa el nivel A2 y posibilita el acceso al nivel B1 del Marco Común Europeo de Referencia. Los contenidos de este manual atienden tanto al conocimiento integrado en la cultura europea común como al nivel cultural de la población joven europea que accede a estos programas; asimismo considera como punto de partida el nivel más bajo de conocimiento de la lengua española que presenta una franja de esta población estudiantil. Además, este manual contiene la experiencia de un grupo de profesores de ELE que, con su experiencia continuada en la enseñanza a universitarios, ha podido contrastar textos, ejercicios y esquemas hasta dar con un resultado eficiente para unos objetivos tan específicos.

Esperamos que con ***Destino Erasmus 1*** se complete la colección que tiene que proveer de una fórmula explícita de la gramática que ayude a aprender la lengua española a la comunidad universitaria europea que accede a nuestras aulas.

Barcelona, octubre de 2009

M. Rosa Vila Pujol

Cómo es *Destino Erasmus*

Destino Erasmus se compone de diez unidades que constan de tres secciones:
- Textos y pretextos
- Formas y funciones
- Comunicación oral/escrita

Textos y pretextos

En esta primera sección se presentan textos orales y escritos de diferente tipología que contextualizan los contenidos gramaticales, funcionales y léxicos de la unidad.

Las prácticas que se proponen están dirigidas al desarrollo de diferentes estrategias de comprensión, así como a la observación de las formas lingüísticas que se trabajarán en el resto de la unidad.

Formas y funciones

Esta sección se compone de dos partes bien diferenciadas:

En primer lugar, se presentan en forma de esquema los contenidos gramaticales y funcionales de la unidad. Los esquemas van acompañados de imágenes que pretenden facilitar la comprensión del funcionamiento de las formas lingüísticas.

A continuación, se propone un conjunto de actividades destinadas a la práctica de dichas formas lingüísticas en situaciones de interacción en el aula. Mediante estas actividades, que integran las diferentes destrezas, se pretende desarrollar la competencia intercultural de los estudiantes.

Comunicación oral/escrita

Se elige para cada unidad un modelo de trabajo de los contenidos anteriores: **comunicación oral** o **comunicación escrita**.

Para practicar la competencia oral, se ofrecen escuchas de muestras de lengua habladas (disponibles en el CD de audio que acompaña al libro), siempre relacionadas con la experiencia de los estudiantes Erasmus. Asimismo, se proponen prácticas en grupo para la utilización oral de la lengua.

Para la comunicación escrita, se presentan modelos a partir de los cuales se trabajan inductivamente los rasgos más representatativos del tipo de texto seleccionado. Se proponen actividades de práctica formal de los mecanismos discursivos más relevantes y, además, se aborda la elaboración de un texto a partir de una situación relacionada con la experiencia de los estudiantes.

El libro se completa con dos apartados pensados para el trabajo autónomo del estudiante: *Conjugación* y *Otras actividades*. Estos apartados vienen acompañados de soluciones, aunque también pueden ser utilizados en el aula como refuerzo o recapitulación de los aspectos formales trabajados en cada unidad.

Otras actividades

Este apartado consta de varias actividades de respuesta cerrada que retoman los contenidos trabajados en la unidad.

El apartado se abre con un texto de una extensión superior a los leídos en la unidad, acompañado de actividades de comprensión lectora y práctica del léxico.

En segundo lugar, se proponen actividades para el desarrollo de la competencia léxica (formación de palabras, colocaciones, precisión léxica, campos semánticos, etc.).

A continuación, se encuentran actividades de práctica formal dirigidas a la consolidación de los contenidos gramaticales y funcionales de la unidad.

Por último, se proponen prácticas de respuesta cerrada de los mecanismos discursivos presentados en la unidad.

Conjugación

Este apartado contiene una descripción de los distintos tiempos que componen el sistema verbal del español. En primer lugar, se presentan las formas regulares de cada tiempo, seguidas de las principales formas irregulares. A continuación, se proponen actividades de práctica formal dirigidas a la consolidación de dichas formas.

Al final del libro el estudiante puede encontrar la transcripción del audio que acompaña la obra y las soluciones a la sección «Otras actividades».

Índice

Índice

Funciones:
Explicar y valorar experiencias.

Léxico:
La estancia Erasmus.

Textos:
Cartas personales.
Conversación informal cara a cara.

Funciones:
Hablar de experiencias pasadas.
Describir situaciones en el pasado.
Explicar anécdotas pasadas.
Narrar cuentos.

Contenidos gramaticales:
Contraste entre los tiempos de pasado.
Revisión de marcadores temporales.

Tipología textual:
Carta personal.

Funciones y mecanismos discursivos:
Relatar experiencias y proyectos.
Estructura de la carta personal.
Expresiones propias de una carta personal.

OTRAS ACTIVIDADES

1 Rutinas y costumbres

1. EL *SHOCK* CULTURAL

A. Los primeros días en un país extranjero son un poco difíciles. Es el llamado *shock* cultural. Completa la estrella que tienes a continuación con información sobre tu propia experiencia.

UNA SITUACIÓN SOCIAL EN LA QUE
TE SIENTES MAL / INCÓMODO.

UN LUGAR DONDE TE SIENTES
COMO EN CASA.

UNA SITUACIÓN EN LA QUE TE
ALEGRAS DE ESTAR AQUÍ.

UNA PERSONA QUE TE ESTÁ AYUDANDO
EN TU INTEGRACIÓN.

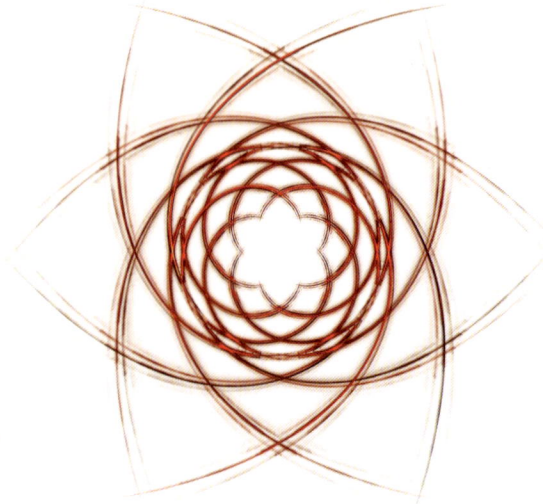

UNA COMIDA ESPAÑOLA
NUEVA PARA TI.

UN MOMENTO EN EL QUE ECHAS DE
MENOS A TU FAMILIA / AMIGOS.

B. Comenta con tu compañero la información de la actividad anterior.

◆ *Yo vivo con una familia que tiene un hijo de mi edad. Me ha presentado a sus amigos y, a veces, salgo con ellos. Son muy simpáticos.*

▼ *Pues yo vivo con otros estudiantes Erasmus y no conozco a casi ningún español aparte de los compañeros de clase.*

C. Aquí tienes un texto que habla del *shock* cultural y de sus síntomas. Además, ofrece recomendaciones para que afecte lo menos posible. Léelo y completa el cuadro que hay a continuación.

El *shock* cultural
El mal de los extranjeros

El estudiante que se dispone a vivir unos meses en el extranjero se imagina su futura estancia fuera de casa como una etapa especial en su vida y, al mismo tiempo, como una forma de conocer a otra gente, otra cultura y otra universidad. Pero al cambiar de cultura puede sentirse extraño, desorientado y algo solo. Es completamente normal. Al dejar su país se ha alejado de la gente y de las circunstancias en las que ha aprendido a convivir en sociedad durante años. Es el famoso *shock* cultural.

Este *shock* se manifiesta de formas diferentes. Para algunos, en forma de una tristeza o enfado inexplicables ante cosas sin importancia. Para otros, en el hecho de comer en exceso o, todo lo contrario, de perder el apetito. Hay personas que tienen dificultad para concentrarse y estudiar y, en cambio, otros se encuentran con problemas a la hora de dormir.

¿Qué se puede hacer para evitar el *shock* cultural?

Lo más importante es mantenerse activo: pasar mucho tiempo fuera de casa y observar las costumbres de la gente ayuda a encontrar cosas en común. También es fundamental intentar hacer amigos españoles: contarles cosas del país de origen y comparar las costumbres con las de ellos y las de amigos de otras culturas; eso servirá para darse cuenta de que hay muchas más cosas en común de las que parece a simple vista.

Otra buena recomendación es hacer ejercicio físico. Apuntarse a un gimnasio, por ejemplo, es una forma de relajarse y conocer gente. Si no se tiene mucho dinero, también es posible hacer *footing*, es decir, correr por la calle o por el parque. O montar en bicicleta; muchas ciudades de España tienen carril bici y, algunas, un servicio de bicicletas de uso público a precios económicos.

También es muy importante aprender español. Mejorar la habilidad para comunicarse es, sin duda, la mejor forma de integrarse. Es muy bueno ser espontáneo y preguntar lo que no se entiende; siempre habrá gente encantada de ayudar con las palabras nuevas.

También es bueno conocer a otros estudiantes extranjeros. Hablar con ellos y ver cómo se adaptan al cambio cultural puede ser una gran ayuda.

Síntomas del *shock* cultural	Recomendaciones contra el *shock* cultural
Sentirse solo	Intentar hacer amigos

D. Comenta con tu compañero con qué frecuencia realizas las actividades recomendadas en el texto contra el *shock* cultural.

◆ *¿Tú vas al gimnasio? Yo me he apuntado a uno e intento ir un par de veces por semana. Es verdad que allí conoces a gente nueva y hablas con ellos.*

▼ *Bueno, es que a mí hacer deporte no me gusta nada, pero me van a dejar una bici para ir a clase y así hago algo de ejercicio. Pero, claro, no voy a poder practicar mi español.*

E. Escribe tres cosas que te sorprenden de las costumbres de los españoles y coméntalas con tus compañeros.

◆ *A mí me chocan los dos besos nada más conocerte. No me molesta, pero todavía tengo que acostumbrarme.*

▼ *Pues a mí no me parece raro, porque en Italia también damos muchos besos.*

2. LOS UNIVERSITARIOS ESPAÑOLES

A. **Alberto y Laura son dos jóvenes universitarios españoles. En una entrevista para el programa de radio *Gente de hoy* les preguntan sobre sus costumbres. Escucha y marca cuáles de las siguientes actividades aparecen en la conversación.**

- ☐ salir de fiesta
- ☐ ver una exposición
- ☐ ir a cenar fuera
- ☐ ir a la biblioteca

- ☐ ir al gimnasio
- ☐ trabajar como voluntario
- ☐ ir de compras
- ☐ dar clases particulares

- ☐ escuchar música
- ☐ ir al cine
- ☐ echar la siesta

B. **Escucha de nuevo y relaciona las siguientes frases con uno de los dos jóvenes.**

		Alberto	Laura
1	Nunca salgo entre semana porque estoy muy cansado.		
2	Voy al gimnasio una o dos veces a la semana.		
3	Por las tardes, voy de compras, al cine o a dar un paseo.		
4	Vivo con tres estudiantes más.		
5	Normalmente, salgo de fiesta los jueves por la noche.		
6	El año que viene quiero estudiar un máster.		
7	Los fines de semana trabajo en una pizzería.		
8	Suelo salir los sábados por la noche.		
9	Tengo clases todos los días.		
10	Tengo una beca.		

C. **Comenta con tu compañero en qué cosas coincidís con Alberto y Laura.**

◆ *Yo también suelo salir los sábados hasta las tantas.*
▼ *Pues yo no. Yo prefiero salir los jueves, como Laura, para ir a fiestas universitarias.*
◆ *No, yo no voy nunca al gimnasio. Y tú, ¿vas al gimnasio?*
▼ *Yo tampoco. Como voy en bici a todas partes, ya hago ejercicio todos los días.*

EXPRESAR ACCIONES HABITUALES

> Usamos el **PRESENTE** de **INDICATIVO** para expresar acciones habituales, repetidas en la actualidad.

> También podemos usar *SOLER* + INFINITIVO.

- Normalmente **como** fuera de casa, pero **cocino** todas las noches.

- ¿Para cenar? **Suelo preparar** un poco de verdura y pescado.

PREGUNTAR POR LA FRECUENCIA

Preguntar la frecuencia con que se realiza una acción.

- ◆ **¿Cuántas veces** entrenas a la semana?
- ▼ Dos veces por semana. Los lunes y los jueves.
- ◆ **¿Con qué** frecuencia vas al dentista?
- ▼ Una vez al año.
- ◆ **¿Cada cuánto** llamas a tus padres?
- ▼ **Cada** dos o tres días.

INTERROGATIVOS

Se pregunta por...

Persona
- ◆ **¿Quién** es mi tutor?
- ▼ El profesor García.
- ◆ **¿Quiénes** son tus profesores de prácticas?
- ▼ Todavía no los conozco.

Actividad o cosa
- ◆ **¿Qué** tengo que hacer para matricularme? **¿Qué** necesito?
- ▼ Tienes que rellenar y entregar los impresos de matriculación.

Tiempo
- ◆ **¿Cuándo** se puede recoger el certificado del curso?
- ▼ A partir del día 15.

Lugar
- ◆ **¿Dónde** puedo comprar el material del curso?
- ▼ En la librería de la facultad. Está enfrente de la cafetería.

Modo
- ◆ **¿Cómo** se evalúa este curso?
- ▼ Con un control de asistencia y un trabajo final, pero no hay examen.

Cantidad
- ◆ **¿Cuánto** tiempo dura este curso? **¿Cuántas** horas?
- ▼ No mucho, son 40 horas en dos meses.
- ◆ **¿Cuánta** gente hay en cada grupo? **¿Cuántos** estudiantes?
- ▼ Depende del nivel, pero unos 20 alumnos por grupo.

Causa o motivo
- ◆ **¿Por qué** has elegido esta universidad para hacer tu Erasmus?
- ▼ **Porque** me la han recomendado algunos amigos.

EXPRESIONES DE FRECUENCIA

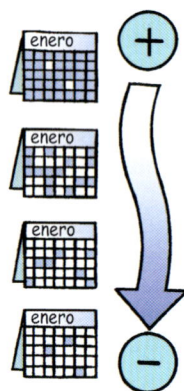

Siempre
(Casi) Todos los días, todas las mañanas
Normalmente, habitualmente
Una vez al día
Tres veces por semana / a la semana
Los lunes, los martes...
Muchas veces, bastantes veces, a menudo
A veces, algunas veces
Pocas veces, muy pocas veces
Alguna vez
(Casi) Nunca

Elección entre similares

Qué + nombre
- ◆ **¿Qué** diccionario me recomiendas que use para aprender español?
- ▼ Uno monolingüe para estudiantes extranjeros, practicas más español.

Cuál + verbo
- ◆ Aquí hay varios diccionarios, tú, **¿cuál** me recomiendas para llevar a clase?
- ▼ Uno bilingüe y pequeño, es más cómodo.

POSESIVOS I

| | SINGULAR | | PLURAL | | PERSONA respecto a la que se sitúa el sustantivo |
MASCULINO el coche	FEMENINO la bicicleta	MASCULINO los zapatos	FEMENINO las fotografías	
mi coche	mi bicicleta	mis zapatos	mis fotografías	Yo
tu coche	tu bicicleta	tus zapatos	tus fotografías	Tú
su coche	su bicicleta	sus zapatos	sus fotografías	Él / ella / usted
nuestro coche	nuestra bicicleta	nuestros zapatos	nuestras fotografías	Nosotros/as
vuestro coche	vuestra bicicleta	vuestros zapatos	vuestras fotografías	Vosotros/as
su coche	su bicicleta	sus zapatos	sus fotografías	Ellos / ellas / ustedes

Mis zapatos *Mi bicicleta* *Nuestras fotografías* *Nuestra bicicleta*

POSESIVOS II

| | SINGULAR | | PLURAL | | PERSONA respecto a la que se sitúa el sustantivo |
MASCULINO el coche	FEMENINO la bicicleta	MASCULINO los zapatos	FEMENINO las fotografías	
(el) mío	(la) mía	(los) míos	(las) mías	Yo
(el) tuyo	(la) tuya	(los) tuyos	(las) tuyas	Tú
(el) suyo	(la) suya	(los) suyos	(las) suyas	Él / ella / usted
(el) nuestro	(la) nuestra	(los) nuestros	(las) nuestras	Nosotros/as
(el) vuestro	(la) vuestra	(los) vuestros	(las) vuestras	Vosotros/as
(el) suyo	(la) suya	(los) suyos	(las) suyas	Ellos / ellas / ustedes

*Esta bicicleta es azul y es **mía***

*Pero **la nuestra** es más grande*

1. EL ESTRÉS

A. A continuación aparecen algunos de los síntomas más característicos del estrés. ¿Puedes añadir otros?

- Dormir poco
- Despertarse muchas veces durante la noche

- Comer a deshora
- Beber mucho café o bebidas que contienen cafeína

- Tener poca vida social
- Estar preocupado por las obligaciones

- Perder cosas
- Olvidar citas, reuniones...

B. Habla con tu compañero para saber si tiene estrés.

◆ *¿Normalmente tomas café?*
▼ *Sí, todos los días.*
◆ *¿Cuántos cafés tomas al día?*

C. ¿Estudiar en un país extranjero provoca estrés? Escribe con tu compañero qué situaciones pueden ser estresantes para un estudiante extranjero y coméntalas con otros estudiantes.

◆ *Entender a los profesores me parece muy estresante.*
▼ *A mí también.*

2. PROFESIONES Y ACTIVIDADES

Estas dos personas cuentan lo que hacen normalmente. ¿Sabes cuál es su profesión?

A. Completa el texto con la forma adecuada del presente.

(Despertarse, yo) [1] _____ todos los días a las nueve de la noche. (Ducharse) [2] _____ y (vestirse) [3] _____. Mientras (cenar) [4] _____, (mirar) [5] _____ un rato la televisión. Después, (ir) [6] _____ a trabajar; (empezar) [7] _____ a las once de la noche. Cuando (llegar) [8] _____ al trabajo, (cambiarse) [9] _____ y (encender) [10] _____ la radio. De once a cuatro y media mis compañeros y yo (preparar) [11] _____ los productos que después (vender) [12] _____ en la tienda o (repartir) [13] _____ a bares, cafeterías y restaurantes. Como los productos se consumen especialmente a la hora del desayuno, (tener) [14] _____ que empezar el reparto muy temprano. Cuando (terminar) [15] _____ son las siete o las siete y media de la mañana; depende un poco del tráfico.

B. Completa el texto con los siguientes verbos en la forma adecuada del presente.

> poner • conseguir • hacer • empezar • continuar
> volver • tener (3) • ✔ trabajar • encender

Como _trabajo_ en casa, no [1] _____ unos horarios muy estrictos. Normalmente, trabajo por la tarde. A veces, cuando el trabajo es urgente o no [2] _____ concentrarme, [3] _____ una pausa y [4] _____ por la noche. [5] _____ siempre la misma rutina. Primero, [6] _____ el ordenador. Después, [7] _____ todos los diccionarios encima de la mesa. Así, si tengo dudas sobre alguna palabra, no [8] _____ que levantarme continuamente. Cuando ya está todo preparado, [9] _____ a trabajar. Al final de la jornada, siempre [10] _____ a leer el texto original y mi versión para detectar posibles errores.

C. Piensa en una profesión y escribe un texto similar en el que el protagonista explique qué hace un día normal. Después, tus compañeros tienen que adivinar de qué profesión se trata.

3. PREGUNTAS PARA CONOCERSE

A. Aquí tienes las respuestas que un joven ha dado en una entrevista para el programa de radio *Gente de hoy*, pero el micrófono del periodista no funcionaba bien. ¿Puedes deducir las preguntas?

1 ◆ ¿_____? ▼ En la calle de la Independencia, cerca de la Plaza Mayor.
2 ◆ ¿_____? ▼ Con mis padres, como no trabajo, no puedo independizarme.
3 ◆ ¿_____? ▼ Periodismo.
4 ◆ ¿_____? ▼ De lunes a jueves por las mañanas, el viernes no tengo clase.
5 ◆ ¿_____? ▼ Sobre las siete de la mañana.

6 ◆ ¿_____? ▼ Quedo con mis amigos y nos vamos a tomar algo.
7 ◆ ¿_____? ▼ El negro.
8 ◆ ¿_____? ▼ Navego por Internet o veo la tele.
9 ◆ ¿_____? ▼ No, no me gusta mucho.
10 ◆ ¿_____? ▼ Aries, mi cumpleaños es el 26 de marzo.

B. Utiliza las preguntas del ejercicio anterior para conocer a tus compañeros de clase.

◆ *¿Cuál es tu color preferido?*
▼ *El negro, me parece muy elegante, ¿y **el tuyo**?*
◆ ***El mío** es el naranja, es más alegre, ¿no?*

C. Los estudiantes Erasmus suelen organizar fiestas. En grupo, completad estas preguntas y utilizadlas para organizar una fiesta.

1. ¿_____ hacemos esta noche? ¿_____ os gustaría hacer?
2. ¿_____ locales conocéis? ¿A _____ podemos ir?
   ¿_____ está?
3. ¿_____ se va: en autobús o en metro?
4. ¿_____ euros cuesta la entrada?
5. ¿A _____ podemos llamar? ¿Queréis invitar a alguien más?
6. ¿A _____ hora quedamos?
7. Entonces, ¿_____ quedamos?

4. Cómo aprender español

A. En esta encuesta aparecen algunas actividades que realizan los estudiantes de idiomas. Comenta con tu compañero cuáles de estas actividades realizáis y con qué frecuencia. Después, comparad vuestras puntuaciones.

4 = casi todos los días   **3** = a menudo   **2** = a veces   **1** = casi nunca

	Actividad	Frecuencia	
		Tú	Tu compañero
1	Hacer los deberes		
2	Asistir a clase		
3	Revisar las correcciones de los textos escritos		
4	Buscar en el diccionario las palabras nuevas		
5	Leer el periódico, ver películas de aquí, etc.		
6	Utilizar los centros de autoaprendizaje		
7	Hablar en español con mis compañeros de clase		
8	Estudiar la gramática		
9	Escuchar y cantar canciones en español		
10	Intentar utilizar las expresiones nuevas fuera de clase		
11	Memorizar el vocabulario con juegos, con tarjetas, etc.		
12	Chatear con personas que hablan español		
	Total		

◆ *¿Cuántas veces por semana haces los deberes?*
▼ *A menudo, y tú ¿con qué frecuencia los haces?*
◆ *Pues, yo no los hago casi nunca, no tengo tiempo. Pero vengo a clase siempre.*

Puntuación

48-37 ¡Felicidades! Utilizas bien tus oportunidades para aprender español. Sigue así.
36-25 ¡Ánimo! Vas bien, pero aprovecha más tus oportunidades y ya verás cuánto puedes aprender.
24-12 ¿Qué te pasa? Si realmente quieres aprender español, ponte las pilas. Además de diversión, el programa Erasmus te ofrece muchas oportunidades para aprender español practicándolo.

B. Además de asistir a un curso de español, vivir en una ciudad hispanohablante ofrece múltiples formas de aprender. A continuación, se presentan algunas. ¿Puedes ampliar la lista y compararla con la de tu compañero?

* Practicar deporte en un gimnasio
* Realizar intercambios de conversación
* Trabajar
* Comprar en tiendas pequeñas
*
*
*
*
*
*
*
*

1 Rutinas y costumbres

1. CENTRO DE AUTOAPRENDIZAJE DE LENGUAS

A. ¿Has estado alguna vez en un centro de autoaprendizaje de lenguas? ¿Te parece útil? Enumera los servicios que puedes encontrar en un centro de autoaprendizaje.

B. Unos estudiantes van a un centro de autoaprendizaje de lenguas de su universidad. ¿Qué solicitan? ¿Cómo lo piden?

Necesita...	Dice...
1	
2	
3	
4	
5	

2. PREGUNTAS Y PETICIONES

A. En español existen dos tipos de preguntas: preguntas sin interrogativo y preguntas con interrogativo. Los dos tipos tienen una entonación diferente. Escucha las preguntas que hacen unos estudiantes y clasifícalas.

Preguntas sin interrogativo *¿Beca significa scholarship?*	Preguntas con interrogativo *¿Cómo se dice lost en español?*

B. A continuación, vas a escuchar a estudiantes que piden diversas cosas en la clase. Elige la respuesta adecuada.

1. **a)** Sí, claro.
   b) Sí, a veces.

2. **a)** Sí, a ver...
   b) Bueno, quizá.

3. **a)** Lo siento, es que yo tampoco lo tengo aquí.
   b) Perdona, es que yo tampoco lo tengo aquí.

4. **a)** De acuerdo, no te preocupes.
   b) Pues sí, por mí, sí.

5. **a)** Por supuesto.
   b) ¿Cuál? ¿El mío?

C. Escucha ahora los diálogos completos y comprueba tus respuestas.

3. INTERCAMBIO DE CONVERSACIÓN

A. **Un buen recurso para mejorar el aprendizaje de un idioma es hacer un intercambio de conversación. En parejas, representad cómo un estudiante pide información en el centro de autoaprendizaje para inscribirse en una bolsa de intercambio de conversación.**

ESTUDIANTE A

Eres el responsable de la bolsa de intercambio de conversación. Tus funciones son informar sobre el servicio e inscribir a los estudiantes en la bolsa.

INFORMACIÓN SOBRE EL SERVICIO DE INTERCAMBIO DE CONVERSACIÓN

Precio: 0 euros
Lugar: Salas de estudiantes de la Facultad de Filología (para el primer encuentro)
Horario: Dos horas a la semana
Nivel mínimo exigido: a partir de elemental (A2)
Tipo de usuarios del servicio: estudiantes matriculados en la Universidad
Créditos: Si se presenta una memoria final, 2 ECTS

FICHA DE INSCRIPCIÓN EN LA BOLSA DE INTERCAMBIO

Nombre:

Dirección:

Teléfono:

Correo electrónico:

Estudios:

Nivel de español:

ESTUDIANTE B

Quieres apuntarte a la bolsa de intercambio, pero antes quieres informarte del funcionamiento del servicio. Habla con el responsable.

INFORMACIÓN QUE SOLICITAS SOBRE EL SERVICIO DE INTERCAMBIO DE CONVERSACIÓN

Precio:

Lugar:

Horario:

Nivel mínimo exigido:

Tipo de estudiantes:

Créditos:

2 Espacios para vivir

1. ESTUDIAR EN EL EXTRANJERO

A. Por diferentes motivos, cada día más alumnos se trasladan a otros países para estudiar. ¿Cuáles son tus razones para solicitar una beca Erasmus en España? Ordena las siguientes razones según la importancia que tienen para ti y añade alguna. Después, coméntalas con tus compañeros.

- ☐ Aprender la lengua
- ☐ Conocer a otros estudiantes
- ☐ Conocer otra cultura
- ☐ Pasarlo bien
- ☐ Conocer otro país
- ☐ Estudiar en otra universidad
- ☐ Viajar por Europa
- ☐ _____
- ☐ _____
- ☐ _____

◆ *Para mí, la razón principal es aprender español. ¿Y para ti?*

▼ *Para mí es viajar y conocer gente nueva.*

■ *Pues yo, la verdad, estoy en España porque siempre he oído que aquí hay muchas fiestas y la gente es muy simpática. Estoy aquí para pasármelo bien, vamos.*

B. **Grethe ha escrito este texto en su** *facebook* **para explicar a sus compañeros de español de Hamburgo sus primeros días en España. Léelo para seleccionar la opción correcta en las frases que aparecen a continuación.**

Windows Internet Explorer

www.facebook.com

Google   Facebook   Pagina ▾   Herram ▾

facebook   Perfil editar   Amigos ▾   Redes ▾   Mensajes ▾   inicio cuenta privacidad cerrar sesión

Buscar ▾

Aplicaciones   editar
Fotos
Grupos
Eventos
Mercado
▾ más

Anuncia en Facebook

Grethe
Estudiar en familia

Hola a todos. ¡Qué nervios! Ya estoy en Zaragoza. Vivo con una familia de aquí que parece muy simpática. Son cuatro personas. El padre, la madre, María, que es una chica de mi edad, y Carlos, que tiene dos años menos. La casa es bastante grande. Hay cinco habitaciones, dos baños, un salón y una terraza. A la entrada de la casa, a la derecha, está la cocina. Es amplia y tiene una mesa para desayunar. Desayuno todas las mañanas con la familia. Creo que vivir aquí va a ser muy divertido. María ya me ha dicho que va a presentarme a sus amigos y, si me caen bien, puedo salir con ellos. Mejor, así conozco a gente de aquí. Seguro que son majos. Toda la familia me habla siempre en español y, cuando no entiendo algo, intentan explicármelo o me dicen la palabra en inglés. ¡Qué buena idea vivir con una familia! ¡Seguro que voy a aprender más rápido que viviendo en un piso de estudiantes! Ya sabéis que os lo pregunté mil veces antes de venir porque casi todos los Erasmus que conozco viven en un piso compartido. Creo que ha sido una buena decisión.

Tengo una habitación para mí sola. Es un cuarto muy bonito y alegre, con una ventana muy grande y mucho sol. ¡Me encanta! Hay una cama grande y cómoda y, debajo de la cama hay otra, de esas que están guardadas, y me han dicho que puedo traer a alguien a dormir de vez en cuando, si quiero. Al lado de la cama, justo delante de la ventana, está el escritorio. Tengo una vista preciosa: una plaza enorme, con un parque y una iglesia muy bonita. También hay un armario bastante grande. Escribo esto desde mi habitación antes de irme a la cama.

Bueno, chicos, os echo de menos a todos. Escribidme comentarios, por favor, que quiero saberlo todo de todos. No os olvidéis de mí.
Un beso

Internet [Modo Protección]

1 Grethe imagina que los amigos de María son *simpáticos* / *antipáticos*.
2 Grethe cree que vivir con una familia es *un error* / *un acierto*.
3 Grethe vive en una casa *pequeña* / *amplia*.
4 La habitación de Grethe es muy *luminosa* / *oscura*.
5 En su habitación hay *una* / *dos* camas.
6 La ventana está *al lado* / *enfrente* de la cama de Grethe.

2. BUSCANDO PISO

A. Fabio, Markus y Maya leen estos anuncios porque están buscando piso.
¿Puedes decir qué significan las abreviaturas de los siguientes anuncios?

ÁTICO PLZ. ESPAÑA	LARIOS-PARÍS	JTO. AVDA. ROSALEDA
Piso de 3 hab., 2 baños completos, coc. equipada, salón comedor de 20 m². Tza. vistas de postal. Calef., parking opcional.	3 dorm. con armarios empotrados. Amplio salón comedor. 1 baño, cocina indep. Todo ext., asc. Zona tranquila.	Piso reform. 1 hab. doble y 2 indiv., cocina, salón comedor, ext., 2 bñs. Trast., jardín comunitario Sol todo el día.
1	2	3

hab. = habitaciones

_____ = _____   _____ = _____   _____ = _____

_____ = _____   _____ = _____   _____ = _____

_____ = _____   _____ = _____   _____ = _____

_____ = _____   _____ = _____   _____ = _____

B. Este plano se corresponde con uno de los anuncios anteriores. ¿Cuál?

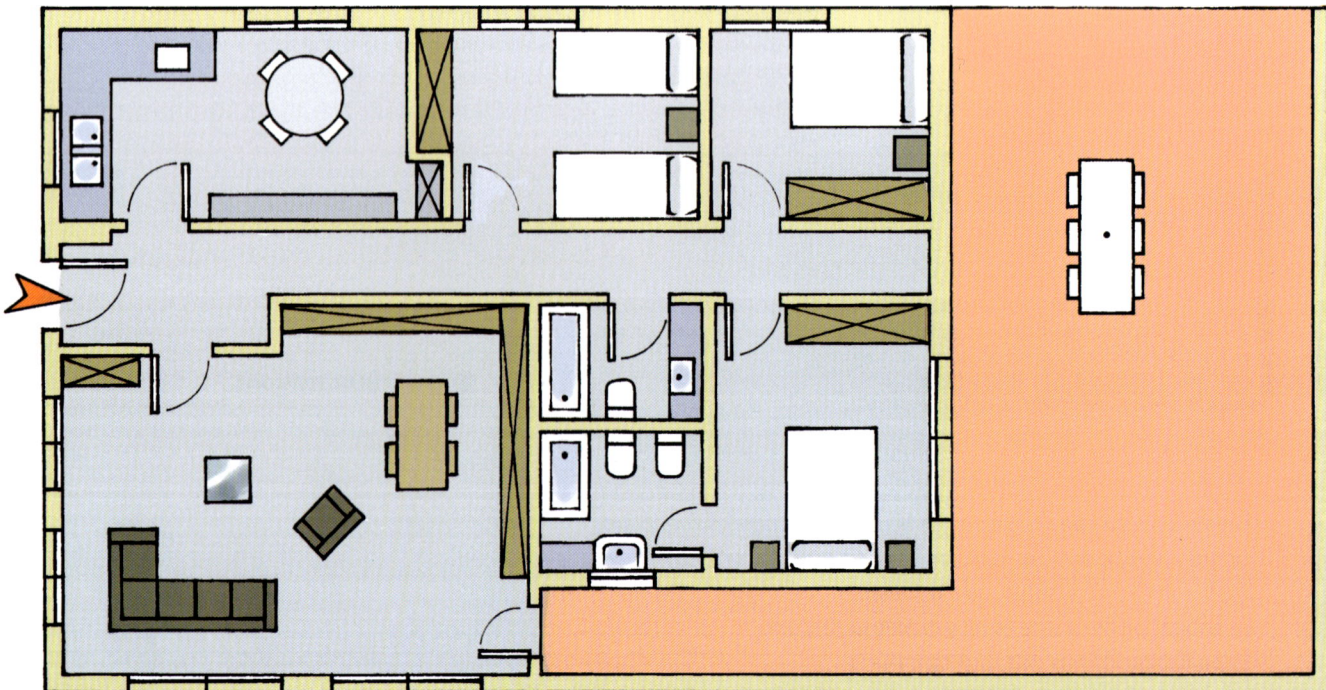

C. Fabio, Markus y Maya por fin han encontrado piso. Escucha la descripción que hacen de su piso y anota en cuál de los anteriores vive cada uno.

Fabio: _____

Markus: _____

Maya: _____

D. Ahora, completa el cuadro con la información que has escuchado.

	Fabio	Markus	Maya
Su piso tiene			
Su piso da a			
Su piso es			
Su piso está			
En su piso hay			

E. Comenta con tu compañero cómo es el piso en el que vives ahora.

◆ *Mi piso no es muy grande, solo tiene dos habitaciones y un baño. Lo bueno es que está muy bien comunicado y el alquiler es barato.*

▼ *Pues el mío tiene cuatro habitaciones y dos baños, pero somos cinco en el piso. Lo mejor es que está al lado de la playa, y yo voy todos los días a correr por allí.*

Presentar y situar objetos: *Haber* y *Estar*

> ¿Hay tazas?

> ¿🍵🍵?

> Sí, en el armario

> ¿Dónde están las tazas?

> Encima de la mesa

***HABER (HAY)* PRESENTA**
Se habla por primera vez de algo que no hemos mencionado antes.

***ESTAR (ESTÁ/ ESTÁN)* SITÚA**
Nos referimos a algo conocido o que hemos mencionado antes.

Haber

(no) hay	café / leche	(no) hay	vasos / tazas
	poco café / poca leche		pocos vasos / pocas tazas
	bastante café / bastante leche		bastantes vasos / bastantes tazas
	mucho café / mucha leche		muchos vasos / muchas tazas
	demasiado café /demasiada leche		demasiados vasos /demasiadas tazas

hay		no hay	
	un vaso / una taza		ningún vaso / ninguna taza
	unos vasos / unas tazas		
	algún vaso / alguna taza		
	algunos vasos / algunas tazas		
	algo		nada
	alguien		nadie

No hay ningún chico.
No hay ningún armario.

No hay nadie.

No hay nada.

Estar

el/la mi, tu... este/esta...	vaso / taza	**está**	en...

los/las mis, tus... estos/estas...	vasos / tazas	**están**	en...

ITUAR UN ELEMENTO: PREPOSICIONES Y LOCUCIONES DE LUGAR

Dónde está la carpeta?

a carpeta está .... la mochila.

delante de detrás de	encima de debajo de	cerca de lejos de
a la izquierda de a la derecha de	dentro / en de al lado de	entre la mochila verde y la roja

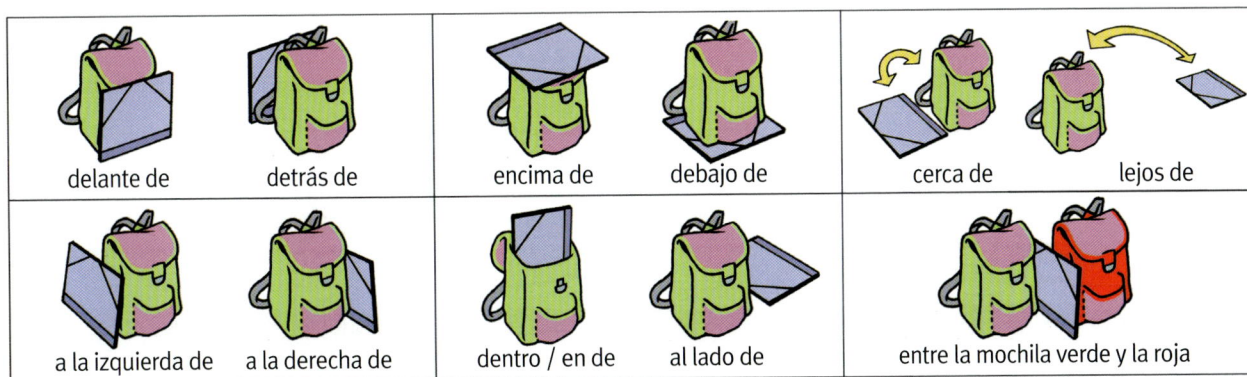

ESCRIBIR UN OBJETO: *SER, ESTAR, TENER*

Utilidad	¿Para qué sirve / se usa?	**Es** para trabajar, para chatear...
Partes/componentes	¿Qué **tiene**?	**Tiene** teclas, pantalla...
Tamaño	¿Cómo **es**?, ¿de qué tamaño **es**?, ¿**es** grande?	No **es** muy grande, cabe en la mochila y **es** muy ligero.
Forma	¿Qué forma tiene?, ¿**es** redondo?	**Es** rectangular.
Material	¿De qué (material) **es**?	**Es** de plástico; por eso pesa poco.
Color	¿De qué color **es**?	**Es** gris y negro.
Valoración	¿Cómo **es**?, ¿**es** bonito?	**Es** muy moderno y práctico.
Precio	¿Cuánto vale?, ¿**es** caro?	Vale poco, **es** barato.
Marca	¿Qué marca **es**?	**Es** un *Manzana*.
Ubicación	¿Donde **está** normalmente?	Suele **estar** encima de una mesa, pero puede **estar** en cualquier sitio.

EMOSTRATIVOS

SINGULAR		PLURAL		PERSONA respecto a la que se sitúa el sustantivo
MASCULINO	**FEMENINO**	**MASCULINO**	**FEMENINO**	
este monopatín	**esta** camiseta	**estos** monopatines	**estas** camisetas	Yo , Nosotros/as
ese perro	**esa** gata	**esos** perros	**esas** gatas	Tú - Usted, Vosotros/as - Ustedes
aquel chico	**aquella** chica	**aquellos** chicos	**aquellas** chicas	Él / ella, Ellos / ellas

este	ese	aquel

1. Habitación desordenada

A. En parejas, buscad las 8 diferencias que hay entre las dos habitaciones.

En el dibujo de la izquierda hay una guitarra encima de la cama, en cambio,
en el de la derecha, la guitarra está encima del armario.

B. Sin mirar las imágenes de arriba, escribe una lista con todas las cosas que hay en la primera habitación e indica dónde están, intentando ser lo más exacto posible. A continuación, compara tus respuestas con las de tu compañero. ¿Quién tiene mejor memoria?

En la habitación hay...	Está / están...

2. Cosas de casa

A. Si no sabes el nombre de un objeto en español, un buen recurso es hacer una descripción. Lee estas descripciones y relaciónalas con su foto.

1 ___

Es un mueble que **suele ser de** tela o de piel. **Está en** el salón. **Es para** sentarse una sola persona. **Es** cómodo y **tiene** brazos.

2 ___

Suele ser de madera, pero también puede **estar hecha de** plástico o metal. Normalmente, **se encuentra en** el comedor o en la cocina. **Sirve para** sentarse. **Es** práctica y **tiene** cuatro patas.

B. Elige uno de estos objetos y descríbelo sin decir su nombre. Tus compañeros intentarán adivinar a qué objeto te refieres.

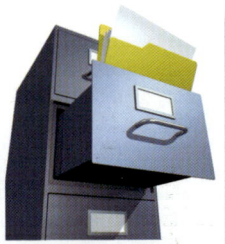

Vocabulario para describir objetos:

MATERIAL: **es de / está hecho de** plástico, madera, cerámica, cristal, metal, etc.
TAMAÑO: **es** largo, corto, ancho, estrecho, redondo, cuadrado, etc.
UBICACIÓN: **está / se encuentra en** la cocina, el dormitorio, el cuarto de baño, etc.
UTILIDAD: **es / sirve para** cocinar, secarse, iluminar, mirarse, guardar, etc.
CUALIDADES: **es** cómodo, práctico, útil, suave, duro, bonito, resistente, etc.

3. SERVICIOS EN LA FACULTAD

A. En una facultad se pueden encontrar diferentes servicios. Habla con tus compañeros sobre la existencia de estos servicios en tu facultad.

> salas de estudio • secretaría • aulas de informática
> lavabos • taquillas para dejar tus cosas • hemeroteca
> papelería • biblioteca • servicio de fotocopias
> jardín • librería • centro de autoaprendizaje de idiomas

◆ *¿En esta facultad **hay** algún aparcamiento para bicicletas? Es que tengo una y me gustaría venir a clase en bici.*
▼ *Pues, no lo sé.*
● *No, yo creo que no **hay** ninguno.*
◆ *Sí, sí. **Hay** uno muy pequeño. Está enfrente del aparcamiento de coches.*

B. Para hacer estas cosas, ¿a qué lugar de la facultad tienes que dirigirte?

Para ...	hay que ir a ...	que está en ...
comprar un paquete de CD		
navegar por internet		
comprar un paquete de hojas DIN-A4		
imprimir un archivo de tu *pendrive*		
estudiar idiomas		
hacer un intercambio de conversación		
practicar algún deporte		

◆ *¿Sabes dónde puedo comprar un paquete de CD?*

▼ *Para comprar un paquete de CD hay que ir a la papelería que está al lado de la biblioteca.*

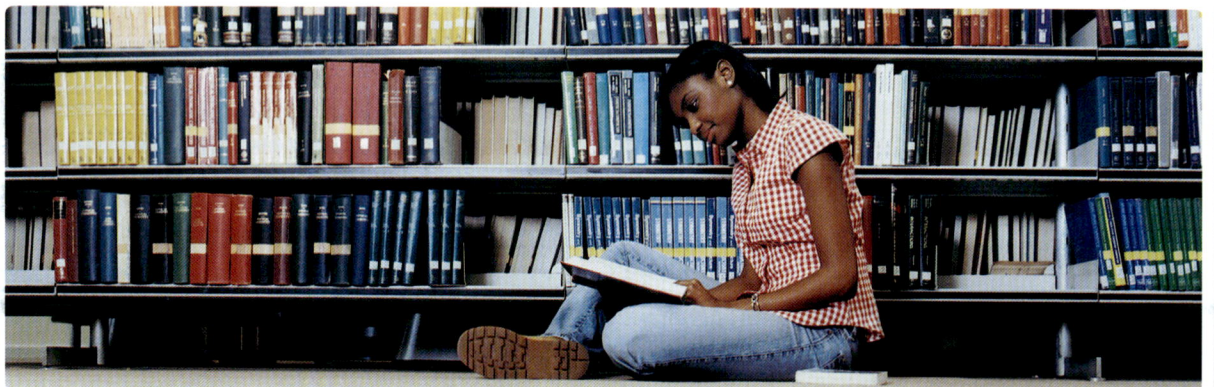

4. SERVICIOS EN EL BARRIO

A. Elige tres servicios de los que aparecen en el recuadro y que puedes encontrar en tu barrio. Descríbelos siguiendo el modelo de los ejemplos, pero sin decir su nombre. Tu compañero intentará adivinar a cuál te refieres.

> un supermercado • una droguería • una plaza • una estación de metro
> un buzón • una parada de autobús • un cajero automático
> un parque • una cafetería • un instituto • el ayuntamiento
> una charcutería • una biblioteca • un ambulatorio

◆ Es un lugar **donde** puedes nadar y practicar otras actividades acuáticas. Generalmente es rectangular y suele estar cubierto. ¿Sabes qué es?
▼ ¿Una piscina?

◆ Es un objeto **que** sirve para echar las cartas que quieres enviar por correo. En España suelen ser amarillos y normalmente están en la calle.
▼ Ya, es un buzón.

B. Compara con tu compañero qué servicios hay en vuestros barrios.

◆ *En tu barrio, ¿hay muchas paradas de autobús?*
▼ *Sí, hay bastantes. Además los autobuses pasan con frecuencia. ¿Y en el tuyo?*
◆ *Pues en el mío no. La verdad es que hay muy pocas. Mi barrio no está bien comunicado.*

1. BUSCAR PISO COMPARTIDO

A. Cuando se busca una habitación en un piso compartido hay que tener en cuenta diferentes factores. Comenta con tu compañero los que son más importantes para ti.

◆ *Para mí, lo más importante es el precio. Es muy caro vivir en una gran ciudad.*
▼ *Pues para mí, los compañeros de piso.*

B. Lee este anuncio de internet en el que un chico busca una habitación en un piso compartido.

BUSCO HABITACIÓN EN PISO DE ESTUDIANTES

Usuario: **edelweiss09**

Nombre: **Álex**

Fecha: **septiembre**

E-mail: **edelweiss09@hetmail.com**

Hola:
Soy un chico de 23 años, estudiante de Didáctica Musical, y busco habitación en piso de estudiantes en la zona de San Damián. Soy responsable, ordenado, limpio, simpático y no fumo. Me gusta cocinar y toco la flauta travesera. Puedo pagar hasta 300 €/mes, gastos incluidos. Busco una habitación grande, con luz natural y mesa de trabajo. Gracias.
Álex

C. Escribe un anuncio para encontrar una habitación en la ciudad donde estás estudiando. Piensa en qué tipo de habitación quieres, en qué zona de la ciudad, cuánto quieres pagar y cómo puedes describirte.

BUSCO HABITACIÓN EN PISO DE ESTUDIANTES

Usuario: _____

Nombre: _____

Fecha: _____

E-mail: _____

_____
_____
_____
_____
_____
_____
_____
_____
_____

2. OFRECER PISO PARA COMPARTIR

A. Lee este anuncio de internet en el que dos chicas ofrecen una habitación en su propio piso de estudiantes.

Compartir piso, piso a compartir, alquiler pisos, habitacion, piso, venta

http://www.pisocompartido.com/   Google

Compartir piso, piso a compartir, ...

www.pisocompartido.com

Barrio: **Canales, a las afueras de la ciudad**   *Alquiler:* **600 €/mes**   *Fecha disponible:* **octubre**

Comentarios:

*Hola, somos dos chicas que buscamos una compañera de piso en el barrio de Canales, a las afueras de la ciudad. Nuestro piso está muy bien comunicado, a dos calles de la Estación Norte de la RENFE. Ofrecemos una habitación individual de 7 m^2 con cama, armario y escritorio. **También** tiene una ventana grande con buena vista. El piso tiene 2 baños. **Además**, hay una gran terraza **porque** es un ático, **pero** no hay ascensor. En el piso hay conexión ADSL a internet.*

*Las dos trabajamos y estudiamos. Tenemos muy buen ambiente entre nosotras, **así que** buscamos a alguien con ganas de vivir tranquilo. No somos fumadoras y tampoco solemos hacer muchas fiestas en casa.*

El alquiler es de 600 €/mes, con gastos incluidos y con derecho a cocina. Para más información, llamar al 745574929 (Emma) por las mañanas o al 750595310 (Paula) por las tardes, y los fines de semana a cualquier hora.

B. Anota las ventajas e inconvenientes que, en tu opinión, tiene el piso anterior. ¿Coinciden tus opiniones con las de tu compañero?

Ventajas
Está bien comunicado

Inconvenientes
Está a las afueras

◆ *El piso está muy bien comunicado, pero está a las afueras de la ciudad. Yo lo prefiero céntrico.*

C. Para relacionar ideas se usan conectores como los que aparecen en esta tabla. Añade los conectores destacados en negrita en el ejercicio A.

Conectores	
Oponer dos o más ideas	*Sin embargo,*
Introducir la causa	*Como,*
Introducir la consecuencia	*Por eso,*
Añadir una nueva idea	*Por otra parte,*

D. Vives en un piso de alquiler en la ciudad donde estudias y quieres compartir los gastos con otras personas. Escribe un anuncio para www.pisocompartido.com en el que describes tu piso, las características de la habitación o habitaciones que ofreces y el tipo de compañeros que buscas. Intenta utilizar los conectores anteriores.

3 Aficiones y gustos

1. SALIR DE CASA

A. Observa las imágenes y escribe en la tabla a qué actividad de tiempo libre se refieren. A continuación, marca tus gustos sobre ellas, colocando una X en el lugar que corresponde.

	Actividad de tiempo libre	Me gusta mucho	Me gusta	No me gusta mucho	No me gusta nada
1					
2					
3					
4					
5					
6					
7					
8					
9					
10					

B. **Compara tus gustos con los de tu compañero.**

◆ *A mí me gusta mucho ir al cine, ¿y a ti?*
▼ *Bueno, no mucho. Prefiero ver las películas en mi ordenador. Es más barato.*
◆ *¡Hombre! ¡No es lo mismo!*
▼ *Ya, pero es más barato.*

C. **Edith, Giancarlo y Marie estudian español y para su clase han escrito estos textos sobre la actividad que más les gusta hacer. Léelos y busca en ellos las expresiones que hablan de gustos, emociones o intereses. A continuación, clasifícalas en la tabla siguiente según su valoración positiva o negativa.**

Marie

A mí *me encanta* ir al cine, pero lo que pasa es que es muy caro y no puedo ir tanto como me gustaría. Intento ir una vez por semana, el día del espectador, que es más barato. Me gustan mucho las películas de terror, pero no las de sangre, sino las de terror psicológico, de esas que luego, cuando estás solo en casa, te dan miedo. Me interesan sobre todo las de fenómenos paranormales. Odio las películas violentas.

Giancarlo

A mí lo que de verdad me gusta es pasear por el campo. No aguanto la ciudad, no me gustan nada ni las prisas ni el ruido y me voy de excursión siempre que puedo. Me encanta la naturaleza, los árboles, el aire puro... Este fin de semana voy a ir con unos amigos a la montaña a hacer escalada. Nos lo vamos a pasar muy bien. Vamos a dormir en tiendas de campaña y, si hace calor, nos vamos a bañar en el río.

Edith

A mí me va la marcha: las discotecas, las fiestas, la música y, sobre todo, bailar. Me encanta bailar, cualquier tipo de música, rock, pop, salsa... todo; sola o en pareja. No soporto estar un fin de semana encerrada en casa, siempre me apetece salir. Este fin de semana no puedo porque tengo exámenes, pero, el próximo, voy a organizar un fiestón en mi apartamento. Me apetece reunir a todos los amigos y celebrar el final del cuatrimestre.

GUSTOS, EMOCIONES, INTERESES

Expresiones con valoración positiva	Expresiones con valoración negativa
Me encanta	

D. Siguiendo el modelo de los textos anteriores, escribe un texto breve sobre la actividad que más te gusta hacer.

E. Haz preguntas a tu compañero hasta adivinar cuál es esa actividad que tanto le gusta hacer. Deben ser preguntas concretas, que permitan contestar sí/no, aunque, si quiere, puede ampliar sus respuestas. Después, él te preguntará a ti.

◆ *¿Te gusta hacer actividades al aire libre?*
▼ *Pues no, no mucho. Odio el campo.*

2. Un fin de semana largo

A. Laura ha invitado a algunos de sus compañeros de clase a pasar el próximo puente en la casa de sus abuelos. La casa está en un pequeño pueblo de la montaña. En parejas, escribid una lista de las actividades que se pueden hacer allí.

Hacer excursiones a pie

B. Ahora, escucha la conversación entre Laura y su amigo Tomás y anota de qué actividades hablan.

C. Vuelve a escuchar la conversación y completa el cuadro.

	le encanta	le gusta	no le gusta	le da miedo
A Tomás				
A Laura				

D. Comenta con tu compañero qué actividades de las anteriores te gusta hacer cuando vas de excursión y qué cosas te dan miedo.

◆ *A mí también me da miedo montar a caballo, como a Tomás.*

▼ *Pues a mí no. Pero no me gusta mucho.*

EXPRESAR INTERESES Y GUSTOS

Me gust**a** / interes**a** / encant**a**	+	est**e** libr**o**	SUSTANTIVO SINGULAR
		conoc**er gente**	INFINITIVO
Me gust**an** / interes**an** / encant**an**	+	l**os** deport**es**	SUSTANTIVO PLURAL

También pueden funcionar como *gustar: molestar, preocupar, dar miedo, apetecer, ir bien/mal, dar igual, parecer...*

EXPRESAR DIFERENTES GRADOS EN LOS GUSTOS E INTERESES

¿Te gusta? ¿Te interesa? ¿~~Te encanta?~~
Me encanta
Me gusta / interesa muchísimo
Me gusta / interesa mucho
Me gusta / interesa
No me gusta / interesa mucho
No me gusta / me interesa
No me gusta / me interesa nada

Me encanta ~~muchísimo~~
Me encanta ~~mucho~~
~~No me encanta~~
~~No me encanta nada~~

—Me encanta navegar por internet, pero no me interesa la Informática.
—Me gusta mucho viajar, aunque no me gustan nada los viajes organizados.
—Me gustan todos los deportes, pero prefiero el baloncesto.
—No me gusta mucho la playa, prefiero la montaña.

EXPRESAR COINCIDENCIA Y DISCREPANCIA

Frase afirmativa	-Salgo todas las noches.	-Yo **también**.	coincidencia ☺ ☺
	-Me encanta viajar.	-A mí **también**.	
	-Prefiero la ópera al rock.	-Yo **no**.	discrepancia ☺ ☹
	-Me gusta ver la tele.	-A mí, **no**.	
Frase negativa	-Nunca me levanto tarde.	-Yo **tampoco**.	coincidencia ☹ ☹
	-No me gustan las discotecas.	-A mí **tampoco**.	
	-No voy nunca al teatro.	-Yo **sí**.	discrepancia ☹ ☺
	-No me interesa la política.	-A mí, **sí**.	

TIPOS DE ESQUEMAS

Rosa prefiere la playa.

◆ *¿Qué **te gusta** más, la playa o la montaña?*
▼ ***Prefiero** la playa. En verano **me baño** casi todos los días.*

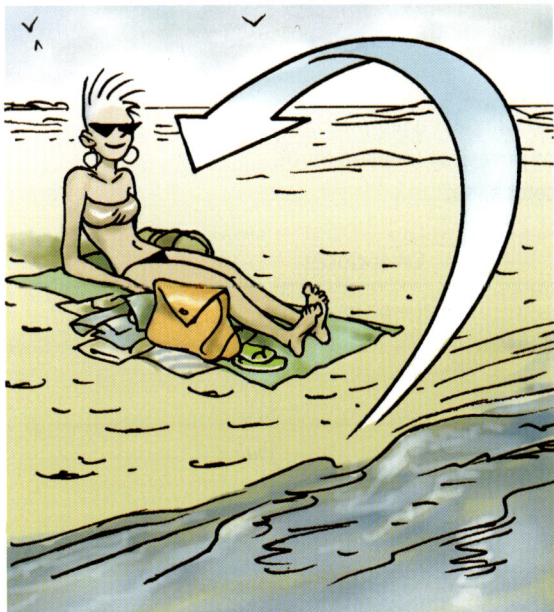

Rosa se baña.

A Rosa le gusta la playa.

Preferir		Bañarse			Gustar			
(yo)	prefier**o**	(yo)	**me**	bañ**o**	(yo)	**me**		
(tú)	prefier**es**	(tú)	**te**	bañ**as**	(tú)	**te**		
(él/ella/usted)	prefier**e**	(él/ella/usted)	**se**	bañ**a**	(él/ella/usted)	**le**		gust**an**
(nosotros/as)	prefer**imos**	(nosotros/as)	**nos**	bañ**amos**	(nosotros/as)	**nos**		gust**a**
(vosotros/as)	prefer**ís**	(vosotros/as)	**os**	bañ**áis**	(vosotros/as)	**os**		
(ellos/ellas/ustedes)	prefier**en**	(ellos/ellas/ustedes)	**se**	bañ**an**	(ellos/ellas/ustedes)	**les**		

EXPRESAR PLANES O INTENCIONES

La perífrasis *ir a* + INFINITIVO (*voy a estudiar*) presenta acciones futuras que tienen una relación directa con el presente, por eso se puede utilizar para expresar planes o intenciones.

◆ *¿Qué vas a hacer este fin de semana?*
▼ *¡Voy a ir al concierto de rock! ¿Y tú?*
◆ *Yo voy a quedarme en casa, tengo que estudiar para el examen del lunes.*

GÉNERO DE LOS SUSTANTIVOS

Los sustantivos en español tienen género (masculino o femenino) y número (singular o plural).
El sustantivo determina el género y el número de los artículos (*el libro*), los posesivos (*nuestro libro*), los demostrativos (*este libro*), y los adjetivos (*un libro divertido*) que lo acompañan.

Masculino	Excepciones	Femenino	Excepciones
-o el libro	la mano	**-a** la mesa	el problema
-or el color	la flor	**-tad /-dad** la libertad, la ciudad	
-aje el viaje		**-ción /-sión** la estación, la profesión	
-e el café, el coche...		**-e** la leche, la calle...	

FORMACIÓN DEL PLURAL DE LOS SUSTANTIVOS

Singular		Plural
-vocal el periódico	**+ s**	los periódicos
-consonante el lápiz, el examen, la redacción, el mes, la ciudad	**+ es**	los lápices, los exámenes, las redacciones, los meses, las ciudades
-vocal átona + s la tesis, el lunes	**–**	las tesis, los lunes

1. PLANES

A. Los dibujos que aparecen a continuación muestran lo que están haciendo varias personas el viernes por la tarde. A partir de las imágenes, comenta y escribe con tu compañero qué creéis que van a hacer.

Creemos que los chicos van a montar una fiesta.

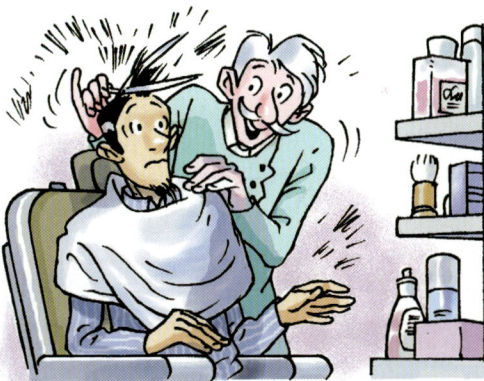

B. Pregúntale ahora a tu compañero qué planes tiene para los siguientes momentos:

> después de clase
> mañana
> este fin de semana
> la semana que viene
> al terminar este curso
> al volver a su país

◆ *¿Qué vas a hacer después de clase?*
▼ *Voy a tomar un café con un amigo español. ¿Y tú?*
◆ *Pues me voy a quedar un rato en la biblioteca, que el lunes tengo un examen.*

2. FOROS

A. Estas son las opiniones de varios jóvenes que intervienen en el foro *Locos por el cine*.
Complétalas con la marca de persona (*yo, me, a mí*) adecuada a cada tipo de verbo.

Windows Internet Explorer

Google

Perfil editar   Amigos ▾   Redes ▾   Mensajes ▾   inicio cuenta privacidad cerrar sesión

Gandalf

_____ **me encanta** la trilogía de *El señor de los anillos*. Creo que es la mejor adaptación de la historia del cine. Peter Jackson es un gran director y la peli va a convertirse en un clásico, estoy seguro.

Diana_85

No estoy nada de acuerdo contigo, Gandalf. _____ **no me gusta nada** esa película... iy eso que el libro _____ **gusta mucho**! Pero la película _____ parece demasiado comercial con todos esos efectos especiales... _____ prefiero imaginarme los paisajes, los personajes...

Dr. Zhivago

_____ estoy de acuerdo con Gandalf, _____ también **me gusta** esta trilogía. A ver, no es un clásico, pero es una buena película de entretenimiento... iy te mantiene distraído durante más de 9 horas, que tiene su mérito!

Mujeralbordedeunataquedenervios

_____ le doy un cuatro. **No** _____ **gusta mucho** la ambientación, la verdad. Supongo que me pasa como a Diana, prefiero hacerme mi propia representación de la novela. La verdad es que **no** _____ **gustan** las adaptaciones de los clásicos. ¡Salud, tolkienianos!

B. Ordena ahora las expresiones destacadas en negrita según su intensidad.

☺ Me encanta _____

_____

_____

☹ _____

C. En grupos de cuatro estudiantes vais a escribir mensajes breves para el foro anterior. Primero, pensad en cuatro películas que todos conocéis. Después, cada uno inicia un mensaje comentando una de ellas y se lo pasa a su compañero de la izquierda, que continuará añadiendo comentarios. Al final, cuando cada uno reciba el mensaje que ha iniciado, lo leerá a todo el grupo.

3. GUSTOS E INTERESES

A. **En parejas, comentad qué actividades del recuadro os gusta hacer y completad las frases con la información obtenida.**

Tocar un instrumento	Quedarse en casa	Los videojuegos
Ir a un *karaoke*	Descansar, no hacer nada	Las películas de...
Practicar un deporte	Ir a fiestas	Los juegos de mesa
Chatear por el *facebook*	Bailar	Los libros de...

◆ *A mí me gusta mucho la música, pero pocas veces voy a conciertos, porque son muy caros.*

▼ *Es verdad, pero a mí me encanta ir a conciertos, así que intento ahorrar para poder ir a alguno de cuando en cuando. Y a ti, ¿qué tipo de música te gusta escuchar?*

A mí me gusta _____

_____

A mi compañero le gusta _____

_____

B. **Ahora comparad vuestros gustos en grupos de cuatro. Completad de nuevo las frases con los gustos que tenéis en común.**

En este grupo a (casi) todos nos gusta _____

A nosotros nos gusta mucho _____

En este grupo a (casi) nadie le gusta _____

C. **Reacciona a las siguientes afirmaciones seleccionando adecuadamente las expresiones del recuadro según tus gustos y aficiones, como en el ejemplo.**

> A mí sí
>
> A mí tampoco
>
> Yo no
>
> Yo tampoco
>
> Yo también
>
> A mí no
>
> Yo sí
>
> A mí también

1 No soporto el rap.   *Yo tampoco. Es muy aburrido.*
2 Me encanta la paella.
3 Odio el golf.
4 Lo que más me gusta de esta ciudad es la oferta cultural para jóvenes.
5 La película que más me gusta es *Titanic*.
6 Me interesa mucho la política.

D. **Escribe las preguntas adecuadas para conocer las preferencias e intereses de tus compañeros respecto a estos temas. A continuación, haz las preguntas a tres compañeros de la clase y comprueba si sus gustos coinciden con los tuyos.**

	Preguntas sobre gustos e intereses
La serie de televisión que prefiere: A. _____ B. _____ C. _____	*¿Cuál es tu serie de televisión preferida?* *¿Cuál es la serie de televisión que más te gusta?*
Un actor que no soporta: A. _____ B. _____ C. _____	
Su película preferida: A. _____ B. _____ C. _____	
El deporte que más practica: A. _____ B. _____ C. _____	
Un estilo de música que no soporta: A. _____ B. _____ C. _____	
Su comida favorita: A. _____ B. _____ C. _____	
Temas sociales que le interesan: A. _____ B. _____ C. _____	
Lo que más le gusta de la ciudad en la que está: A. _____ B. _____ C. _____	
Lo que prefiere hacer en su tiempo libre: A. _____ B. _____ C. _____	

¿Qué gustos y aficiones compartes con tus compañeros?

◆ *Yo no soporto la ópera, ¿y tú?*
▼ *Yo tampoco. En cambio, me encanta la música clásica, ¿y a ti?*
● *Pues a mí no. Y tampoco me gusta mucho la ópera. Prefiero el pop o el rock.*

1. FIN DE SEMANA EN LA NIEVE

A. Miguel llama por teléfono a su amiga Marga para proponerle un fin de semana en la nieve. Escucha su conversación telefónica para saber qué dicen sobre estos temas.

1 ¿Cuándo van?
2 ¿Quiénes van a ir?
3 ¿Qué quieren hacer allí?
4 ¿Qué día y a qué hora quedan?

B. El objetivo de la conversación anterior es proponer una actividad y quedar. Escucha de nuevo el diálogo y une con flechas los enunciados que dicen con sus funciones comunicativas.

ENUNCIADOS	FUNCIONES COMUNICATIVAS
Estamos pensando en hacer una salida a la nieve. **¿Te apuntas?** `1`	`a` confirmar un encuentro, una actividad...
La verdad es que **me apetece**. `2`	`b` proponer una actividad
¿Y dónde quedamos? `3`	`c` pedir una confirmación
A la seis. **¿Te va bien?** `4`	`d` aceptar una propuesta
Vale, me apunto. `5`	`e` cambiar la hora o lugar de encuentro
Mejor a las seis. `6`	`f` preguntar por el lugar de encuentro
Si hay algún problema, nos llamamos, **¿vale?** `7`	
Vale. Pues **quedamos así**. `8`	

¿Conoces otros enunciados para realizar esas funciones?

C. En la conversación anterior aparecen algunas expresiones exclamativas: *¡hombre!, ¡hasta el viernes!* La entonación de las exclamaciones es distinta a la de las preguntas. Escucha estos enunciados que han dicho Marga y Miguel durante el fin de semana en la nieve y clasifícalos según su patrón entonativo.

Preguntas sin interrogativo *¿Te apuntas?*	Preguntas con interrogativo *¿Dónde quedamos?*	Exclamaciones *¡Hasta el viernes!*

2. PROPUESTAS Y REACCIONES DE RECHAZO

A. En el albergue, Sara está aburrida y de mal humor. Escucha la conversación que mantiene con Rafa y anota qué le propone él para animarla.

Rafa le propone:

1 _____
2 _____
3 _____
4 _____
5 _____

B. Escucha de nuevo la conversación y anota qué dice Sara para rechazar las propuestas de Rafa.

Sara le dice:

1 _____
2 _____
3 _____
4 _____
5 _____

C. En el diálogo anterior Sara no es muy amable con Rafa, tanto porque rechaza cualquier propuesta como por la forma que tiene de hacerlo. A continuación, otras personas rechazan la propuesta de una actividad. Señala los elementos lingüísticos que hacen que esas respuestas resulten más adecuadas y amables.

La semana que viene empieza el festival de jazz de invierno. Creo que el viernes actúa un cuarteto con un saxo muy bueno. ¿Vamos?

¡Qué pena! El viernes no puedo, es que voy a una cena. ¿Y otro día?

Me gustaría, pero es que tengo que estudiar. ¿No podemos ir otro día?

Es que no me gusta mucho el jazz. ¿Por qué no vamos a otro concierto?

3. PLANES Y PROPUESTAS

En parejas, representad esta situación.

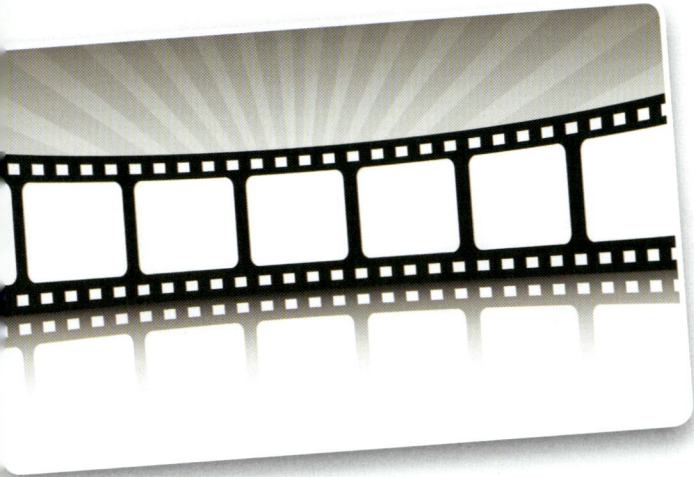

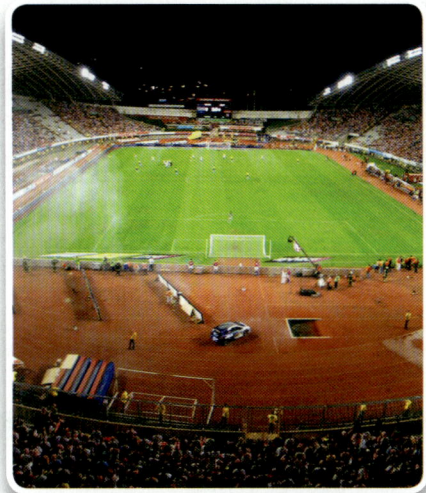

Estudiante A: quieres ir a uno de los lugares de las fotos el próximo domingo.

Le preguntas a tu compañero qué planes tiene para el próximo domingo.
Le propones ir a uno de los lugares de las fotos.

Si tu compañero acepta la propuesta:
Quedáis (hora y lugar de encuentro).
Habláis sobre qué vais a hacer al llegar a ese lugar.

Si tu compañero no acepta la propuesta:
Le propones otra actividad.
Aceptas o rechazas su propuesta.

Estudiante B: tu compañero te propone una actividad.

No tienes ningún plan para el domingo.
No te gusta ir a la montaña.
Te encanta ir a ver partidos de fútbol al estadio.
Aceptas la propuesta de tu compañero o la rechazas con una justificación.

Si rechazas la propuesta:
Le propones ir a otro de los lugares de las fotos.

Si aceptas la propuesta:
Quedáis (hora y lugar de encuentro).
Habláis sobre qué vais a hacer al llegar a ese lugar.

Amigos y compañeros

1. HACER AMIGOS

A. Realiza la siguiente encuesta a un compañero y marca sus respuestas para explicar a la clase cómo crees que es.

La amistad es cosa de dos
- ¿Escuchas siempre a tus amigos? ☐Sí ☐No
- ¿Sueles estar muy ocupado y no te gustan los amigos que llegan sin avisar? ☐Sí ☐No

Romper el hielo es fundamental
- ¿Te gusta conocer a gente nueva? ☐Sí ☐No
- ¿Eres un poco tímido cuando conoces a alguien por primera vez? ☐Sí ☐No

Sin prisas, la amistad necesita tiempo
- Cuando conoces a alguien, ¿lo consideras uno de tus amigos enseguida? ☐Sí ☐No
- ¿Crees que debe pasar un tiempo antes de poder decir que alguien es tu amigo? ☐Sí ☐No

Pequeños detalles que llegan al alma
- ¿Eres detallista y te apuntas el cumpleaños u otra fecha importante para tus amigos y los llamas? ☐Sí ☐No
- ¿Eres un despistado y nunca te acuerdas de llamar a los amigos en los días importantes? ☐Sí ☐No

Abrirse al mundo
- ¿Eres muy sociable y haces alguna actividad fuera de tu círculo de amigos para conocer a gente nueva? ☐Sí ☐No
- ¿Sales solamente con tu grupo de amigos y casi no te relacionas con otra gente? ☐Sí ☐No

Mejor con buen aspecto
- ¿Te arreglas mucho cuando vas a salir con tus amigos? ☐Sí ☐No
- ¿Crees que para ir con los amigos hay que ponerse cómodo y no necesariamente guapo? ☐Sí ☐No

Amigos para siempre
- ¿Te ofreces para ayudar a tus amigos con frecuencia? ☐Sí ☐No
- ¿Ayudas a tus amigos solo cuando ellos te lo piden? ☐Sí ☐No

El alma de la fiesta
- ¿Intentas organizar actividades (fiestas, reuniones...) para conocer a gente? ☐Sí ☐No
- ¿No te gusta complicarte la vida y por eso no sueles invitar a los amigos a casa? ☐Sí ☐No

CREO QUE MI COMPAÑERO/A ES...

simpático/a
antipático/a

abierto/a
reservado/a

extrovertido/a
introvertido/a

práctico/a

hablador/a
callado/a

interesante

generoso/a
tacaño/a

tímido/a
sociable

detallista

despistado/a

B. Habla con tu compañero sobre qué hacéis para conocer a jóvenes españoles. Después, ponedlo en común con toda la clase.

◆ *Yo, para conocer a españoles, voy a todas las fiestas universitarias y, cuando tengo dinero, a la discoteca.*
▼ *Pues yo me siento junto a otros estudiantes españoles en la clase y hablo con ellos.*

C. Anne, una estudiante Erasmus de Filología, y varios de sus amigos han decidido crear un grupo con estudiantes españoles y extranjeros para organizar cenas, salidas nocturnas, excursiones, etc. Por eso, ha escrito un mensaje en el foro de la facultad. A continuación tienes algunas de las respuestas que ha recibido. ¿Con cuál de los tres estudiantes te gustaría contactar?

Windows Internet Explorer

Google | Pagina ▼ Herram ▼

Perfil editar Amigos ▼ Redes ▼ Mensajes ▼ inicio cuenta privacidad cerrar sesión

Hola: soy Raúl. Tengo 18 años y hace poco que estoy en la ciudad. Soy bastante abierto y hablador. He empezado este año a estudiar Económicas y me gustaría conocer a algún estudiante extranjero para practicar inglés.
El inglés es muy importante para mis estudios. Tengo muchas clases y poco tiempo libre, así que necesito a alguien con horario flexible. ¡Ah, y que sea divertid@, claro! Si quieres contactar conmigo, envía un mensaje a raulps@net.com.

Hola: soy María. Tengo 20 años. Estudio Matemáticas y me gustaría hacer un intercambio de alemán. Lo hablo bastante bien porque ya he estado un par de veces en Alemania para estudiar y practicar la lengua. Quiero un intercambio con una persona alemana con un buen domino del español porque soy un poco impaciente y me pongo nerviosa cuando no entiendo algo o no me entienden a mí. Ya sé que parezco muy exigente, pero en realidad creo que soy bastante simpática, tranquila y buena amiga de mis amigos. Mi correo electrónico es: mariamat@net.com.

Hola: me llamo Cristina. Soy estudiante de Informática y, como muchos informáticos, fuera de internet soy un poco tímida y reservada. Me cuesta hacer amigos en la vida real porque paso mucho tiempo delante del ordenador. Sin embargo, en el *chat* soy muy abierta, simpática y agradable. Quiero conocer a alguien para practicar italiano, pero no sé dónde puedo hacerlo. Si hablas italiano y te apetece hacer un intercambio italiano-español, mándame un correo a krisinfo55@net.com Tengo muchas ganas de conocer a gente de otros países, y dicen que los italianos son muy divertidos.

Internet [Modo Protección]

◆ *Pues yo voy a contactar con María.*
▼ *¿Con María? Parece muy seria, ¿no?*
◆ *No, yo creo que es sincera y, además, yo también me pongo nerviosa cuando no entiendo lo que me dicen.*

2. FOTOS Y RECUERDOS

A. Olga ha invitado a una amiga a su casa. Ahora están mirando las fotos del álbum de Olga. Escucha y anota qué foto corresponde a cada diálogo.

Diálogo nº _____

Diálogo nº _____

Diálogo nº _____

Diálogo nº _____

B. Vuelve a escuchar las conversaciones y marca si las siguientes afirmaciones son verdaderas (V) o falsas (F).

1.

1. ☐ Cuando Olga tenía doce años, todavía no llevaba gafas.
2. ☐ De pequeña, a Olga le gustaba llevar el pelo corto.
3. ☐ Marcos era su mejor amigo en la escuela, y ahora todavía son muy buenos amigos.

2.

1. ☐ Los abuelos de Olga vivían en un pueblo.
2. ☐ Ella normalmente iba en invierno a pasar unas semanas.
3. ☐ La casa era muy grande y no tenían problemas de espacio.
4. ☐ De pequeño, a Miguel, el primo de Olga, no le gustaba estudiar. Ahora estudia Medicina.
5. ☐ Los abuelos de Olga tenían un perro.

3.

1. ☐ Olga se parece mucho a su madre. Las dos tienen el pelo rizado.
2. ☐ En el carácter, se parece a su padre.
3. ☐ El padre de Olga lleva el pelo largo.
4. ☐ La madre de Olga es muy delgada.

4.

1. ☐ Olga es rubia.
2. ☐ El día de la fiesta, Olga no llevaba gafas.
3. ☐ El año pasado, Olga tenía un novio italiano que estudiaba en su Universidad.

Describir y expresar acciones habituales en el pasado

El pretérito imperfecto describe personas, objetos o lugares en el pasado.

*Ahora es un poco gordo y tiene el pelo castaño. De niño **era** muy delgado y **tenía** el pelo más claro, casi rubio.*

El pretérito imperfecto expresa hábitos o acciones repetidas en el pasado.

*Antes **iba** al colegio a pie. Ahora casi siempre **va** en bicicleta a la universidad.*

Generalizar

En España...

(Casi) tod**os** los españoles...

L**os** español**es**...

La mayoría de los español**es**...

Much**as** español**as**...

Algun**os** español**es**...

+

–

En España se...

En España **casi todo el mundo**...

La gente...

La mayoría de los españoles...

Casi **nadie**...

Nadie...

...beben vino con las comidas.

... bebe vino con las comidas.

Comparar

			cualidad de cosas (adjetivos)		
La jirafa es		**más**	alta	**que**	el león.
		tan	rápida	**como**	
		menos	agresiva	**que**	
La jirafa **no** es		**tan**	agresiva	**como**	

			cualidad de acciones (adverbios)		
La tortuga	se mueve	**más**	despacio	**que**	el conejo.
	duerme	**tan**	profundamente	**como**	
	llega	**menos**	lejos	**que**	
	no llega	**tan**	lejos	**como**	

		acciones (verbos)				
El delfín		nada	**más**	**que**	la ballena.	
		me gusta	**tanto**	**como**		
		come	**menos**	**que**		
		no come	**tanto**	**como**		

		cosas (nombres)				
El perro tiene		**más**	amigos	**que**	el gato.	
		tanto	frío	**como**		
		tanta	hambre			
		tantos	ojos			
		tantas	patas			
		menos	pelo	**que**		
El perro **no** tiene		**tanto**	pelo	**como**		

~~Más bueno~~ ~~Más bien~~ → **Mejor**	~~Más malo~~ ~~Más mal~~ → **Peor**	
~~Más grande~~ (edad) → **Mayor**	~~Más pequeño~~ (edad) → **Menor**	

◆ *Mi hermana es mayor que yo, tiene tres años más que yo.*

CUANTIFICADORES

Pepe no es **nada** simpático.		Pepe no habla **nada**.
Pepe no es **muy** simpático.		Pepe no habla **mucho**.
Pepe es ~~un poco simpático~~. Pepe es **un poco** antipático.		Pepe habla **poco**.
Pepe es **bastante** simpático.		Pepe habla **bastante**.
Pepe es **muy** simpático.		Pepe habla **mucho**.
Pepe es *demasiado* simpático.		Pepe habla *demasiado*.

1. RETRATO DE FAMILIA

A. Observa con atención este retrato de la familia de Carlos González. ¿Qué relación de parentesco crees que mantiene cada uno de los miembros con él?

CARLOS

Yo creo que este es su padre, ¿no?

B. Ahora elige a dos de los miembros de la familia de Carlos. Tu compañero te hará preguntas para averiguar en quién estás pensando. Después, cambiad los papeles. Para describir a cada una de las personas podéis emplear el vocabulario del cuadro.

Aspecto físico	Es	muy / bastante	alto / guapo / atractivo
		muy / bastante / un poco	feo / bajo / gordo / delgado
Edad	Es		joven / mayor
	Tiene	(unos) veinte años	
Pelo	Es		moreno / castaño / rubio / calvo
	Tiene	el pelo	liso / rizado / corto / largo
		barba / bigote	
	Lleva	gafas	
Ojos	Tiene	los ojos	verdes / marrones / azules oscuros / claros / grandes / pequeños
Ropa	Lleva	una falda / unos pantalones un jersey / una camisa...	azul / rojo / tejanos de deporte...

C. En parejas, elegid a un compañero de la clase y describidlo sin decir su nombre. El resto de la clase intentará adivinar de quién se trata.

◆ *Es bastante alta. Tiene el pelo pelirrojo, rizado y muy corto. Tiene los ojos claros, no sé si azules o verdes, porque lleva gafas. Hoy lleva unos tejanos y una camiseta negra.*
▼ *¿Es Sarah?*

2. TÓPICOS

A. Existen tópicos sobre casi todos los países. Elige los adjetivos que, antes de venir a España, pensabas que definían a los españoles.

Antes de vivir aquí creía que los españoles eran…

alegres/serios

optimistas/pesimistas

sociables/reservados

tolerantes/intolerantes

trabajadores/vagos

tacaños/generosos

simpáticos/antipáticos

B. Ahora que estás en España, dispones de más información sobre la gente de aquí. ¿Cómo son los españoles? ¿Cómo es su estilo de vida? Completa con tu compañero la siguiente tabla a partir de vuestra experiencia.

ASPECTO FÍSICO	CARÁCTER	HÁBITOS (horarios, actividades, trabajo…)
Son morenos	*Son agradables*	*Suelen llegar tarde a las citas*

C. En grupos, comparad las características que habéis anotado en la tabla con las de vuestros países.

◆ *En España casi nunca se llega puntual a una cita con los amigos. Los españoles no son tan puntuales como nosotros, los franceses.*

▼ *Sí, es verdad. En Alemania llegar tarde es de mala educación, pero aquí lo hace mucha gente.*

● *Pues en mi país somos como los españoles.*

D. **Ahora comentad con el resto de la clase vuestras observaciones y completad con ellas este breve informe.**

* Creemos que la mayoría de los españoles...

* Además, muchos españoles...

* Sin embargo, en España poca gente...

* En nuestra opinión, en España casi nadie...

3. RELACIONES

A. **Piensa en las personas con las que te relacionas habitualmente e indica si, para ti, son amigos (A), familiares (F) o solo conocidos (C). Explícale a tu compañero cómo son físicamente y cómo es su carácter.**

- [ ] vecinos
- [ ] compañeros de piso
- [ ] padres
- [ ] pareja

- [ ] hermanos
- [ ] compañeros de clase
- [ ] mejor amigo
- [ ] profesores

B. **Observa ahora cómo habla David de sus padres y sus vecinos. Subraya las expresiones que utiliza para describir su relación con ellos.**

*Mis padres son muy abiertos. A veces **discutimos**, pero **me llevo bien** con ellos.*

*Mi vecino de abajo es un pesado. **Se enfada** con nosotros por todo y siempre está protestando. **Me cae fatal.***

C. **Utiliza las expresiones anteriores para contarle a tu compañero cómo es tu relación con las personas de las que habéis hablado en el ejercicio A.**

4. LA VIDA DA MUCHAS VUELTAS

C. Al recordar el pasado comprobamos cómo ha cambiado nuestra vida. Completa las siguientes frases con información sobre algunas etapas de tu propia vida.

De pequeño/a...

era _____

me gustaba/n _____

no sabía _____

tenía miedo de _____

Cuando tenía unos 10 años...

era _____

cada día _____

no me gustaba/n _____

mis padres no me dejaban _____

Cuando iba al instituto...

los profes me decían _____

solía _____

no me gustaba/n nada _____

me encantaba llevar _____

B. A partir de la información del ejercicio anterior comenta con tu compañero si sois muy diferentes ahora de cuando erais pequeños. Comparad también las cosas que los dos teníais en común.

◆ *A mí, cuando era pequeño, me gustaba la carne, pero ahora ya no como carne. Es que soy vegetariano.*

▼ *A mí también me gustaba la carne; en cambio, la verdura no me gustaba nada y ahora me encanta.*

C. La estancia en España como estudiante Erasmus es otra etapa de tu vida. Compara ahora con tu compañero cómo era vuestra vida antes de venir aquí y cómo es ahora.

◆ *Yo en mi país me acostaba mucho **más** temprano **que** aquí. ¡Aquí en España es imposible irse a dormir antes de la una!*

▼ *Bueno, yo en Milán también me acostaba tarde, así que aquí me acuesto **tan** tarde **como** allí. Para mí no hay una gran diferencia.*

1. LA FIESTA DE CUMPLEAÑOS SORPRESA

A. Luisa y Jaime están pensando en prepararle una fiesta de cumpleaños sorpresa a Laura, su compañera de piso. Escucha su conversación y anota el orden (1, 2, 3, 4) en el que hablan de estos temas:

- ☐ comida y bebida
- ☐ lugar y hora
- ☐ regalo
- ☐ invitados

B. En la conversación, Jaime y Luisa usan algunas palabras propias de la lengua coloquial de los jóvenes. Escucha de nuevo la conversación para identificar y relacionar ese vocabulario con sus significados, como en el ejemplo. A continuación, completa las frases con las palabras coloquiales adecuadas.

Vocabulario coloquial de los jóvenes	Significados
pasta **1**	**a** refresco con alcohol
flipar **2**	**b** bocadillo
cumple **3**	**c** preparar una fiesta
colegas **4**	**d** tapas variadas, aperitivo
tía **5**	**e** cerveza
cubata **6**	**f** dinero
bocata **7**	**g** amigos
súper **8**	**h** sorprenderse
picoteo **9**	**i** cumpleaños
birra **10**	**j** chica
montar (una fiesta) **11**	**k** supermercado

1. El sábado es el _____ de Laura y sus _____ le van a _____ una fiesta sorpresa.

2. Para preparar los _____, Jaime y Luisa van a comprar embutidos (jamón, chorizo, queso...) en el _____. También van a comprar vodka, ron y ginebra para preparar los _____.

3. Laura no espera ninguna fiesta sorpresa y por eso va a _____ al entrar en el piso, piensa Luisa.

¿Conoces más palabras y expresiones coloquiales que usan los jóvenes españoles?

C. En parejas, describid cómo imagináis a Luisa y a Jaime (edad, físico, carácter). Comparad después vuestras descripciones con las que han hecho otros compañeros.

D. Cuando Laura llega al piso, sus amigos la esperan para darle la sorpresa. Escucha algunos fragmentos de las conversaciones que ocurren en diferentes momentos de la fiesta y toma nota de qué dicen...

a. ... para felicitar el cumpleaños. _____

b. ... para brindar. _____

c. ... para dar un regalo. _____

d. ... para agradecer un regalo. _____

e. ... pedir comida o bebida en una fiesta informal. _____

¿Conoces otras expresiones que sirven para realizar estas funciones?

2. REACCIONAR EN UNA FIESTA

A. Como se ha visto en unidades anteriores, las preguntas y las exclamaciones tienen una entonación diferente. Escucha los siguientes enunciados que distintas personas dicen en una fiesta y marca la opción adecuada.

1 ☐ ¡Cuánta gente hay!   ☐ ¿Cuánta gente hay ?   4 ☐ ¡Un cubata!   ☐ ¿Un cubata?
2 ☐ ¡Otra birra!   ☐ ¿Otra birra?   5 ☐ ¡Un brindis!   ☐ ¿Un brindis?
3 ☐ ¡El sábado es tu cumple! ☐ ¿El sábado es tu cumple?   6 ☐ ¡No quedan bocatas! ☐ ¿No quedan bocatas?

B. Imagina que estás en una fiesta y te dicen las siguientes cosas. Escribe una reacción adecuada, en función de si se trata de una pregunta o de una exclamación.

1. ¡Un brindis por nosotros!

_____

2. ¿Quieres más pastel?

_____

3. ¿Quedan olivas?

_____

4. ¿Otra birra?

_____

5. ¡Qué poca gente!

_____

6. ¿Ponemos otra música?

_____

3. VUESTRA FIESTA DE CUMPLEAÑOS

Imagina que cumples años durante tu estancia en España y lo celebras con algunos de tus amigos aquí. En grupos de tres, representad esta situación.

Estudiante A: es tu cumpleaños.

- Das la bienvenida a tus invitados.
- No te gustan los cómics.
- Te interesa la música española, pero no soportas la música electrónica.
- Ofreces algo de comer y de beber.
- La conversación y la fiesta continúan...

Estudiante B: eres un invitado.

- Felicitas a tu compañero.
- Le das el regalo (cómic Manga en español).
- Traes unos CD de música española y propones escucharlos.
- Preguntas por la diferencia entre las fiestas en su país y las fiestas en España.
- Propones un brindis.
- La conversación y la fiesta continúan...

Estudiante C: eres un invitado.

- Felicitas a tu compañero.
- Le das el regalo (una guía de tu ciudad).
- Traes unos CD de música electrónica.
- Preguntas por la diferencia entre los estudiantes Erasmus y los estudiantes españoles.
- La conversación y la fiesta continúan...

Vivencias y sensaciones

1. LA SALUD EN CASA

A. Observa los dibujos y comenta con tus compañeros si te ha pasado alguna de estas cosas últimamente.

¿Has tenido problemas para dormir?

¿Has tenido hipo?

¿Has tosido mucho?

¿Has tenido agujetas?

¿Has tenido resaca?

B. Todas las culturas tienen remedios naturales para los problemas de salud más comunes. Elige entre las opciones del siguiente cuestionario las que sueles hacer tú cuando te encuentras en esas situaciones.

1 Cuando no me puedo dormir,
- ☐ ... cuento ovejas.
- ☐ ... me bebo un vaso de leche.
- ☐ ... leo un libro aburrido.

2 Cuando me da hipo,
- ☐ ... bebo agua de un vaso por el borde opuesto.
- ☐ ... pido a alguien que me dé un susto.
- ☐ ... aguanto la respiración.

3 Cuando estoy tosiendo mucho,
- ☐ ... chupo un caramelo.
- ☐ ... pongo una cebolla cortada por la mitad cerca del lugar donde estoy.
- ☐ ... hago ejercicios de relajación.

4 Cuando tengo agujetas,
- ☐ ... bebo agua con azúcar.
- ☐ ... como muchos plátanos.
- ☐ ... hago ejercicio.

5 Cuando tengo resaca,
- ☐ ... bebo otro vaso de la misma bebida con la que me he emborrachado.
- ☐ ... bebo agua con gas.
- ☐ ... tomo un café muy cargado.

C. Seguro que en tu cultura también hay remedios naturales para esos problemas. ¿Se te ocurren otras opciones? Coméntalas con tu compañero.

- ◆ *Pues en mi país, cuando tienes hipo, te bebes siete tragos de agua sin respirar.*
- ▼ *¿Siete? ¿Por qué siete y no tres o seis?*
- ◆ *Y yo qué sé, pues porque tienen que ser siete. Y en tu país, ¿qué hacéis?*

D. La risa también es una buena medicina. Lee el siguiente texto y relaciona la información que aparece en la columna de la izquierda con la frase de la derecha que tiene un significado similar.

Curso de risoterapia

La risa puede servir para relajarte y hacerte sentir bien contigo mismo y con los que te rodean. Después de una sesión de dos horas de risoterapia, te sentirás pleno, alegre, vital, lleno de energía y sentimientos positivos.

Estudios científicos han demostrado que la risa verdadera, la carcajada, aporta muchos beneficios: rejuvenece, elimina el estrés y las tensiones, baja el nivel de ansiedad, adelgaza, calma los dolores, evita el insomnio…

Los estudios indican que, mientras reímos, liberamos gran cantidad de endorfinas, responsables de esa sensación de bienestar.

En nuestros cursos se utilizan diferentes técnicas que ayudan a liberar las tensiones del cuerpo: expresión corporal, juegos, danza, ejercicios de respiración, masajes, técnicas para reír… Con ellas, se crea un espacio para estar con uno mismo, para vivir el presente y no pensar en las preocupaciones. La risoterapia nos ayuda a abrirnos, a vencer los miedos; nos llenamos de luz, de fuerza, de ilusión, de sentido del humor; y aprendemos a vivir una vida positiva, intensa y sincera.

La risa:

1 Nos hace sentir bien con los que nos rodean.
2 Nos rejuvenece.
3 Adelgaza.
4 Nos hace ser más abiertos.

a Nos ayuda a perder kilos.
b Nos vuelve extrovertidos.
c Nos hace sentirnos jóvenes.
d Nos ayuda a estar bien con las personas que están cerca de nosotros.

¿Has practicado alguna vez alguna terapia alternativa: cromoterapia, aromaterapia...?

2. ¿QUÉ TE PASA?

A. Felipe, Elena, Sandra y Miguel no se encuentran muy bien. Escucha los diálogos y marca el dibujo correspondiente.

a

b

c

¡COF! ¡COF!!

d

B. Vuelve a escuchar los diálogos y subraya en el cuadro los síntomas que tiene cada uno.

	le duele/n		tiene	está
1. A Sandra	la espalda, la garganta, la cabeza	1. Sandra	sueño, hambre, frío	cansada, afónica, mareada, resfriada
2. A Felipe	el estómago, los brazos, las muelas	2. Felipe	fiebre, alergia, diarrea	mareado, gordo, deprimido
3. A Elena	la cabeza, la garganta, el estómago	3. Elena	fiebre, malestar general, tos, mocos	bien, mareada, cansada
4. A Miguel	todo el cuerpo, las piernas, los oídos, el pelo	4. Miguel	miedo, calor, sueño, tos	fatal, muerto, cansadísimo

C. ¿Qué problema crees que tienen? Con tu compañero, intentad relacionar los siguientes problemas de salud con los síntomas que habéis escuchado.

tener agujetas • estar resfriado • tener resaca • tener gastroenteritis

◆ *Yo creo que Sandra tiene resaca, porque ha vomitado y está mareada.*

▼ *Pues yo creo que está resfriada, porque le duele la garganta.*

EXPRESAR ACCIONES EN DESARROLLO

La perífrasis *estar* + GERUNDIO *(está hablando)* presenta acciones en desarrollo. Se puede utilizar con cualquier tiempo verbal. Por ejemplo, con el PRESENTE *(está hablando)* se explican las acciones que están sucediendo en el momento de hablar.

EXPRESAR ACCIONES TERMINADAS RELACIONADAS CON EL PRESENTE

He hablado con Raúl

El PRETÉRITO PERFECTO *(he hablado)* presenta acciones terminadas que se sitúan en:
- unidades de tiempo actual *(esta mañana, esta semana, este mes, este año...)*, o
- unidades de tiempo que incluyen el momento de hablar *(hoy, ahora, siempre, nunca, alguna vez...)*.

RONOMBRES PERSONALES DE COMPLEMENTO DIRECTO

Algunos verbos (*esperar, ver, visitar, conocer*, etc.) necesitan un objeto directo para completar su significado.

El complemento directo de cosa o de tercera persona presenta marcas de género y número.

Ha pintado **el** salón	Está pintando **la** cocina
LO ha pintado	**LA** está pintando / Está pintándo**LA**
Pinta **los** dormitorios	Va a pintar **las** habitaciones
LOS pinta	**LAS** va a pintar / Va a pintar**LAS**

Rosa espera el autobús.   LO espera.   *Rosa espera a un amigo.   LO espera.*

Los chicos	me	esperan	(a mí)
	te		(a ti)
	lo, la		(el regalo, a Óscar, la golosina, a Lola)
	nos		(a nosotros)
	os		(a vosotros)
	los, las		(los regalos, a sus amigos, las golosinas)

YA / TODAVÍA

Los adverbios *ya* y *todavía* se utilizan para hablar de un cambio que sabemos que ha ocurrido o esperamos que ocurra.

Mi tren todavía no ha llegado.   *Mi tren está llegando.*   *Mi tren ya ha llegado.*
Todavía estoy esperando.   *Ya no estoy esperando.*

1. EXCUSAS

A. En algunas situaciones necesitamos dar excusas para justificar nuestro comportamiento. Completa con el tiempo verbal adecuado (presente o pretérito perfecto) las preguntas que realiza el profesor e imagina dos excusas que podrías dar en cada una de las siguientes situaciones.

Preguntas del profesor *¿Qué te ha pasado?*	Excusa imaginativa	Excusa real
¿Por qué *has llegado* (llegar) tarde a clase?	*Es que me han secuestrado unos extraterrestres.*	*Es que me he echado siesta y me he dormido.*
¿Por qué _____ (dormirse) durante la clase?		
¿Por qué no_____ (tener) el libro?		
¿Por qué no _____ (hacer) los deberes?		
¿Por qué no _____ (entregar) el trabajo?		
¿Por qué _____ (entregar) el examen en blanco?		
¿Por qué no _____ (estudiar) nada?		

Lo siento, perdona por llegar tarde, pero es que el autobús ha llegado con retraso

Tranquila, no pasa nada

B. Tu compañero ha tenido comportamientos extraños últimamente. Pregúntale por qué se comporta así y reacciona ante sus excusas. Puedes utilizar las expresiones de los recuadros.

a no ir esta tarde a clase

b no ir a ninguna fiesta esta semana

c últimamente llegar a casa de madrugada

d no responder a las llamadas de su familia en toda la semana

e hoy no ir a comprar comida

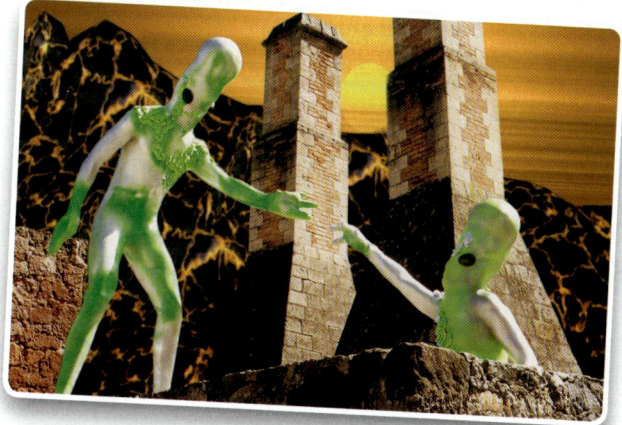

- ◆ ¿Qué te ha pasado? ¿Por qué no has ido esta tarde a clase?
- ▼ No te lo vas a creer, pero es que me han secuestrado unos extraterrestres.
- ◆ ¡Anda ya! ¿En serio?

Expresar sorpresa o incredulidad

¡Anda ya! ¿En serio? ¿Sí? ¡No me digas! ¿Qué me dices? No me lo puedo creer. Es una broma, ¿no? ¿De verdad?

Aceptar excusas

Tranquilo/a. No te preocupes. No pasa nada.

2. ¿CONOCES BIEN ESTA CIUDAD?

A. Piensa en cinco lugares (monumentos, bares, parques, etc.) interesantes de la ciudad donde estás disfrutando de tu beca Erasmus.

1_____ 2_____ 3_____ 4_____ 5_____

B. En grupos de cuatro, presentad los lugares que ya habéis visitado y averiguad si vuestros compañeros ya los conocen o no los han visitado todavía. ¿Quién ha estado en los lugares más originales?

- ◆ Uno de mis lugares favoritos es el Parque Nuevo. Vale la pena visitar**lo**, es muy bonito y muy tranquilo. ¿Habéis ido?
- ▼ Sí, yo **ya** he estado un par de veces, pero no me gusta mucho, me parece un poco triste.
- ★ Pues yo no **lo** he visitado. ¿Y tú?
- ✦ Yo tampoco. **Todavía no lo** he visto, pero voy a ir mañana. Si quieres, vamos a ver**lo** juntos.

3. SIN PALABRAS

A. El lenguaje no verbal también es muy importante para la comunicación. Elige cuatro de estas sensaciones y represéntalas con gestos ante dos compañeros que van a intentar adivinarlas. Al final, explica por qué te sientes así. Observa el modelo.

> **ESTOY MUY / BASTANTE / UN POCO…**
>
> triste • contento/a • ✓preocupado/a • cansado/a
> aburrido/a • enfadado/a • asustado/a • nervioso/a
> tranquilo/a • enfermo/a

> **TENGO MUCHO-A / BASTANTE / UN POCO DE…**
>
> hambre • sed • calor • frío • sueño • miedo
> dolor de cabeza • fiebre • dolor de barriga

> **¿POR QUÉ? ALGUNAS CAUSAS POSIBLES**
>
> *ponerse* demasiada ropa • *entregar* el examen y no *escribir* el nombre • *estropearse* el autobús y *venir* a pie • *echar* de menos a los amigos • ✓el médico *decir* que…

★ *¿Qué te pasa? ¿Tienes mucho frío?*
◆ *No, no. ¡Qué va!*
▼ *¿Estás muy nerviosa?*
◆ *No, no.*
★ *¿Estás un poco asustada?*
◆ *No, no exactamente.*

▼ *¿Tienes un poco de miedo?*
◆ *No, pero casi, casi.*
★ *¿Estás muy preocupada?*
◆ *Sí, exacto. Es que el médico me ha dicho que tienen que operarme.*

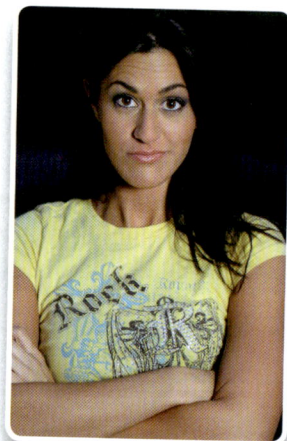

B. Escribe tres frases sobre lo que han representado y explicado tus compañeros, utilizando conectores para presentar las causas (*como, porque*) y las consecuencias (*por eso*).

*Robert echa de menos a sus amigos y a su novia, **por eso** está un poco triste.*
*Robert está un poco triste **porque** echa de menos a sus amigos y a su novia.*
*Robert, **como** echa de menos a sus amigos y a su novia, está un poco triste.*

C. Observa estos dibujos. ¿Qué les pasa a estas personas? Coméntalo con tu compañero y completa la información de la tabla.

¿Qué ha hecho?	¿Qué le pasa?	¿Qué está haciendo?	¿Qué va a hacer?
La chica no ha estudiado mucho.	Está nerviosa.	Está fumando y mordiéndose las uñas.	Va a hacer un examen.
La señora			
La niña			
El chico			
El niño			
El señor			

◆ *Creo que la chica* **está** *muy* **nerviosa** *y por eso* **está fumando** *de esa forma y* **mordiéndose** *las uñas. ¿Verdad?*

▼ *Sí, creo que está nerviosa porque* **va a hacer** *un examen, pero no* **ha estudiado** *bastante y piensa que* **va a suspenderlo**.

1. CORREOS ELECTRÓNICOS

A continuación tienes tres correos electrónicos que unos estudiantes Erasmus han enviado a sus profesores. Léelos y responde a las preguntas.

1

Mail Archivo Edición Visualización Buzón Mensaje Formato Ventana Ayuda (Cargada) mié 11:41

Nuevo mensaje

Enviar Chat Adjuntar Agenda Tipo de letra Colores Borrador

Para: Para: erodriguez@uab.edu
Cc:
Asunto: Asunto: español conversacional

De: kthompson81@hotmail.com
Enviado el: lunes 27 de abril

Profesora Rodríguez:

Soy una alumna suya de la asignatura Español Conversacional. Me interesan mucho sus clases, pero tengo problemas para entender todas las explicaciones en español. ¿Podría recomendarme algunos libros en inglés?

Muchas gracias por su ayuda.
Un saludo cordial,

Katherine Thompson

2

Mail Archivo Edición Visualización Buzón Mensaje Formato Ventana Ayuda

Nuevo mensaje

Enviar Chat Adjuntar Agenda Tipo de letra Colores Borrador

Para: Para: acano@uam.edu
Cc:
Asunto: Asunto: ejercicios evaluación

De: zucca_gianni@yahoo.com
Enviado el: lunes 30 de noviembre

Estimado Prof. Cano:

Soy Gianni, un estudiante de Cultura Hispana. La semana próxima tengo que volver a mi país y no podré entregarle los ejercicios de evaluación. ¿Puedo entregarlos una semana más tarde?

Cordialmente,

Gianni Zucca

3

Mail Archivo Edición Visualización Buzón Mensaje Formato Ventana Ayuda (Cargada) mié 11:41

Nuevo mensaje

Enviar Chat Adjuntar Agenda Tipo de letra Colores Borrador

Para: Para: luperez@uv.es
Cc:
Asunto: Asunto: Introducción a la lógica

De: anna_erasmus@gmail.com
Enviado el: viernes 27 de octubre

Hola, Lucía,

Soy una estudiante de tu clase de Introducción a la Lógica. No entiendo bien los problemas de esta semana. ¿Puedo pasarme por tu despacho este martes después de clase para comentarlos?

Muchas gracias. Hasta el martes,

Anna

TEXTO 1
¿Cuál es la finalidad del mensaje?
○ concertar una tutoría
○ solicitar bibliografía
○ posponer una entrega

¿Cómo lo expresa?
○ ....

¿Qué forma de tratamiento usa?
○ tú
○ usted
Busca ejemplos.

¿Cuál es la fórmula de saludo?
○ ....

¿Cuál es la fórmula de despedida?
○ ....

TEXTO 2
¿Cuál es la finalidad del mensaje?
○ concertar una tutoría
○ solicitar bibliografía
○ posponer una entrega

¿Cómo lo expresa?
○ ....

¿Qué forma de tratamiento usa?
○ tú
○ usted
Busca ejemplos.

¿Cuál es la fórmula de saludo?
○ ....

¿Cuál es la fórmula de despedida?
○ ....

TEXTO 3
¿Cuál es la finalidad del mensaje?
○ concertar una tutoría
○ solicitar bibliografía
○ posponer una entrega

¿Cómo lo expresa?
○ ....

¿Qué forma de tratamiento usa?
○ tú
○ usted
Busca ejemplos.

¿Cuál es la fórmula de saludo?
○ ....

¿Cuál es la fórmula de despedida?
○ ....

2. ¿TÚ O USTED?

A. En español, las formas *tú* y *usted* (y *vos* en algunos países de Hispanoamérica) expresan diferencias en el trato entre los interlocutores. Comenta con tus compañeros las siguientes cuestiones.

- ¿Existen diferentes formas de tratamiento en tu lengua?
- ¿Crees que resulta adecuado usar la forma *tú* para dirigirse a un profesor?
- ¿Existen diferencias en el trato a los profesores entre tu universidad y la universidad española donde estudias?

B. Estos mensajes tienen problemas de adecuación a la situación. Escríbelos de nuevo modificando las formas de tratamiento (*tú* / *usted*) y los elementos que consideres oportunos.

> Estimado Prof. Sanz:
> Soy una estudiante Erasmus de tu clase. Tus clases son superinteresantes y los ejercicios también me encantan, pero mi español es un churro. ¿Te importa si hago los exámenes y los ejercicios en inglés?
> Hasta luego,
> Kim Haltigan

> Estimados compañeros,
> Lamentablemente, estoy enfermo y no puedo asistir mañana a la reunión en la biblioteca para finalizar el trabajo de Macroeconomía I. ¿Podrían posponer el encuentro para el viernes próximo?
> Saludos cordiales,
> Georgós

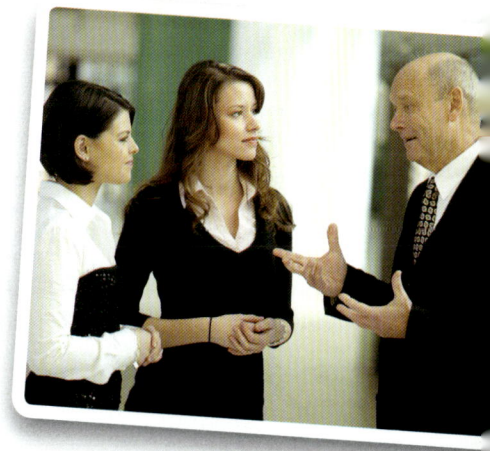

C. Has estado enfermo y no has podido entregar un trabajo. Escribe un correo electrónico al profesor para disculparte, explicarle por qué no has presentado todavía el trabajo y preguntarle si puedes entregárselo otro día.

6 Vidas

1. VIDAS DE FAMOSOS

A. Las siguientes frases se han escapado de las biografías de estos cuatro personajes famosos. ¿Con cuál de ellas relacionas cada frase?

- [ ] Abandonó la carrera para trabajar en la radio y la televisión como locutora, actriz y guionista.
- [ ] Le gusta la música clásica, el baile, dormir mucho y, por supuesto, el cine.
- [ ] Su madre le regaló los primeros materiales para pintar.
- [ ] Es tímido y se pone un poco nervioso en las entrevistas y ruedas de prensa, después de los partidos.

1. Rafa Nadal

Nació en 1986 en Mallorca. Mide 182 cm y pesa 75 kg. Empezó a jugar al tenis cuando era muy pequeño y ganó su primer campeonato cuando solo tenía 8 años. Juega al tenis de forma profesional desde el año 2001 y en agosto de 2008 se convirtió en el número 1 del mundo. También es el tenista más joven que ha ganado una Copa Davis. Fue muy feliz cuando le concedieron el Premio Príncipe de Asturias de los Deportes. Le encanta el fútbol, la pesca y jugar a la *Playstation*.

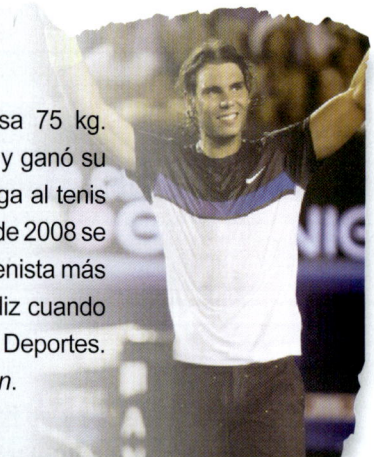

2. Penélope Cruz

Nació en 1974, en un pueblo cercano a Madrid. Estudió Danza y Arte Dramático durante años. Empezó en el cine en el año 1990 y, desde entonces, ha participado en diversas películas realizadas en distintos idiomas: español, inglés, italiano y francés. Ha trabajado con grandes directores como Pedro Almodóvar o Woody Allen. En 2006 fue candidata a los Premios Óscar de la Academia de Hollywood en la categoría de mejor intérprete femenina protagonista por su papel en la película española *Volver*, y en 2009 ganó el Óscar por *Vicky, Cristina, Barcelona*. Hace años que se trasladó a vivir a Los Ángeles para poder trabajar en el cine estadounidense, pero no por eso ha dejado de trabajar con directores españoles.

3. Miquel Barceló

Nació en Mallorca, en 1957. Allí empezó los estudios de arte que continuó en la Escuela de Bellas Artes de Barcelona. Se fue de casa a los 16 años y sobrevivió durante un tiempo vendiendo camisetas. Para sus composiciones artísticas siempre ha buscado inspiración en la naturaleza. Su técnica se caracteriza por usar la pintura para conseguir efectos de relieve. Sus dos obras más conocidas y, al mismo tiempo, más polémicas, han sido la capilla de la Catedral de Mallorca y el techo de la Sala de los Derechos Humanos de las Naciones Unidas en Ginebra. Fue el primer autor contemporáneo vivo que expuso su obra en el Museo del Louvre en 2004. En sus ratos libres se dedica a escribir una historia del arte desde un punto de vista muy personal.

4. Elvira Lindo

Nació en 1962, en Cádiz. A los doce años se trasladó a Madrid con su familia. Durante un tiempo, alternó sus estudios de Periodismo con un trabajo en la radio. Su primera novela se basó en uno de sus personajes radiofónicos, el niño Manolito Gafotas; tuvo un éxito extraordinario y eso la llevó a escribir varios libros con el niño como protagonista. Desde hace años colabora en diferentes revistas y diarios con todo tipo de artículos: columnas de opinión, entrevistas... También ha trabajado como actriz en algunas películas haciendo papeles secundarios. Se casó con el escritor y académico de la lengua Antonio Muñoz Molina. En su tiempo libre le gusta leer y ver películas.

B. Escribe en un papel una autobiografía breve con cinco datos de tu vida. Uno de ellos debe ser falso. A continuación, léela a tus compañeros y ellos intentarán averiguar cuál es el dato falso.

2. ¿QUÉ TAL EL FIN DE SEMANA?

A. Hoy es lunes, Lucía y Marcos están en el bar de la facultad comentando el fin de semana. Escucha la conversación y marca qué dibujos se ajustan al diálogo.

a

b

c

d

B. Vuelve a escuchar el diálogo y señala si las siguientes afirmaciones son verdaderas (V) o falsas (F).

1. ☐ Lucas alquiló un local para celebrar su fiesta de cumpleaños.
2. ☐ Laura y Marcos fueron juntos a ayudar con los preparativos de la fiesta.
3. ☐ Durante la fiesta, Marcos y Laura hablaron un montón y se rieron mucho.
4. ☐ Al final de la fiesta, Marcos le dio su número de teléfono a Laura.
5. ☐ Marcos se marchó de la fiesta antes que Laura.
6. ☐ Marcos llamó a Laura el domingo, pero no pudo hablar con ella.
7. ☐ Laura no tiene el número de teléfono de Marcos, por eso no lo ha llamado.
8. ☐ Lucía piensa que Marcos es muy tímido.

C. Habla con tu compañero sobre las actividades de vuestro fin de semana.

◆ *Daniel, ¿qué hiciste el viernes? ¿Saliste?*
▼ *Sí, sí, salí con unos amigos. Fuimos a cenar y a una discoteca. ¡Me lo pasé genial! ¿Y tú? ¿Qué hiciste?*

Ir de excursión

Ir a un concierto

Pasear

Estudiar

Ir de marcha

Hacer deporte

Ir al estadio de fútbol

Visitar museos

Ir al cine

Ver una exposición

Ir a la discoteca

EXPRESAR ACCIONES TERMINADAS RELACIONADAS CON EL PASADO

El **PRETÉRITO INDEFINIDO** *(hablé)* presenta acciones terminadas que se sitúan en unidades de tiempo no actual *(un día, anoche, el año pasado...).*

Ayer hablé con Raúl.

El **PRETÉRITO PERFECTO** y el **INDEFINIDO** se usan con expresiones temporales diferentes:

PRETÉRITO PERFECTO (*he hablado*)	**PRETÉRITO INDEFINIDO** (*hablé*)
HOY HACE UN RATO / HACE DIEZ MINUTOS ESTA SEMANA	AYER HACE UNOS DÍAS / HACE TRES MESES LA SEMANA PASADA

LOCALIZAR ACCIONES PASADAS

Para localizar una acción terminada en un momento del pasado, pueden utilizarse las siguientes expresiones:

HACE + cantidad de tiempo + (QUE) + indefinido
Indefinido + EN + mes / estación / año
Empecé en enero /invierno.
Indefinido* + HACE + cantidad de tiempo
Empecé hace 6 meses.
Hace 6 meses (que) empecé .

Juliet, ¿cuándo empezaste a estudiar español?

Hoy, 18 de junio

En enero

ESCUELA IDIOMAS

HOY / AHORA

18 de enero

18 de junio

* HACE también puede combinarse con el pretérito perfecto si nos referimos a una acción relacionada con el presente:
La clase ha empezado hace media hora.

Para referirnos a una situación que empezó en un momento del pasado y llega hasta el presente, pueden utilizarse estas expresiones:

¿Desde cuándo estudias español?
¿Cuánto tiempo llevas estudiando español?

18 de enero

18 de junio

Presente + DESDE + fecha/mes/estación/año
Estudio español desde el 18 de enero.

18 de enero

18 de junio

LLEVAR + cantidad de tiempo + gerundio
Llevo 6 meses estudiando español.

1. FECHAS IMPORTANTES

A. Estos son algunos hechos que suelen ser importantes a lo largo de la vida de una persona. Piensa en la tuya y elige los cinco hechos que consideras más importantes en tu vida. Si quieres, añade otros. A continuación, ordénalos cronológicamente desde el más antiguo (1) al más reciente (5).

nacer (tú, tus hermanos...)
mudarse (de piso)
pasar las vacaciones en...
aprender a (nadar, ir en bici...)

independizarse
empezar a (estudiar...)
tener un accidente
repetir curso

conocer a alguien
morir alguien importante
trabajar de voluntario
enamorarse de alguien

_____

1. _____
2. _____
3. _____
4. _____
5. _____

B. Ahora anota en qué fecha o momento aproximado ocurrieron los hechos importantes que has elegido. Intenta utilizar estas cinco estructuras diferentes para localizarlos.

EN + año / estación: *En 1999 /primavera*
EN + mes + DE + año: *En marzo de 2009*
EL + día + DE + mes + año: *El 18 de enero de 1981*
HACE + cantidad de tiempo: *Hace 5 meses*
EL MES PASADO / AÑO PASADO

C. Tu compañero te va a dictar cinco fechas o momentos importantes en su vida. Hazle preguntas para averiguar qué le pasó en esas fechas. Después, él te hará preguntas sobre tus fechas importantes.

◆ *A ver, ¿qué pasó el 10 de febrero de 1990?*
 ¿Es el día en que naciste?
▼ *No, no, pero vas bien...*
◆ *¿El día en que nació tu hermano?*
▼ *¡Sí, muy bien!*

2. ¿QUIÉN HA HECHO / HIZO QUÉ?

A. **Encuentra a un compañero de clase que ha hecho o hizo cada una de estas cosas. Primero subraya las expresiones temporales y completa las preguntas. Después muévete por la clase preguntando a tus compañeros para completar las columnas.**

◆ *Markus, ¿este mes has hecho algún examen?*

▼ *Sí, dos. Uno de Filosofía del Derecho la semana pasada, que me fue muy bien,*
   y otro anteayer, de Derecho Romano.

PREGUNTA	NOMBRE DEL COMPAÑERO	OTROS DATOS	PREGUNTA	NOMBRE DEL COMPAÑERO	OTROS DATOS
¿Este mes *has hecho* (hacer) algún examen?	*Markus ha hecho dos exámenes este mes.*	*¿De qué? ¿Cuándo? La semana pasada hizo uno de Filosofía del Derecho. Le fue muy bien. Y anteayer hizo otro de Derecho Romano.*	¿_____ (saltarse) una clase la semana pasada?		
			¿_____ (empezar) a estudiar español hace menos de 3 meses?		
¿Alguna vez _____ (perderse) en esta ciudad?			¿Alguna vez _____ (escribir) una carta de amor?		
¿_____ (salir) ayer por la noche?			¿_____ (quedarse) en casa este fin de semana?		
¿_____ (ir) a alguna discoteca el sábado pasado?			¿_____ (ponerse) hoy la misma ropa que ayer?		
¿Este verano _____ (estar) en una isla?					

3. LOS *BLOGS* DE LOS FAMOSOS

A. **Revisad en grupo las biografías de los cuatro famosos que aparecen al principio de esta unidad y elegid a uno de los personajes. A continuación, completad su *blog* personal imaginando lo que ha hecho ese famoso durante su jornada de trabajo.**

29 de mayo

Hoy **ha sido** un día muy movido. A primera hora de la mañana, ░░░░░░░░░░░░
░░░
░░░.

Después, ░░
░░░░░░░░░░░░░░░░░░░. Justo antes de comer, ░░░░░░░░░░░░░░░░░░░░░░
░░░░░░░░░░░░░░░░░░░░░.

Durante la comida, ░░░░░░░░░░░░░░░░░░░░░░░░░░
░░░░░░░░░░░░░░░░░░░░. A media tarde, ░░░░░░░░░░░░░░░░░░
░░

░░░░░░░░░░░░░░░░░░░░░░░░. A las ░░░░░░░ de la noche, ░░░░░
░░░░░░░░░░░░░░░░░░░░░░░░░░░. Después de cenar, ░░░░░░░░░░░
░░░.

B. **Con un compañero de otro grupo que ha elegido un personaje diferente al tuyo, representad esta situación: os encontráis en una fiesta nocturna el 30 de mayo y os contáis lo que hicisteis el día anterior.**

◆ *¡Hombre, Penélope! ¿Qué tal estás?*

▼ *Bueno, hoy mejor, pero la verdad es que ayer*
   ***fue** un día muy movido.*
   Mira, para empezar, a primera hora…

1. ESPAÑOLES EN EL MUNDO

A. Hablar del Dr. Rojas Marcos es hablar de Psiquiatría, de libros y artículos.
Es hablar de la ciudad de Nueva York. Descubre cómo es su vida ordenando su biografía (1... 9).

Luis Rojas Marcos. Profesor de Psiquiatría en New York University, miembro de la Academia de Medicina de Nueva York y de la Asociación Americana de Salud Pública. Es autor de numerosos artículos de opinión y de varios libros, entre los que destacan *La ciudad y sus desafíos, La pareja rota, Las semillas de la violencia* (Premio Espasa Ensayo 1995), *Nuestra felicidad, Más allá del 11 de septiembre*, etc.

Luis Rojas Marcos nació en Sevilla **en 1943**. Fue un niño de carácter inquieto, curioso, travieso y distraído que tuvo problemas de aprendizaje.

☐1 **En 1949** empezó a estudiar la enseñanza primaria en el colegio de los jesuitas de Portaceli (Sevilla). **Al cabo de ocho años** cambió de centro escolar a causa de sus dificultades escolares y fue admitido en el colegio El Santo Ángel, donde progresivamente mejoró su rendimiento académico.

☐ **En el año 1961** terminó los estudios de bachillerato y empezó a estudiar Medicina. Se licenció por la Universidad de Sevilla **siete años más tarde** y decidió emigrar a Estados Unidos para estudiar Psiquiatría en Nueva York.

☐ **De 1995 a 2002** fue presidente ejecutivo del sistema de sanidad y hospitales públicos de Nueva York, desde donde asistió a las víctimas de los terribles atentados del 11 de septiembre de 2001.

☐ Con talento natural para la música, aprendió de pequeño a tocar el piano, la guitarra y, posteriormente, la batería, el instrumento ideal para un niño hiperactivo. **En 1958** fundó con un grupo de amigos el cuarteto *Yungay*, en el que tocaba la batería.

☐ **Once años después**, en 1992, el entonces alcalde de la ciudad, David Dinkins, designó a Rojas Marcos *Commissioner of Mental Health* o máximo responsable de los servicios municipales de salud mental, alcoholismo y drogas.

☐ **En 1981** fue nombrado Director de los Servicios Psiquiátricos de la red de hospitales públicos de Nueva York. La contribución más reconocida de Rojas Marcos en este cargo fue la creación de *Project HELP* (*Homeless Emergency Liaison Project*).

☐ **Durante los años siguientes** combinó los estudios de bachillerato con las actuaciones del popular cuarteto en salas de fiesta y programas locales de radio.

☐ **Desde 2004** se dedica a la investigación, a la docencia y gestión hospitalaria, además de escribir, y ha dejado la práctica clínica en un segundo lugar. Padre de cuatro hijos, Luis Rojas Marcos es aficionado a la música, a escribir ensayos y a hacer *footing*. Lleva quince años participando en la maratón de Nueva York.

☐ **En 1972** el Instituto Nacional de Salud Mental Estadounidense *le concedió una beca* para investigar los efectos de la barrera del lenguaje en inmigrantes enfermos mentales que tenían dificultad para expresarse en la lengua inglesa.

Padre de cuatro hijos, Luis Rojas Marcos es aficionado a la música, a escribir ensayos y hacer footing. Lleva 15 años participando en la maratón de Nueva York.

B. Lee las siguientes afirmaciones prestando atención a las expresiones temporales
e indica si son verdaderas (V) o falsas (F) según la biografía de Rojas Marcos.

V/F	
☐	**1.** Ingresó en el colegio del Santo Ángel **a los catorce años**.
☐	**2. En 1957** empezó a estudiar en un nuevo colegio y, **dos años después**, fundó un grupo musical.
☐	**3. En 1968** terminó sus estudios de Medicina en Sevilla y **al cabo de ocho años** se fue a Estados Unidos.
☐	**4. En 1972** obtuvo una beca de investigación y **diez años más tarde** fue nombrado director de los servicios psiquiátricos de la red de hospitales de Nueva York.
☐	**5. Desde 1995 hasta 2002** fue presidente ejecutivo del sistema de sanidad y hospitales públicos de Nueva York.

C. Cuando narramos utilizamos expresiones que nos ayudan a relacionar
momentos en el pasado, su duración, su inicio, etc. Lee las expresiones
marcadas en negrita en los ejercicios anteriores y clasifícalas en la tabla
según el significado temporal que aportan.

1. Cantidad de tiempo que transcurre entre dos acciones del pasado	
2. Momento exacto del pasado	*En 1957*
3. Origen y límite de un período	
4. Duración de una acción.	
5. Marcar un periodo de tiempo.	

D. Una revista te ha encargado escribir la biografía de una persona famosa de
tu país para incluirla en la sección *Tu nacionalidad en el mundo*. Selecciona
a un personaje que consideres interesante y busca la información necesaria
para elaborar su biografía. En el escrito debes utilizar expresiones temporales
similares a las del ejercicio anterior.

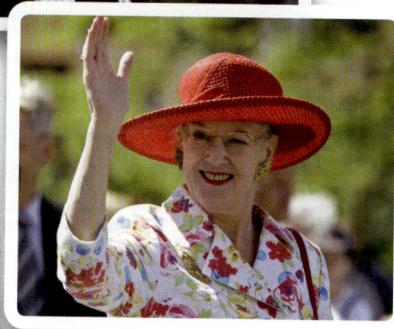

7 Retos y proyectos

1. ¿ESTUDIAS Y TRABAJAS?

A. Muchos jóvenes europeos estudian y trabajan al mismo tiempo para poder ganar un poco de dinero. Comenta las siguientes preguntas con tus compañeros.

> En tu país, ¿hay muchos estudiantes que trabajan?

> ¿Has trabajado en los últimos años? ¿Dónde?

B. Estos jóvenes piensan que estudiar y trabajar al mismo tiempo tiene ventajas e inconvenientes. Clasifica las afirmaciones de estos estudiantes.

	ventaja	inconveniente
1 Si trabajas durante la carrera, tendrás mucha experiencia (Erik).		
2 Estudiar y trabajar te quita mucho tiempo para estudiar (Sandra).		
3 Trabajar en mi tiempo libre me hizo madurar. Lo recomiendo (Peter).		
4 Si trabajo, conseguiré dinero para mis gastos (Sofía).		
5 Creo que si no dedico todo mi tiempo a los estudios, mis notas bajarán (Sergei).		
6 Si trabajas, estarás muy cansado (Johan).		
7 El año pasado trabajé y casi no tenía tiempo para salir con mis amigos (Letizia).		
8 He conocido a mucha gente gracias a mi trabajo en la biblioteca (Andrea).		

◆ *Pues yo creo que es mejor no trabajar porque así tienes más tiempo para estudiar.*

▼ *Bueno, depende, si te organizas bien, puedes hacerlo todo. Yo, el año pasado, trabajé y saqué buenas notas.*

◆ *Ya, pero seguro que no te quedó mucho tiempo para salir con los amigos, ¿verdad?*

C. **Estos son algunos de los trabajos que realizan los jóvenes estudiantes españoles. ¿Cuáles te parecen más compatibles con los estudios? Ordénalos de mayor (8) a menor (1) compatibilidad y compara con tu compañero.**

☐ Canguro   ☐ Profesor particular

☐ Camarero   ☐ Repartidor de pizzas

☐ Telefonista   ☐ Bibliotecario

☐ Monitor escolar   ☐ Dependiente

◆ *Yo creo que lo mejor para un estudiante es trabajar de canguro porque son pocas horas y no tienes que trabajar todos los días.*

▼ *Sí, puede ser. Lo que pasa es que tampoco ganas mucho dinero, ¿no? Yo creo que lo mejor es trabajar en un bar.*

◆ *Ya, pero entonces tienes que trabajar por la noche y terminas muy cansado. No sé, a mí no me parece buena idea.*

D. **Las siguientes frases se han escapado de estos anuncios. ¿A cuál de ellos pertenece cada una?**

a. Si los apruebo, me tomaré un año de descanso para viajar por Europa.
b. Estudio Dirección de Empresas.
c. En mi país esta carrera es más larga que las otras.

1

Soy una chica de Hungría y voy a estar en Barcelona durante 9 meses; un curso completo. Cuando termine el curso, volveré a mi país para terminar mis estudios de Medicina. Estoy en el tercer año, pero todavía me quedan varios años para terminar. (1) _____. Busco un trabajo para tener un poco más de dinero para mis cosas. En mi país trabajaba 15 horas a la semana en una cafetería. Soy muy amable y abierta y me gustaría trabajar de cara al público. (Sonia, teléfono 645 321 448).

2

Soy un chico alemán. Busco un trabajo para ayudarme a pagar el alquiler. La beca que tengo no me cubre todos los gastos y necesito una fuente de ingresos extra. Puedo trabajar de cualquier cosa, siempre que tenga tiempo para mis estudios.
Cuando vuelva a Alemania, haré los últimos exámenes de mi carrera. (2) _____. Soy serio y trabajador.
(Lukas, número de teléfono 666 535 767).

Soy una chica francesa que está España con una beca Erasmus. Me encanta España, pero es más cara de lo que pensaba. Necesito un poco más de dinero para llegar a fin de mes, por eso busco algún trabajo. Preferiría trabajar en alguna empresa, en la sección de personal, porque así aprendería cosas útiles para mis estudios. (3) _____. Soy muy ordenada y me gusta trabajar en equipo.
(Denise, teléfono 629 699 584).

3

Comenta con tus compañeros cuál de los trabajos del ejercicio anterior es más adecuado para cada uno de estos estudiantes.

◆ *A mí me parece que el mejor trabajo para Sonia es… porque…*
▼ *Pues yo creo que…*

E. Escribe una nota con tus datos para colgar en el tablón de anuncios.

2. ¿QUÉ TAL LA ENTREVISTA?

A. Óscar comenta con su amiga Lucía cómo le ha ido su entrevista de trabajo. Antes de escuchar la conversación relaciona las siguientes expresiones del ámbito del trabajo. A continuación, escucha y marca cuáles aparecen en la conversación.

1	trabajar	a	el currículum vítae
2	firmar	b	1.300 € limpios
3	trabajar	c	el contrato
4	enviar	d	de baja
5	estar	e	12 horas al día
6	ganar	f	media jornada
7	hacer	g	descansos por turnos

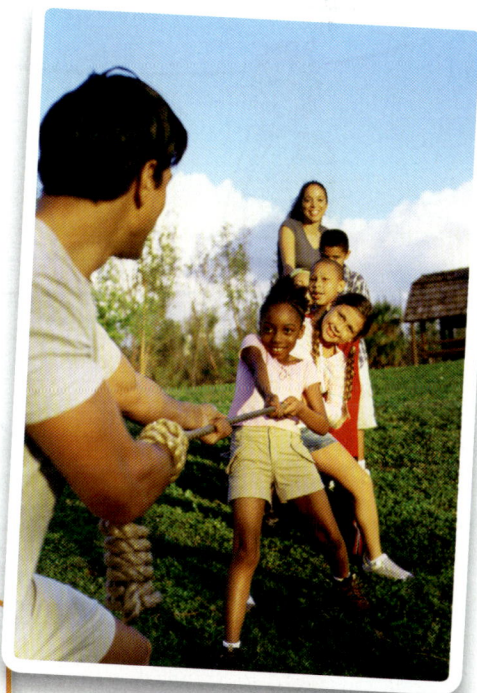

B. Escucha de nuevo la conversación y di si las siguientes afirmaciones son verdaderas (V) o falsas (F).

1. ☐ A Óscar no le han dado el trabajo todavía, pero tiene muchas posibilidades de conseguirlo.
2. ☐ Trabajará con niños en una casa de colonias.
3. ☐ Los niños podrán participar en diferentes talleres, juegos y fiestas.
4. ☐ Óscar se reunirá una tarde con los otros monitores para conocerlos porque él es el único monitor nuevo.
5. ☐ Durante un mes y dos semanas Óscar vivirá en la casa de colonias.
6. ☐ Lucía piensa que el sueldo es bastante bueno.
7. ☐ A Óscar no le gustan mucho los niños, pero piensa que el trabajo será una buena experiencia.
8. ☐ Los dos chicos están de acuerdo en que trabajar en un restaurante es mucho más pesado y aburrido.

HABLAR DEL FUTURO

Para hablar del futuro pueden utilizarse:
- La perífrasis *ir a* + INFINITIVO.
- El presente de indicativo.
- El futuro simple.

Cada uno expresa una perspectiva
un poco diferente.

你好！

¿¡!?

FUTURO
Creo que este verano **estudiaré** *chino... io japonés!*

Con el **FUTURO** se hace referencia a una acción futura sin relación con el momento actual.

***ir a* + INFINITIVO**
Este verano **voy a estudiar** *chino.*

Con *ir a* + INFINITIVO se presenta una acción futura hacia la que el hablante ya ha empezado a dirigirse.

PRESENTE
Este verano **estudio** *chino, fijo.*

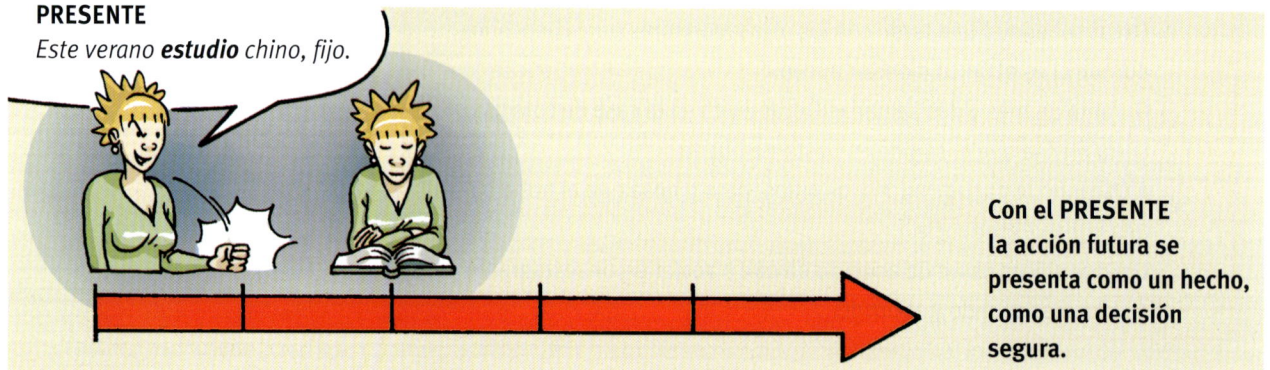

Con el **PRESENTE** la acción futura se presenta como un hecho, como una decisión segura.

El futuro simple *(estudiaré)* se utiliza para predecir acciones o situaciones futuras.

Dentro de unos años **habrá** trabajo para todos, nos **subirán** los sueldos y **tendremos** más tiempo libre.

El futuro simple también se usa para anunciar acciones futuras en situaciones formales.

El próximo 23 de abril se celebrará la entrega de premios del concurso literario de Estudios Hispánicos.

El acto tendrá lugar en los jardines de la Universidad a las 12h.

EXPRESIONES TEMPORALES DE FUTURO

¿Cuándo empezarás a trabajar?

En junio/verano/2010	EN + mes/estación/año.
El mes que viene	EL/LA + mes/año/semana + QUE VIENE
El próximo mes	EL/LA PRÓXIMO/A + mes/año/semana
Dentro de un mes	DENTRO DE + cantidad de tiempo

LOCALIZAR UNA ACCIÓN FUTURA

Para indicar que una acción en el futuro depende de otra acción que creemos que va a ocurrir, se utiliza:
cuando + PRESENTE DE SUBJUNTIVO.
En cambio, para preguntar, se utiliza:
¿cuándo + FUTURO SIMPLE?

EXPRESAR CONDICIONES FUTURAS

Se utiliza *si* + PRESENTE DE INDICATIVO para indicar que una acción futura depende de otra acción futura que puede ocurrir o no.

¿Cúando empezarás a buscar trabajo?

ANUNCIOS TRABAJO

*En junio, **cuando termine** la carrera*

¿Cúando empezarás a buscar trabajo?

*Pues no sé... **Si apruebo** el último examen empezaré en junio*

1. UNA SEMANA CULTURAL

A. La semana que viene el centro en el que estáis estudiando ofrece un ciclo cultural sobre Hispanoamérica. Lee el anuncio que se ha colgado en la página web de la facultad y complétalo con los verbos del cuadro en futuro.

> impartirse • ofrecerse • participar • reconocerse • exhibirse
>
> poder • clausurarse • tener lugar • estar • proyectarse

Diario digital de la Universidad de Madrid

Madrid, 12 de octubre

Con motivo de la celebración de la fiesta de la Hispanidad, la semana del 7 al 11 de octubre (1)_____ en la Facultad de Filología la Semana Cultural de Hispanoamérica.

Cada día de la semana (2)_____ dedicado a un país diferente. Por la mañana (3)_____ seminarios en el Aula Magna de la Facultad; por la tarde, los estudiantes de nuestro campus (4)_____ participar en diferentes talleres de manifestaciones culturales tradicionales, como juegos mayas, cocina azteca o tango argentino; y por la noche (5)_____ películas. Asimismo, en el vestíbulo de la facultad (6)_____ una colección fotográfica de pinturas murales y *graffiti* chilenos, a partir del martes y durante toda la semana.

La semana cultural (7)_____ con una mesa redonda sobre *La transferencia cultural España-Hispanoamérica*, en la que (8)_____ el Prof. Puértolas, la Prof. Pérez Cano y el escritor colombiano Carlos Aura. Tras la clausura de la semana cultural (9)_____ un aperitivo.

La asistencia a tres actividades (10)_____ a los estudiantes asistentes con 2 créditos ECTS.

UAM
UNIVERSIDAD AUTONOMA DE MADRID

B. A continuación aparecen dos versiones del programa. Algunos datos se han borrado, así que están incompletas. Pregúntale a tu compañero para averiguar la información que te falta. Puedes utilizar los verbos trabajados en el ejercicio A.

◆ *¿Sabes a qué hora se impartirá el seminario sobre la violencia en el cine colombiano?*

▼ *Sí, será de 10 a 13h. Y tú, ¿sabes qué se celebrará el lunes de 16 a 18h?*

◆ *Sí, habrá una muestra de juegos tradicionales mayas.*

A

LUNES

10-13h. Seminario: *La representación de la violencia en el cine colombiano*.
16-18h. Muestra de juegos tradicionales mayas.
21-23h. Proyección de la película *El coronel no tiene quien le escriba* (aula ....).

MARTES

11-13h. Seminario: *Literatura argentina e infancia*.
16-18h. ....
21-23h. Proyección de la película *Nueve reinas*.

MIÉRCOLES

9-12h. Seminario: *Memoria colectiva tras la dictadura de Pinochet*.
16-18h. Presentación de la exhibición de fotografías de murales y *graffitti*.
21-23h. Proyección de la película
....

JUEVES

.... h. Seminario: *Los movimientos sociales en las canciones de* rap *mexicanas*.
16-18h.
....
21-23h. Proyección de la película *Como agua para chocolate*.

VIERNES

10-13h. Mesa redonda:
....
....
13-14h. Clausura.

B

LUNES

10-13h. Seminario: *La representación de la violencia en el cine colombiano*.
16-18h. Muestra de juegos tradicionales mayas.
21-23h. Proyección de la película *El coronel no tiene quien le escriba* (aula 4-5).

MARTES

.... h. Seminario: *Literatura argentina e infancia*.
16-18h. Taller de tango argentino.
21-23h. Proyección de la película *Nueve reinas*.

MIÉRCOLES

9-12h. Seminario:
....
16-18h. Presentación de la exhibición de fotografías de murales y *graffitti*.
21-23h. Proyección de la película *Taxi para 3*.

JUEVES

11-13h. Seminario: *Los movimientos sociales en las canciones de* rap *mexicanas*.
16-18h. Degustación de cocina tradicional azteca.
21-23h. Proyección de la película
....

VIERNES

10-13h. Mesa redonda: *La transferencia cultural España-Hispanoamérica*.
.... h. Clausura.

C. ¿Qué actos de la semana cultural te parecen más interesantes? Revisa tus horarios y comprueba a cuáles puedes asistir. Coméntalo con tu compañero.

◆ *Y tú, ¿a qué actos vas a ir?*
▼ *Pues, no lo sé. Me gustaría asistir al seminario de literatura argentina, pero tengo clase, así que creo que iré al de la memoria colectiva, a ver qué tal…*

2. CUÁNDO, CUÁNDO, CUÁNDO…

A. Estos son algunos hechos que pueden ser importantes en tu vida futura. Completa las preguntas y anota dos respuestas diferentes, una utilizando una expresión temporal y otra empleando *cuando*.

¿Cuándo *empezarás (empezar)* a trabajar?

Cuando encuentre un trabajo de becario en una empresa.
Dentro de dos o tres años.

¿Cuándo _____ *(terminar)* la carrera?

¿Cuándo _____ *(volver)* a tu país?

¿Cuándo _____ *(hablar)* perfectamente español?

¿Cuándo _____ *(hacer)* tu próximo viaje?

¿Cuándo _____ *(casarse)*?

¿Cuándo _____ *(montar)* la próxima fiesta?

B. Pregunta a un compañero cuándo planea realizar los proyectos anteriores e intenta adivinar si te dice la verdad. Después, responde a sus preguntas.

◆ *Y tú, Ingrid, ¿cuándo empezarás a trabajar?*
▼ *Dentro de dos años, cuando termine la carrera, como todo el mundo, me imagino.*
◆ *¿Sí? ¿En serio? Me parece que esos no son tus planes reales.*
▼ *Tienes razón. La verdad es que ahora estoy enviando currículos para trabajar como becaria y hacer prácticas. Mis planes son compaginar la carrera y las prácticas en una empresa.*

3. CANDIDATOS

A. Se acercan las elecciones a representante de los estudiantes en el centro en el que estudiáis. Este es el discurso que ha preparado uno de los candidatos. ¿Lo votaríais? ¿Por qué?

> Cuando salga elegido representante de los estudiantes, escucharé y defenderé ante la Junta de Facultad todas las propuestas de los delegados de clase.
> Cuando sea vuestro representante, conseguiré adelantar las fechas de publicación de los días de exámenes, porque necesitamos tiempo para poder organizarnos.
> Cuando os represente, propondré a la Junta la ampliación de las becas Erasmus: ¡todos tenemos derecho a disfrutar de ellas!
> Cuando me votéis, las bibliotecas universitarias abrirán los fines de semana y ampliarán su horario nocturno.
> En resumen, cuando me elijáis, prometo hacer oír vuestra voz y defender todas vuestras reclamaciones como propias.
> ¡¡¡Votad a Alberto Márquez!!!

B. De acuerdo con el discurso que ha redactado, Alberto Márquez está bastante seguro de que los estudiantes lo van a votar. Ayúdalo a transformar su discurso en otro más realista sustituyendo las oraciones temporales con *Cuando...* por oraciones condicionales.

> Si salgo elegido representante de los estudiantes...

C. En grupos, elaborad un breve discurso para elegir un candidato a delegado/a de la clase. A continuación tenéis algunos temas sobre los que podéis presentar vuestras propuestas. Cuando terminéis, cada grupo leerá el suyo y podréis votar al mejor.

- la presentación / corrección de los deberes
- las pausas o descansos
- la organización de actividades culturales fuera del aula
- las normas de comportamiento en clase
- las fechas / la preparación / la corrección de los exámenes...

7 Retos y proyectos

1. ¿CÓMO TE VA TODO?

A. Marta y Juan son dos amigos que no se han visto desde hace tiempo y que se encuentran casualmente en el autobús. Hablan de sus familias y de sus proyectos. Marca las respuestas adecuadas.

a) ¿Cuáles de los siguientes proyectos aparecen en la conversación?

- [ ] Juan seguramente terminará este año la carrera de Telecomunicaciones.
- [ ] El próximo año Marta quiere estudiar en Inglaterra con una beca Erasmus.
- [ ] Marta y su novio se irán a vivir juntos el año que viene.
- [ ] Juan se irá a vivir con su novia cuando acabe la carrera.
- [ ] Juan piensa buscar un trabajo e irse a vivir solo este año.
- [ ] El hermano de Marta se casará el próximo verano.

b) Según la entonación que emplean, ¿cómo crees que están Marta y Juan?

- [ ] Están cansados.
- [ ] Están contentos.
- [ ] Marta tiene prisa.
- [ ] Juan está enfadado.

B. Escucha de nuevo y fíjate en el contexto en que se dicen las expresiones del primer recuadro. A continuación, clasifícalas en el lugar correspondiente de la tabla, como en los ejemplos, y añade las del segundo recuadro.

Expresiones que dicen Marta y Juan

Ya, claro	Oye, ¿y tu familia?
Cuéntame	✔ A ver si nos vemos pronto
¡Hombre, Juan!	Bueno, pues hasta pronto
Igualmente ✔	¿Cómo te va?
¿Qué tal?	
¿Sabes que soy tío?	

Más expresiones

¡Qué me dices!	¡No me digas!
Bueno, se hace tarde	Ya veo
Por cierto,	¿En serio?
Pues ya nos veremos	Tengo que decirte algo
	Si no lo veo, no lo creo

FUNCIONES COMUNICATIVAS	EXPRESIONES
Para interesarse por nuestro interlocutor	
Para expresar sorpresa	
Para abrir un tema	
Para indicar que comprendemos a nuestro interlocutor	
Para expresar un deseo o una expectativa futura	*A ver si...*
Devolver la misma valoración o deseo que ha hecho nuestro interlocutor	*Igualmente*
Indicar que la conversación tiene que terminar / Despedirse	

C. Escribe con tu compañero pequeños diálogos (entre 2 y 4 intervenciones), incluyendo la expresión que aparece en cada recuadro, como en el ejemplo.

> **Igualmente**
> -*¡Buen fin de semana!*
> -*¡Igualmente!*

> **A ver si...**

> **Ya, claro**

> **Por cierto,**

> **¡Hombre!**

> **¿Sabes (que)...?**

D. Marta habla con su hermano Carlos de su encuentro con Juan. Escucha estos fragmentos de su conversación y marca la reacción de Carlos más adecuada ante los enunciados de Marta.

1. ☐ ¡No me digas! ¿Y cómo le va todo?
   ☐ Y, claro. ¿Y qué tal le va le vida?

2. ☐ Me parece muy bien. Mira, ¿y cómo está Lucía?
   ☐ Por mí, perfecto. Tengo ganas de volver a verlo. Oye, ¿y Lucía?

3. ☐ Cuando hables con él, dale recuerdos de mi parte.
   ☐ Vale, pues hasta pronto.

4. ☐ Igualmente. Venga, ¡hasta el sábado!
   ☐ Lo mismo. ¡Hasta el sábado!

E. Escucha de nuevo y comprueba las respuestas del ejercicio anterior.

2. Un encuentro casual

En parejas, representad esta situación entre dos amigos que se encuentran después de tres años sin verse.

ESTUDIANTE A: tienes un trabajo relacionado con tus estudios

> - Al ver a tu amigo, expresas sorpresa y te interesas por él y por su familia.
> - Le explicas qué has hecho durante el tiempo en que no os habéis visto (vida personal y trabajo) y le explicas algunas novedades sobre tu familia.
> - Le preguntas a tu amigo si tiene algún proyecto cuando acabe la carrera y le explicas qué quieres hacer tú.
> - Le pides su teléfono para quedar otro día.
> - Te despides con la intención de volver a veros.

ESTUDIANTE B: estás estudiando tu último año de la carrera

> - Al ver a tu amigo, expresas sorpresa y te interesas por él y por su familia.
> - Le explicas a tu amigo qué has hecho durante el tiempo en que no os habéis visto (vida personal y académica) y le explicas algunas novedades sobre tu familia.
> - Le explicas tus planes y proyectos para el próximo año y te interesas por los suyos.
> - Le das tu teléfono y le pides el suyo.
> - Te despides con la intención de volver a veros.

Puntos de vista y valoraciones

1. EL MUNDO DE LA INFORMACIÓN

A. Responde con tus compañeros a la siguiente encuesta.

1 ¿Te interesa saber lo que pasa en el mundo?
- ☐ Sí, creo que hay que estar informado de lo que pasa en todo el mundo.
- ☐ Me interesa especialmente lo que pasa en mi país y en los que están cerca.
- ☐ No, no me interesa mucho. Creo que a la mayoría de los jóvenes no nos interesa mucho.

2 ¿Lees el periódico regularmente?
- ☐ En mi país lo leo cada día; aquí siempre que puedo.
- ☐ Lo leo con frecuencia, aunque menos de lo que me gustaría.
- ☐ No lo leo casi nunca. No tengo tiempo.

3 ¿Crees que los periódicos gratuitos son buenos?
- ☐ Creo que son perfectos porque te permiten enterarte de todo en poco tiempo.
- ☐ No creo que sean de gran calidad, pero son muy prácticos.
- ☐ Creo que no son adecuados porque no tienen calidad informativa y están mal escritos.

4 ¿Crees que ver la televisión es un buen medio para estar informado?
- ☐ Creo que sí. Los telediarios te mantienen informado de todo lo que pasa.
- ☐ Creo que la televisión ofrece poca información y mucho entretenimiento.
- ☐ Creo que no. La televisión no ofrece información de calidad.

5 ¿Escuchas la radio con frecuencia?
- ☐ Mucho. En mi país tiene mucha tradición.
- ☐ No, no mucho, solo para escuchar música.
- ☐ Casi nunca. En mi país la radio es poco interesante y los jóvenes no la escuchamos.

6 ¿Qué opinas de los diarios digitales?
- ☐ Creo que son una buena alternativa a los diarios convencionales por su inmediatez.
- ☐ Opino que los periódicos digitales son más incómodos que la prensa tradicional porque necesitas conexión y no puedes leerlos en cualquier sitio.
- ☐ No tengo ni idea porque siempre leo prensa en papel.

B. En el periódico británico *The Times* ha aparecido un artículo sobre la telebasura en España. Después de leerlo, una lectora ha enviado la siguiente carta a la sección de Cartas al Director de un periódico español. Léela y elige las respuestas adecuadas.

CARTAS AL DIRECTOR

La telebasura española en *The Times*

Hace unas semanas, el periódico británico *The Times* publicó un artículo sobre la telebasura en la televisión española. El artículo analiza los programas que se pueden calificar como telebasura y las causas de su alto índice de audiencia; también dice que los políticos hacen constantemente promesas de mejorar la calidad de la televisión, aunque luego no las cumplen.

El periodista que redactó la noticia dice que no puede entender cómo programas tan malos tienen tanta audiencia porque degradan a unos seres humanos que se consideran famosos y muestran en público todo lo que debería ser privado. Me parece que es una vergüenza que solo se hable de nuestra televisión en el extranjero por su mala calidad. Creo que este tipo de artículos tiene que hacernos reaccionar.

Al final del artículo se dice que este es un fenómeno exclusivamente español, es decir, que no existe en otros países. ¿Se imaginan ustedes lo que pueden pensar de nosotros en otros países? ¿Es esa la imagen que los españoles queremos dar en Europa? Creo que es necesario hacer algo al respecto.

En el artículo, también le preguntan a la periodista Rosa Villacastín por las razones de este fenómeno y ella, que ha participado en programas de este tipo, responde que los telespectadores están cansados de sus problemas. La mayoría prefiere ver lo que les ocurre a esos personajes públicos que pensar en sus propios problemas. ¡Vaya excusa! Creo que los directores de las cadenas de televisión de España deben pensar más en cuál es su obligación como medios de comunicación y menos en el índice de audiencia.

Sonia H., Vespella (Tarragona)

1 Según el periodista de *The Times*, los programas de la telebasura en España...
   a. son comprensiblemente famosos.
   b. son como los de otros países.
   c. publican cosas que deberían ser privadas.

2 La lectora se siente avergonzada porque el periódico *The Times* habla...
   a. mal de España y de los españoles.
   b. de los españoles famosos.
   c. de que la vida de los famosos debería ser privada.

3 La periodista Rosa Villacastín dice que estos programas tienen éxito porque la mayoría de los españoles...
   a. no tiene problemas.
   b. no quiere solucionar sus problemas.
   c. prefiere evadirse de sus problemas.

C. **¿Y tú, qué puedes decir sobre la televisión en España? Aquí tienes algunas ideas que puedes comentar con tus compañeros.**

¿Ves mucho la tele en España?

¿Crees que hay demasiados programas del corazón y de telebasura?

¿Cuál es el programa de televisión que has visto más veces?

¿Hay muchas series de televisión que se pueden ver también en tu país?

¿Cuál es el último programa de televisión que has visto?

¿Ves algún programa habitualmente?

2. LAS REDES SOCIALES A DEBATE

A. **Mónica, Rafa y Sandra han participado en el programa de radio *Debate al día* para dar su opinión sobre las redes sociales. Escucha y marca cuáles de las siguientes opiniones aparecen en la conversación.**

1 ☐ Darse de baja es muy complicado.
2 ☐ Hay poco control en estos sitios.
3 ☐ No hay respeto por la privacidad de las personas.
4 ☐ Son peligrosas.
5 ☐ Los usuarios no toman las precauciones necesarias.

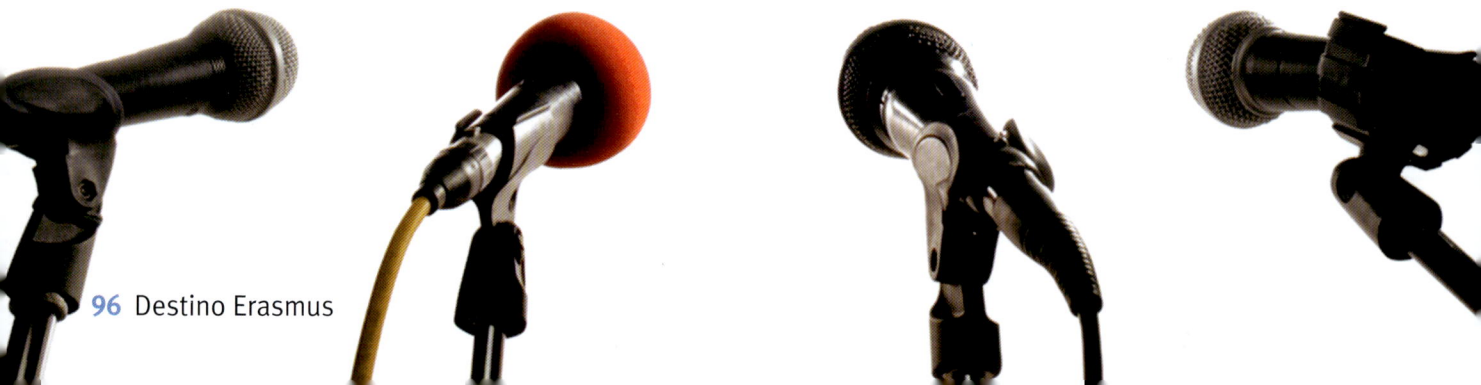

6 ☐ Son útiles para recuperar amigos.
7 ☐ Mucha gente invita a desconocidos a su *Facebook*.
8 ☐ Pueden suplantar tu identidad.
9 ☐ Estas redes se quedan con tus datos para siempre, aunque te des de baja.
10 ☐ Son divertidas.

B. Escucha de nuevo y relaciona las siguientes frases con Mónica, Rafa o Sandra.

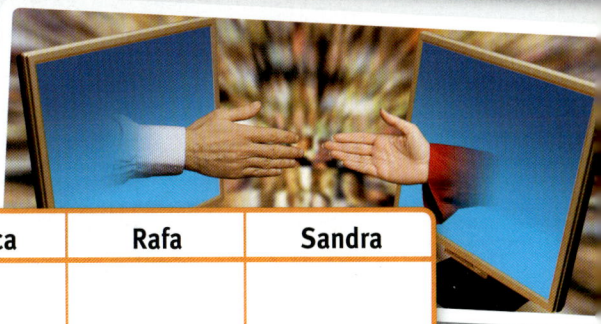

	Mónica	Rafa	Sandra
1 No creo que las redes sociales sean peligrosas.			
2 La mayoría de los usuarios no toma las precauciones necesarias.			
3 Está demostrado que todo lo que se incluye en estas redes se traslada a otros lugares de internet.			
4 Creo que no hay que adoptar posturas extremas.			
5 Una vez las pruebas no puedes vivir sin ellas.			
6 Es un espacio donde puedes intercambiar información, crear foros de opinión, mantener contacto con muchas personas y compartir aficiones.			
7 Para mí, lo mejor es hablar con mis amigos y compartir las cosas que hacemos.			
8 Son especialmente peligrosas para los menores.			
9 Los delitos que se dan en las redes sociales también existen en la vida real, no los crea la Red.			
10 Gracias a Facebook he conseguido recuperar a algunos amigos.			

C. En pequeños grupos, comentad vuestra opinión sobre las redes sociales. ¿Con cuál de las opiniones anteriores os identificáis más?

◆ *Yo estoy de acuerdo con Rafa. No creo que las redes sociales sean seguras. Creo que hace falta una ley que controle más esta actividad.*

▼ *Pues, a mí me parece que la gente exagera. No creo que sean tan peligrosas como dicen.*

■ *Hombre, no sé, depende de la información que des ¿no? Yo estoy de acuerdo con Rafa: para los menores son especialmente peligrosas.*

8 Puntos de vista y valoraciones

INTRODUCIR UNA OPINIÓN

Me parece que piden más becas

Para mí, En mi opinión, (A mí) me parece que (Yo) creo que	+ INDICATIVO *piden más becas.*

Pues yo no creo que pidan eso. A mí me parece que quieren cambiar el plan de estudios

REACCIONAR ANTE LAS OPINIONES DE OTROS

Ante una opinión del interlocutor es posible expresar acuerdo o desacuerdo. Se puede expresar desacuerdo de dos formas: cuestionando la opinión o presentando una opinión nueva.

CUESTIONAR UNA OPINIÓN		PRESENTAR UNA OPINIÓN DIFERENTE	
Pues yo no creo que *Pues a mí no me parece que*	+ SUBJUNTIVO *pidan eso.*	*(Pues) yo creo que* *(Pues) a mí me parece que* *(Pues) para mí que*	+ INDICATIVO *piden otras cosas*

LO

Para sustituir una frase se utiliza el pronombre *lo*.

◆ *Creo que los estudiantes tienen razón.*
▼ *Pues yo no **lo** creo. [que tengan razón]*
■ *¿Sabes por qué protestan?*
▲ *No, no **lo** sé. [por qué protestan]*

Es normal que los estudiantes se quejen

FORMULAR VALORACIONES

Las expresiones de valoración se combinan con subjuntivo cuando se está valorando un sujeto gramatical específico. Cuando la valoración es general, sin concretar para qué o para quién es válida, se emplea el infinitivo.

ES ME PARECE	necesario importante normal / raro lógico justo / injusto ... una pena una tontería ...	**+ que + SUBJUNTIVO** ... *que los estudiantes **se quejen.*** ... *que las manifestaciones **se hagan** en domingo.* **+ INFINITIVO** ... ***quejarse** cuando hay problemas.*
ES	bueno / malo	
ESTÁ ME PARECE	bien / mal	

TRANSMITIR LAS PALABRAS DE OTROS

> Estoy aquí, con mi novia, en esta biblioteca donde estudiamos siempre. ¿Va a venir Carlos?

> Dice Javier que está allí, con su novia, en aquella biblioteca donde estudiáis siempre. Dice que si vas a ir

	FRASE ORIGINAL	REPETICIÓN
		Dice Javier que...
Marcas de persona	*Estoy aquí, con mi novia, en esta biblioteca donde estudiamos siempre. ¿Va a venir Carlos?*	*... está allí, con su novia, en aquella biblioteca donde estudiáis siempre. Dice que si vas a ir.*
Verbos y adverbios de lugar	*Estoy aquí, con mi novia, en esta biblioteca donde estudiamos siempre. ¿Va a venir Carlos?*	*... está allí, con su novia, en aquella biblioteca donde estudiáis siempre. Dice que si vas a ir.*
Demostrativos	*Estoy aquí, con mi novia, en esta biblioteca donde estudiamos siempre. ¿Va a venir Carlos?*	*... está allí, con su novia, en aquella biblioteca donde estudiáis siempre. Dice que si vas a ir.*
Preguntas sin interrogativo	*Estoy aquí, con mi novia, en esta biblioteca donde estudiamos siempre. ¿Va a venir Carlos?*	*... está allí, con su novia, en aquella biblioteca donde estudiáis siempre. Dice que si vas a ir.*

1. LEYES, LEYES... ¿LEYES?

A. En grupo, leed estas leyes y opinad si creéis que son reales o no. Si son reales, ¿a qué países pueden pertenecer?

		Creo que es verdad	No creo que sea verdad
0	Los taxistas tienen que pagar derechos si ponen música en su taxi cuando llevan a los pasajeros.		
1	Está prohibido besar a alguien en el ferrocarril.		
2	En época de elecciones es ilegal vender bebidas con más de 4,75% de alcohol.		
3	Está prohibido jugar al dominó el domingo.		
4	Los ciudadanos no pueden salir a la calle si llevan una chaqueta y unos pantalones que no hagan juego.		
5	Cada persona tiene que bañarse al menos una vez al año.		
6	No se puede cantar en la ducha.		
7	Está prohibido que más de ocho chicas vivan juntas en el mismo piso.		
8	Es ilegal inscribirse en la Universidad, para las personas que no son inteligentes.		
9	Está prohibido meterse el dedo en la nariz los sábados.		
10	Está prohibido tirar un chicle al suelo. Si lo haces, tienes que pagar una multa o ir a la cárcel.		

◆ *Yo no creo que la ley sobre la música en los taxis sea real.*
▼ *Pues a mí me parece que sí, que en un país escandinavo, Suecia o Finlandia, los taxistas tienen que pagar derechos si ponen música en su taxi cuando llevan a los pasajeros.*

Todas las leyes son reales. **0.** Finlandia; **1.** Francia; **2.** Noruega; **3.** Alabama; **4.** Nueva York; **5.** Kentucky; **6.** Pennsylvania; **7.** Tennessee; **8.** Hong Kong; **9.** Israel; **10.** Tailandia.

B. ¿Qué te parecen las leyes anteriores? Valóralas con tus compañeros.

> **Es/me parece divertido, increíble, absurdo, una tontería, una lástima que...**

> **(No) es normal, lógico, justo, bueno que...**

> **(No) está/me parece bien, mal que...**

◆ *Yo creo que es normal que esté prohibido tirar un chicle al suelo. Es necesario que la gente respete a los demás.*
▼ *Vale, es importante que la gente respete a los demás, pero me parece injusto que una persona vaya a la cárcel por tirar un chicle al suelo.*

2. EL PERIÓDICO DE LAS BUENAS NOTICIAS

A. Elena es muy optimista y recoge en su *blog* noticias que nos alegran la vida. Lee y comenta con tu compañero la posibilidad de poner en práctica alguna de sus propuestas.

PRINCIPAL	SOBRE MÍ	PROYECTOS	APOYO	CONTACTO

Elena

Tengo ganas de escuchar buenas noticias, noticias que te alegran la vida y te hacen sonreír. Si quieres cambiar el mundo, puedes empezar ahora mismo. Con acciones cotidianas y sencillas podemos cambiar grandes problemas. Tengo muchas propuestas, por ejemplo:

- pasar un rato con alguien de otra generación
- apagar las luces innecesarias
- donar la ropa que ya no usas
- llamar a un amigo con el que no hablas desde hace tiempo

- intercambiar tus libros
- ceder tu asiento a una persona mayor en el transporte público
- escribir a alguien algo cariñoso
- donar sangre

- rechazar las bolsas de plástico cuando puedas
- regalarle una canción a alguien que quieres
- moverte sin prisas
- plantar unas flores...

◆ *Yo creo que donaré sangre en la próxima campaña de la «uni».*

▼ *Huy, yo no creo que pueda donar, es que peso menos de 50 kilos y si no llegas a 50 no te dejan dar sangre.*

B. ¿Cómo valoras las acciones que propone Elena en su *blog*? Completa las frases.

> Me parece normal que ella quiera escuchar buenas noticias, pero creo que no es posible que la gente normal cambie el mundo con acciones sencillas.
>
> Me parece raro
>
> Está bien
>
> Es natural
>
> Me parece una tontería
>
> No es lógico
>
> Es importante

3. LA CAJA TONTA

A. En una encuesta reciente los españoles opinan sobre la televisión nacional.
Comenta con tu compañero si estáis de acuerdo con sus opiniones.

- Los *reality shows* son interesantes porque permiten analizar diferentes personalidades, relaciones y comportamientos.

- Todos los realities deberían estar prohibidos.

- Los programas informativos no deben utilizar imágenes duras o violentas.

- Las noticias de deportes ocupan demasiado espacio en los telediarios.

- Las series españolas tienen mucha calidad.

- Todavía hay muchos anuncios machistas en televisión.

- Los programas del corazón son bastante entretenidos.

- Los medios de comunicación a veces manipulan la información.

- Lo único que vale realmente la pena de la tele son los documentales de animales.

◆ *Yo estoy de acuerdo con la primera opinión; a mí me parece que los "realities" nos permiten aprender cosas sobre las relaciones entre las personas.*

▼ *Pues a mí no me parece que tengan tanto interés antropológico. Yo creo que eso es una excusa de quienes se avergüenzan de ver ese tipo de programas.*

B. Comenta con tus compañeros cómo son los programas de televisión en tu país. ¿Son muy diferentes de los de españa?

◆ *En mi país la información deportiva ocupa más de la mitad de los telediarios, así que la situación en España no me parece mal...*

▼ *¿Más de la mitad? En mi país la información de deportes suele emitirse en un informativo aparte, y me parece muy bien, porque así hay más espacio para la información realmente importante en el telediario.*

4. MENSAJES

A. Tu compañero de piso, Max, lleva unos días fuera de casa y ha recibido varias llamadas de teléfono. Aquí tienes los mensajes que se han grabado en vuestro contestador. Reconstruye partes de los mensajes que no se oyen bien con los pronombres personales, posesivos y expresiones de lugar que faltan.

1. ¡Hola, Max!, soy Carlos, de la uni. Te llamo porque ayer lunes vino a clase Nicole y me devolvió unos apuntes tuyos que tenía. ¿Los necesitas? Los tengo aquí, en _____ casa, ya vendrás a buscarlos cuando puedas. ¡Hasta pronto!

2. Mmmm, ¿Max? Hola, soy Sandra. Solo quería decirte que ya lo tenemos todo preparado para el cumple de Jan. ¿Has comprado tú el regalo? ¿_____ acordarás de traerlo a mi casa el día de la fiesta? Bueno, espero que sí...

3. Este es un mensaje para Max Carney. Te llamo del gimnasio *En forma*. Es solo para recordarte que tienes que _____ a pagar la matrícula. Estamos _____, en la oficina, de 8 de la mañana a 7 de la tarde y tienes que traer tu pasaporte. Te esperamos.

4. ¿Max? Soy Jean, te llamo durante la pausa de la clase de español. Hace tres días que no _____ por aquí... ¿Estás bien? Bueno, solo te llamo para decirte que tenemos un examen de verbos irregulares de indicativo el día 15. ¿Podrás venir? ¿Volverás pronto? Por cierto, _____ mando recuerdos de Estelle, que ya ha vuelto a su país. En fin, ya nos veremos cuando vuelvas.

B. Antes de borrar los mensajes, toma nota de los recados.
Recuerda que hay que modificar las marcas de persona,
de lugar, los demostrativos y las preguntas.

1

Ha llamado Carlos de la uni. Dice
que Nicole fue a clase el lunes y
le devolvió unos apuntes tuyos que
tenía. Dice que si los necesitas,
que los tiene...

2

3

4

5. EL JUEGO DEL TELÉFONO

A. Vamos a jugar al teléfono. Primero, piensa una pregunta para tu compañero. Después, os sentaréis en círculo y
cada uno le hará su pregunta al oído al compañero de la derecha. Luego, tomará nota de su respuesta
y tendrá que responder la pregunta del compañero de la izquierda. Cuando terminéis la ronda, cada uno
explicará qué le ha preguntado su compañero de la izquierda y qué respuesta le ha dado su compañero de
la derecha. ¿Os ha salido algún diálogo con sentido?

◆ *Lucca me ha preguntado si salí de fiesta ayer por la noche y John
ha contestado que cuando era pequeño.*

▼ *¡A mí Hans me ha preguntado que cuántos novios he tenido
y Laurie ha respondido que 22!*

1. LOS AVANCES TECNOLÓGICOS

A. En un periódico ha aparecido un artículo titulado *Llamada aceptada, educación perdida*. En él se habla del uso inadecuado del teléfono móvil. Antes de leerlo, comenta con tu compañero las siguientes cuestiones.

- ¿Se puede ser maleducado al utilizar el móvil?
- ¿En qué situaciones? ¿Con qué comportamientos?
- ¿Qué se puede hacer para no molestar con el móvil a otras personas?

B. Organiza las ideas que has comentado con tu compañero en el siguiente esquema.

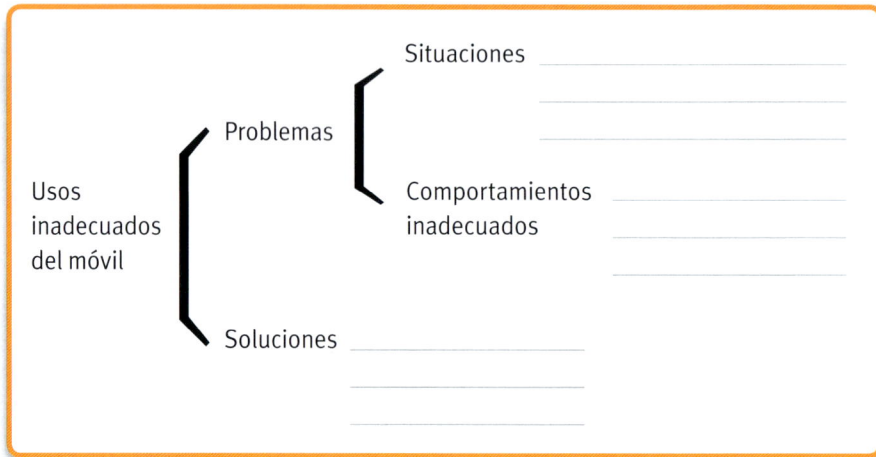

Usos inadecuados del móvil
- Problemas
  - Situaciones _____
  - Comportamientos inadecuados _____
- Soluciones _____

C. Aquí tenemos un esquema del artículo *Llamada aceptada, educación perdida*. Comprobad si vuestras notas coinciden con él y, si es necesario, completadlo con vuestras ideas.

USOS INADECUADOS DEL MÓVIL

PROBLEMAS

SITUACIONES
- medios de transporte
- trabajo
- conversaciones cara a cara
- _____

COMPORTAMIENTOS
- desconectar del entorno
- volumen de voz alto
- interrumpir una conversación
- _____

SOLUCIONES
- tonos diferentes
- llamar antes a un fijo
- modo de silencio
- no contestar
- _____

D. Para trasladar las ideas de un esquema a un texto escrito es necesario organizarlo utilizando los ordenadores del discurso. Clasifica estos ordenadores según su función.

por último
por otro lado
también
en primer lugar
además
por un lado
en segundo lugar
por una parte
por otra parte
en último lugar

Primera idea	Segunda idea	Otras ideas	Última idea

E. Lee ahora el artículo y observa cómo funcionan los ordenadores del discurso para organizar las diferentes ideas que se planteaban en el esquema.

LLAMADA ACEPTADA, EDUCACIÓN PERDIDA
Los avances tecnológicos plantean nuevos problemas de convivencia

Los avances tecnológicos siempre han ayudado a nuestra sociedad a evolucionar hacia formas de vida diferentes y hacia distintas maneras de relacionarse con el mundo. Esto ha provocado cambios en nuestras formas de convivencia, que no siempre han sido positivos. En algunos casos han causado, incluso, problemas de convivencia que han obligado a la sociedad a plantearse la necesidad de crear nuevas normas de comportamiento. Este es el caso del uso y abuso del teléfono móvil.

En nuestra sociedad podemos encontrar ciertas conductas que nos obligan a plantearnos cuestiones como: *¿pueden crear adicción el móvil o las nuevas tecnologías? ¿Hay personas que utilizan la tecnología para aislarse?* O, el tema que vamos a tratar, *¿existe la mala educación o la descortesía tecnológica?*

Por un lado, hay personas que viajan en transporte público (especialmente los jóvenes) que se aíslan totalmente mirando por la ventanilla, con sus auriculares en los oídos, y sólo se mueven del asiento para poder contestar a su móvil con más comodidad. Viajan sin tener en cuenta las necesidades de las personas que están junto a ellos: personas mayores, embarazadas, etc. **Por otro lado**, en lugares públicos están aquellos que contestan sin vergüenza con un volumen de voz demasiado alto. Otros, **además**, interrumpen constantemente sus conversaciones en el trabajo o en la vida personal por una llamada de móvil. Contestan el móvil una y otra vez sin respetar a la persona con la que están hablando.

Ante estas situaciones tan habituales, es posible ofrecer alternativas. **En primer lugar**, no es necesario contestar inmediatamente todas las llamadas, se pueden utilizar diferentes tonos para identificar a la persona que llama. **En segundo lugar**, es mejor llamar al móvil de alguien después de haber intentado llamarlo al fijo de su oficina o de su casa. De esta manera no estará obligado a contestar, si nuestra llamada suena en un momento inoportuno. **También**, si estamos hablando con otras personas, es una buena solución utilizar el modo de reunión o de silencio para no molestarlas con el ruido y no desviar la atención de la conversación. **Por último**, hay ocasiones en las que es mejor dejar que suene, aunque se pierda la llamada. Si es importante, seguro que volverán a llamar.

En otras palabras, es un error dejar que el móvil controle nuestras vidas. Todavía no hemos aprendido que la tecnología debe estar al servicio del hombre y no al revés, y que es necesario respetar las normas de conducta para mantener la convivencia.

F. ¿Qué opinas sobre el artículo? Comenta con tu compañero las siguientes preguntas.

- ¿Qué finalidad tiene el artículo?
- ¿Es un texto objetivo? ¿Qué expresiones lo demuestran?
- ¿Qué edad crees que tiene la persona que lo escribe?
- ¿Estás de acuerdo con las ideas que expresa el autor?

G. Has decidido escribir una carta a la sección Cartas al Director del periódico en el que se ha publicado el artículo anterior. Escribe primero un esquema con las ideas que quieres presentar. A continuación, redacta la carta utilizando los ordenadores del discurso.

Santander, 26 de septiembre

Señor director:
Escribo esta carta para mostrar mi desacuerdo con algunas de las ideas expresadas en el artículo «Llamada aceptada, educación perdida»...

9 Consejos y comportamientos

1. COMER BIEN Y BARATO

A. La oferta de alimentación en los supermercados es cada vez más amplia. Habla con tus compañeros sobre las siguientes creencias populares. Después, contrastad vuestras opiniones con las que dan algunos expertos.

1 Los productos sanos suelen ser muy caros.

2 La comida rápida es mala para nuestra salud.

3 Consumir platos precocinados ahorra tiempo y dinero.

4 La comida congelada es tan buena para la salud como la fresca.

5 Para ahorrar, hay que consumir menos carne y más proteínas vegetales.

6 Comprar marcas blancas es más económico, pero el producto suele ser de menor calidad.

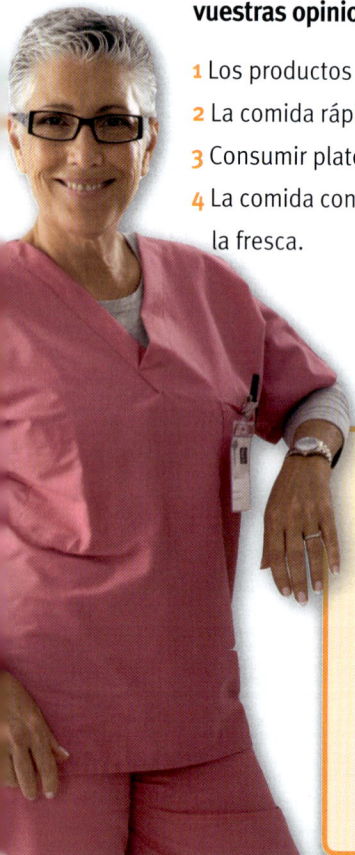

Lo que dicen los expertos:

1 Falso. Los productos ecológicos son caros, pero hay muchos alimentos tradicionales que son baratos y muy buenos para nuestra salud.

2 Falso. No toda la comida rápida es mala, depende de los ingredientes y de la forma de cocinarlos.

3 Falso. Nos ahorra tiempo, pero no dinero. Es más barato cocinar el mismo plato en casa.

4 Verdadero. Hoy en día se congelan los alimentos muy frescos y eso hace que conserven todas sus propiedades. También se puede congelar la comida que preparamos en casa.

5 Verdadero. Hay muchas verduras y legumbres que tienen una gran cantidad de proteínas y son mucho más baratas que la carne, por ejemplo, la soja.

6 No necesariamente. Algunas marcas conocidas comercializan marcas blancas para llegar a todos los consumidores.

B. Comer bien y barato... fuera de casa. Habla con tus compañeros sobre estos temas.

1 ¿Habías oído hablar de las tapas antes de venir a España?

2 ¿Cuál es tu tapa favorita? ¿Y la que no te ha gustado nada?

3 ¿Hay algo similar en tu país?

4 ¿Conoces los orígenes de las tapas?

C. Lee este texto y di si las afirmaciones que aparecen a continuación son verdaderas (V) o falsas (F).

Todas las culturas han desarrollado una forma de comer barato y rápido fuera de casa: bocadillos, sándwiches, porciones de pizza, hamburguesas, perritos calientes... En España tenemos una forma particular de hacerlo. Se trata de pequeñas porciones de comida que se toman acompañando a una bebida, especialmente cuando esta contiene alcohol. Son las tapas.

El origen de las tapas se remonta a la época del rey Alfonso X el Sabio, que obligó a que en los mesones de Castilla el vino se sirviera acompañado de una pequeña cantidad de comida. El vaso o jarro de vino se empezó a servir tapado con una rodaja de fiambre, o una loncha de jamón o queso que tenía dos finalidades: evitar la caída de polvo o insectos en el vino y evitar el consumo de alcohol con el estómago vacío. Esta costumbre se ha mantenido hasta nuestros días en algunos lugares de España, donde las tapas se sirven de forma gratuita como parte de la consumición, igual que en la época de Alfonso X.

1 ☐ Las tapas son pequeñas porciones de comida o bebida que se toman en algunas partes de España.

2 ☐ Las tapas se empezaron a servir como medida de higiene y seguridad.

3 ☐ La costumbre de acompañar la bebida con tapas se mantiene en toda España.

D. **Escribe unas líneas sobre tu bar de tapas favorito. Explica a tus compañeros dónde está, cómo es, cómo llegar allí, qué se puede comer y por qué te gusta. Lo colgaremos en nuestro *blog*: comebienybarato.com.**

Comebienybarato.com

Inicio Sobre el blog Suscripción Contacto Buscar

Suscripción

Suscripción a comebienybarato.com

Pon tu email aquí

Los mejores

RESTAURANTE - BAR

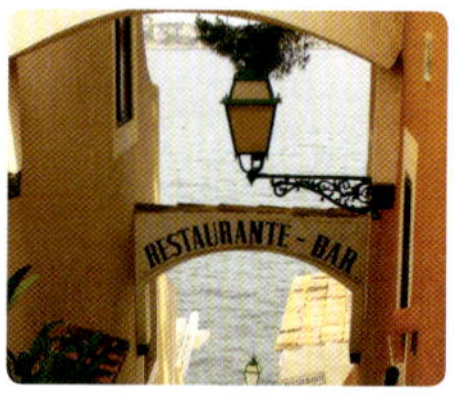

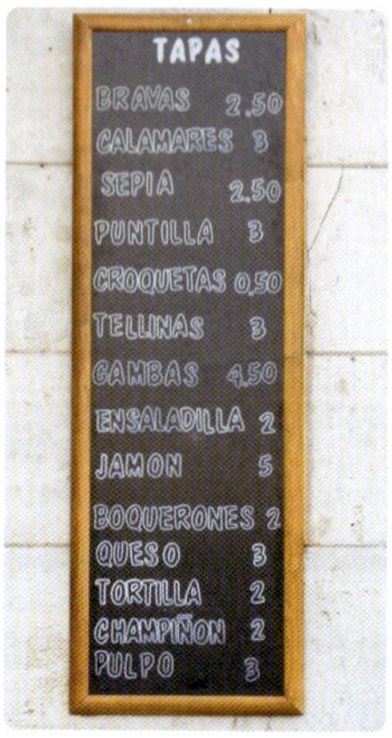

TAPAS
BRAVAS 2,50
CALAMARES 3
SEPIA 2,50
PUNTILLA 3
CROQUETAS 0,50
TELLINAS 3
GAMBAS 4,50
ENSALADILLA 2
JAMON 5
BOQUERONES 2
QUESO 3
TORTILLA 2
CHAMPIÑON 2
PULPO 3

Mi bar de tapas favorito

Imágenes

BAR DEL PI

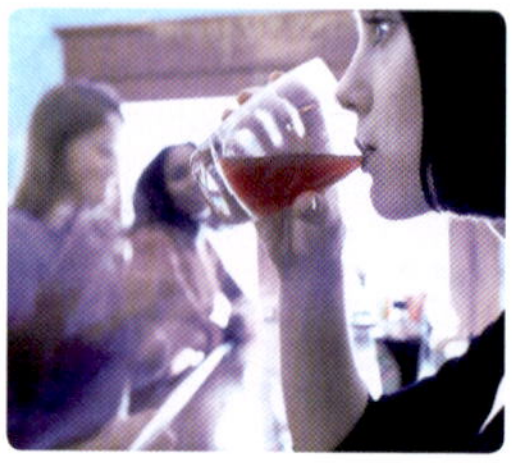

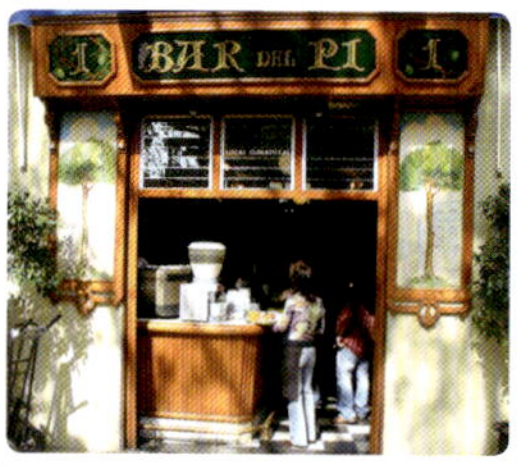

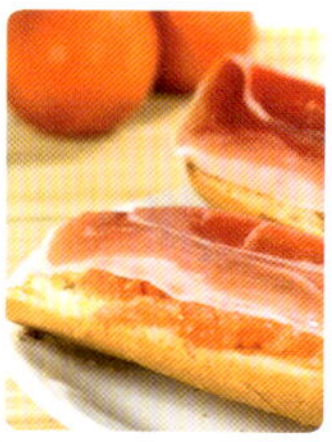

◆ *Pues a mí me encanta ese bar que está en la Gran Vía en el que los precios de las tapas van cambiando según la demanda, como si fuera Wall Street.*

▼ *Ah, sí, yo también lo conozco. Las tapas están muy buenas y además es muy entretenido.*

■ *Pues a mí me gusta ese que ha dicho Peter, el de los camareros disfrazados de piratas. ¡Qué divertido!, ¿no?*

2. ¿QUÉ HAGO?

A. Alfredo y Lucas son dos estudiantes que tienen un problema. Escucha las conversaciones que mantienen con sus amigos y anota qué problema tiene cada uno.

DIÁLOGO 1
Alfredo: _____

_____

DIÁLOGO 2
Lucas: _____

_____

B. Escucha de nuevo las conversaciones y anota qué consejos les dan a cada uno.

CONSEJOS PARA ALFREDO	CONSEJOS PARA LUCAS

C. ¿Alfredo y Lucas aceptan los consejos que les han dado? ¿Se te ocurre algún consejo mejor? ¿Qué les dirías?

◆ *Yo creo que a Lucas no le han gustado los consejos que le han dado sus amigos. Yo le diría: «Empieza a hablar con ella en clase, por ejemplo pídele los apuntes. Poco a poco dejarás de ponerte nervioso».*

Consejos y comportamientos

INFLUIR EN ALGUIEN

Se usa el imperativo para indicarle al interlocutor que haga algo.

Instrucciones: **Sigue** *recto por esta calle y al final* **gira** *a la derecha.* *Consejos:* *Si te encuentras mal,* **ve** *al médico.*	*Peticiones:* **Baja** *la música, por favor.* *Órdenes:* **Sal** *de ahí ahora mismo.*

Como el imperativo se dirige siempre al interlocutor, sólo se combina con cuatro personas:

TRATAMIENTO INFORMAL

TÚ	VOSOTROS/AS
Baja la música, por favor.	**Bajad** la música, por favor.

TRATAMIENTO FORMAL

USTED	USTEDES
Sra. López, **pase pase**.	Adelante, **pasen pasen**.

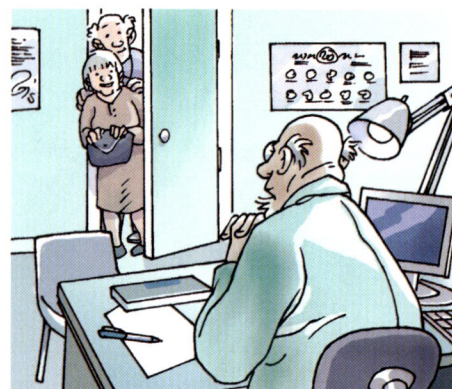

La elección del tratamiento de respeto (usted, ustedes) depende de factores como:
- **la edad**
- **el grado de conocimiento mutuo**
- **la posición social (jerarquía profesional)**

DAR O NO DAR PERMISO

¿Puedo/podemos fumar aquí?

TÚ	VOSOTROS/AS
– Sí, **fuma, fuma**.	– Sí, claro, **fumad** Ya abriré la ventana.
– No, **no fumes** aquí, por favor. Sal al balcón.	– No, mejor **no fuméis** aquí.

¿Se puede fumar aquí?

USTED	USTEDES
– Sí, sí, **fume**. No hay problema.	– Sí, sí, **fumen**. No hay ningún problema.
– No, **no fume**, por favor. Aquí no se puede fumar.	– No, **no fumen**, por favor. Aquí no se puede fumar.

POSICIÓN DE LOS PRONOMBRES

Los pronombres (reflexivos, de CD y de CI) se colocan detrás del imperativo afirmativo y delante del imperativo negativo.

¿Puedo/podemos subir la música?

TÚ	VOSOTROS/AS
– Sí, sí, súbe**la**, por favor.	– Sí, claro, subid**la** subid**la**. Ya he acabado.
– No, **no la** subas, por favor. Estoy estudiando.	– No, **no la** subáis, por favor. Necesito concentrarme.

¿Puedo sentarme/podemos sentarnos aquí?

USTED	USTEDES
– Por supuesto, siénte**se**, siénte**se**.	– Sí, sí, siénten**se**. No hay ningún problema.
– No, **no se** siente aquí, que está ocupado.	– No, **no se** sienten aquí, que están reservados.

La forma afirmativa de *vosotros/as* pierde la *–d* cuando se combina con el pronombre reflexivo *os*:

sentad + os = sentaos

1. COMPORTARSE EN LA MESA

A. Las normas de buen comportamiento en la mesa de un restaurante son parecidas en todo el mundo, pero hay algunos aspectos culturales que las diferencian. ¿Con qué países y culturas relacionáis estas normas de comportamiento en la mesa: países occidentales, países orientales o países musulmanes?

1. No se puede coger comida con la mano izquierda.
2. Antes de empezar a comer, hay que esperar a que todo el mundo esté servido.
3. No hay que hablar con la boca llena.
4. Después del postre, hay que levantarse de la mesa. Si se quiere, hay que hacer la sobremesa en otro lugar diferente.
5. Se puede acercar el recipiente de comida a la boca.
6. Hay que coger el pan que tenemos a nuestra izquierda, no a nuestra derecha.
7. No se puede jugar con los palillos.
8. No hay que hablar de negocios durante la comida.
9. No hay que utilizar los palillos de dientes en público.
10. No se pueden dejar los palillos en paralelo porque es símbolo de mala suerte.
11. Hay que dejar los cubiertos en paralelo cuando se termina de comer.
12. No se puede cantar ni silbar en la mesa.
13. Hay que lavarse las manos antes de comer, y todos han de saber que nos las hemos lavado.
14. Hay que ser expresivo, reír, contar cosas mientras dura la comida.
15. Es de buena educación comer en silencio.

> **Soluciones:**
> **1.** Países musulmanes; **2.** Países occidentales; **3.** En todos los países; **4.** Algunos países musulmanes; **5.** Países orientales; **6.** Países occidentales; **7.** Países orientales; **8.** Muchos países musulmanes; **9.** Países occidentales; **10.** Países orientales; **11.** Países occidentales; **12.** Países orientales; **13.** Países musulmanes; **14.** Especialmente países musulmanes y occidentales; **15.** Países orientales.

B. Comenta con tu compañero qué cosas se pueden hacer en la mesa y cuáles no se pueden hacer en tu país. ¿Se os ocurre alguna otra norma diferente a las del ejercicio anterior?

◆ *En mi país no se pueden poner los codos encima de la mesa, es de mala educación.*

▼ *Es verdad, en mi país también está mal visto, pero hay mucha gente que lo hace…*

C. Imagina que un amigo tuyo se va a estudiar a un país oriental. Utiliza lo que has aprendido en la primera parte de este ejercicio para darle algunos consejos sobre cómo debe comportarse en la mesa.

◆ *No juegues con los palillos; es de mala educación. Mejor aprende a utilizarlos antes de marcharte. Puedes ir a restaurantes orientales para practicar.*

▼ *No hables todo el rato, como hacemos en muchos países occidentales. Recuerda que puedes comer en silencio…*

2. COCINA DE DISEÑO

A. ¿Qué tal te defiendes en la cocina? Escribe bajo cada uno de estos dibujos cómo se llaman en español las acciones representadas.

batir

cortar

pelar

triturar

calentar

colar

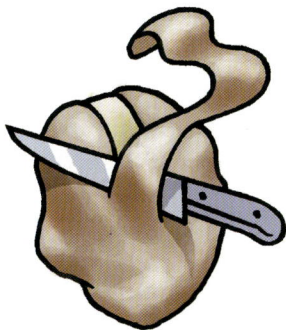

B. Algunas de las nuevas tendencias culinarias han inventado platos «de diseño» basados en la cocina tradicional. Aquí tienes los nombres y los ingredientes de dos recetas de la nueva cocina española. Imagina cómo se prepara el plato y escríbelo a continuación.

GAZPACHO DE SANDÍA

Ingredientes para 4 personas:

- 1 kg de sandía
- 2 cebolletas
- 1 pimiento verde
- 1 pimiento rojo
- 1 pepino
- 1 diente de ajo
- 200 gr de miga de pan duro
- 3 cucharadas soperas de aceite de oliva virgen extra
- 2 cucharadas soperas de vinagre de vino
- sal
- agua muy fría (si es necesario)

También necesitas:
una batidora
un colador

Preparación:
Para empezar, pon el pan duro en un plato con agua...

_____
_____
_____
_____
_____

TORTILLA DE PATATAS *CHIPS*

Ingredientes para 4 personas:

- 100 gr de patatas *chips*
- 8 huevos
- 2 cucharadas soperas de aceite de oliva
- sal

También necesitas:
una fuente honda
una sartén
una cuchara de madera
un plato plano y grande

Preparación:
Primero, rompe las patatas *chips* en trozos muy pequeños...

_____
_____
_____
_____
_____

C. Comprobad ahora vuestras recetas con las del ejercicio 5 de *Otras actividades*. ¿Quién ha inventado la receta más parecida a la original?

D. Y después de cenar, nada mejor que un buen cóctel. ¿Conoces alguno de los siguientes? Explícale a tu compañero cómo se preparan.

Mojito	San Francisco	Bloody Mary
Manhattan	Daiquiri	Margarita

3. CONSEJOS

A. Entre las cualidades de un buen amigo está la de ofrecer buenos consejos. Imagina que tus amigos te cuentan estos problemas. Completa las frases con los consejos que les darías.

fenilcetonuria
impío *tuétano*
tetrastrofo celentéreo
execrable abisal

1 *Si te ha dejado la novia,* **sal** *con su mejor amiga; así seguro que la pondrás celosa.*

2 Si no entiendes ni una palabra de español, ...

3 Si quieres encontrar piso en esta ciudad, ...

4 Si echas de menos a tu gato, ...

5 Si tienes problemas para ligar, ...

6 Si quieres romper con tu pareja y no sabes cómo, ...

7 Si quieres que tu profesor/a de español te apruebe, ...

8 Si quieres conocer lo mejor de esta ciudad, ...

9 Si eres el que peor baila de la discoteca, ...

10 Si este mes no te queda dinero ni para pipas, ...

B. ¿Quién es el mejor consejero de la clase? Comentad en grupo los consejos que habéis pensado y elegid los mejores.

1. LAS ENUMERACIONES

A. Ángel y Felipe comparten un piso de estudiantes. Mañana irán unos amigos a comer a su casa y tienen que ir al supermercado para comprar todo lo necesario para la comida. Durante la compra, van enumerando los productos que necesitan. Escucha su conversación fijándote en la entonación de las enumeraciones y, a continuación, marca las respuestas adecuadas.

> **Esquema entonativo de las enumeraciones**
>
> Hay que comprar fruta, huevos y arroz.

¿Qué tres productos no ponen en su carro?

1. ☐ fruta, huevos y arroz
2. ☐ judías, lentejas y galletas
3. ☐ jamón, queso y olivas
4. ☐ pescado, marisco y salchichas
5. ☐ café, cervezas y vino
6. ☐ chorizo, anchoas y espárragos

Según lo que compran, ¿qué crees que van a preparar para la comida?

1. ☐ tortilla de patatas (lleva cebolla, huevos y patatas).
2. ☐ paella mixta (lleva arroz, marisco, verduras, pescado y carne).
3. ☐ gazpacho (lleva verduras frescas, ajo, pan y agua).
4. ☐ ensalada de pasta (lleva lechuga, tomates, olivas, zanahorias..., y pasta).
5. ☐ libritos (es carne que lleva queso dentro).
6. ☐ zarzuela (lleva pescado y marisco).

B. Haz una lista de los ingredientes que lleva tu plato de comida favorito y coméntalo con tu compañero.

◆ *Uno de mis platos favoritos es la «quiche Lorraine». Lleva hojaldre, queso, nata líquida, cebolla, beicon, huevos...*

▼ *¡Qué bueno! Pero oye, ¿qué es el hojaldre?*

◆ *Pues... A ver, es una masa que lleva harina, agua, mantequilla y sal. También la venden congelada.*

▼ *¡Ah! sí, ya entiendo. ¿Y sabes cómo se prepara?*

C. ¿Cuántas bebidas típicas españolas conocéis? ¿Y de otros países hispanos?

> Tinto de verano • Clara • Calimocho • Agua de Valencia • ...

2. EXPRESIONES COLOQUIALES EN IMPERATIVO

A. Escucha de nuevo la conversación anterior fijándote en la entonación y en el contexto en que se dicen estas expresiones. Relaciónalas con sus funciones.

Expresiones	Funciones
Venga, pues ya está.	Mostrar sorpresa.
¡Anda!, pues no.	Mostrar decepción.
Vaya, y yo cuarenta euros.	Cerrar un tema.

B. Los imperativos del ejercicio anterior han perdido su significado inicial. Son expresiones conversacionales que pueden tener diferentes significados dependiendo del contexto y de la entonación con que se dicen. Escucha ahora estos diálogos que se producen durante una comida y marca qué valor tienen los imperativos que se dicen.

Diálogo 1. Se utiliza **venga** para...
☐ animar a la otra persona.
☐ empezar a despedirse.

Diálogo 2. Se utiliza **anda** para...
☐ mostrar acuerdo.
☐ mostrar incredulidad.

Diálogo 3. Se utiliza **vaya** para...
☐ mostrar decepción.
☐ mostrar sorpresa.

Diálogo 4. Se utiliza **toma** para...
☐ ofrecer algo.
☐ mostrar sorpresa.

Diálogo 5. Se utiliza **venga** para...
☐ animar a la otra persona.
☐ empezar a despedirse.

Diálogo 6. Se utiliza **vaya** para...
☐ mostrar sorpresa.
☐ mostrar decepción.

C. ¿Sabes para qué se usan estos otros imperativos? Con tu compañero, buscad una situación en la que sea posible utilizarlos.

diga • perdona • perdone • oye • mira

3. UNA CENA EN CASA CON LOS AMIGOS

En parejas, representad esta situación entre dos amigos que comparten piso y van a preparar una cena con amigos. Hablan sobre a quiénes invitarán, qué cena prepararán (ingredientes, elaboración) y cómo lo organizarán todo.

ESTUDIANTE A
• No quieres gastar mucho dinero. Lo importante es reunirse con los amigos.
• Prefieres preparar una cena vegetariana.
• Sugieres hacer un concurso de baile después de la cena.

ESTUDIANTE B
• Hace mucho tiempo que no preparas una cena para tus amigos. Esta vez quieres preparar algo muy especial y no te importa si gastas mucho dinero.
• Prefieres preparar una cena con todo tipo de alimentos (carne, pescado, verduras...).
• No te gusta bailar. Sugieres jugar al parchís, mirar fotos.. después de la cena.

10 Experiencias Erasmus

1. EXPERIENCIAS ERASMUS

A. Lee los siguientes textos en los que tres estudiantes españoles cuentan su experiencia Erasmus en otros países. A continuación, señala si las afirmaciones que aparecen en la página 120 son verdaderas (V) o falsas (F).

Inicio	Sobre el blog	Suscripción	Contacto		Buscar

Suscripción

Suscripción a blog

Pon tu email aquí

Joensuu, Finlandia

¡Hola! Soy estudiante de Filología Francesa y el año pasado estuve en Joensuu con una beca Erasmus. Bueno, todo era precioso, como me imaginaba desde España. Lo que no podía imaginar era que nos iban a tratar tan bien a todos los estudiantes Erasmus. Es verdad que los finlandeses son personas reservadas, pero cuando los conoces son muy agradables. Fue una experiencia fantástica.

Una cosa muy importante antes de elegir la beca para ir a Finlandia es la cuestión económica, porque es un país muy caro en comparación con el nuestro. Ya me habían dicho antes de ir que era un país caro, pero no creía que tanto. De todas maneras yo encontré cosas a buen precio, sobre todo comida y ropa. Era cuestión de buscar.

Y vamos con los tópicos. Por supuesto, lo que más me llamó la atención fue la sauna. Yo ya sabía que todos los finlandeses usaban la sauna y, sí, la verdad es que había una en cada casa y, por supuesto, durante las fiestas que hacíamos, íbamos a la sauna varias veces, ¡con bebidas y todo! Era tan divertido...

Para mí, fue una experiencia genial, muy recomendable para aquellos que quieran vivir en una cultura diferente. Escribo para animar a los que están pensando en solicitar la beca. Realmente es una experiencia inolvidable.

Alberto

Inicio   Sobre el blog   Suscripción   Contacto

Buscar

Suscripción

Suscripción a blog

Pon tu email aquí

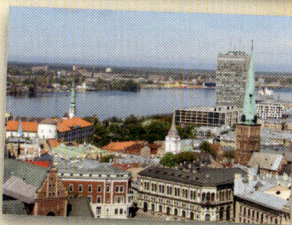

Lyon, Francia

Hola a todos los Erasmus. Yo estuve el año pasado estudiando en Lyon, Francia, y mi experiencia fue bastante positiva. Cursé nueve meses en la Facultad de Derecho y, aunque antes de ir pensaba que el nivel era muy alto, no fue así. En algunas materias era más bajo que en mi universidad, pero me gustó mucho porque las clases eran muy prácticas. El trato que recibí de mis profesores y compañeros fue muy bueno. Como mi nivel de francés era bajo, me ayudaron mucho, aunque a la hora de hacer exámenes o trabajos las condiciones eran las mismas que para los otros estudiantes.

En cuanto al alojamiento, en Francia sale un poco caro. Antes de ir había oído que allí no hay costumbre de compartir casa. También sabía que había una ayuda estatal (APL) que se podía solicitar nada más llegar. Pero no sabía que eran necesarios tantos papeles. Para solicitarla tuve que formalizar la *Carte de séjour* y tener una cuenta bancaria. Yo recomiendo abrir una con la *Poste*; es gratis y fácil de abrir.

La comida era bastante barata. El restaurante de la universidad tenía tres menús diferentes por unos 4 €; no eran una maravilla, pero eran aceptables y baratos. Y yo que pensaba, antes de ir, que la comida sería carísima… Bueno, aparte de eso, para un estudiante, la vida era cara, se notaba al ir al súper, al tomar unas cervezas… Ir de copas era un gasto que no nos podíamos permitir con frecuencia, así que hacíamos muchas fiestas en las casas… Yo me lo pasé muy bien y os animo a probar esta experiencia.

Au revoir,

Begoña

Inicio   Sobre el blog   Suscripción   Contacto

Buscar

Suscripción

Suscripción a blog

Pon tu email aquí

Riga, Letonia

¡Hola! Os envío este pequeño resumen de mi experiencia en Riga, la capital de Letonia, en la cual disfruté de una estancia de seis meses gracias a las becas Sócrates-Erasmus. La verdad es que antes de ir casi no había oído hablar del país, así que todo fue una sorpresa para mí.

Yo estudio Bellas Artes en una facultad muy vanguardista. Lo único que sabía de la Latvijas Makslas Akademija (Academia de Arte de Letonia) antes de ir allí es que el sistema y el estilo de enseñanza eran muy académicos, quizás por eso no me gustó mucho. A causa de mis problemas con la lengua, solo pude optar a las asignaturas de dibujo y pintura. Además, como era el primer y único estudiante Erasmus allí, no pude solicitar material en inglés. Seguro que en el futuro se solucionará este asunto.

Riga es la ciudad de los parques y jardines y su barrio antiguo tiene el encanto de casi todas las ciudades del este de Europa. Los primeros días estuve en un hotel y luego busqué alojamiento en un hostal de estudiantes de la universidad. Fue perfecto. Conocí a mucha gente y una de las cosas que me llamaron la atención es el gran interés que los letones tienen por conocer a gente de la zona mediterránea, como España, Italia o Grecia. Piensan que somos muy exóticos. A nosotros nos consideran el país del sol y de la fiesta.

Otra de las sorpresas fue el frío; de noche alcanzábamos los 18° bajo cero. Antes de ir no sabía que hacía tanto frío y no me llevé la ropa adecuada para el clima.

En fin, tengo mil anécdotas para contar, pero es mejor descubrirlo uno mismo. Si queréis ir a Riga, animaos, vais a disfrutar de una ciudad llena de contrastes, que te recibe muy bien y donde te lo puedes pasar en grande. Yo volvería allí con los ojos cerrados. Fue una experiencia única. Letonia y Riga os esperan. *Visu labu.*

Saludos,

Ángeles

1. ☐ Ángeles pensaba que la tratarían peor porque los finlandeses son personas cerradas.
2. ☐ Finlandia es un país menos caro de lo que Ángeles pensaba antes de ir.
3. ☐ A Ángeles le encantó usar la sauna en las fiestas.
4. ☐ A Begoña no le gustaron las clases en Francia porque tenían menos nivel que en España.
5. ☐ A Begoña le exigieron menos que a sus compañeros por ser extranjera.
6. ☐ Begoña pudo comer en Lyon mucho más barato de lo que pensaba.
7. ☐ Alberto tuvo menos oportunidades que los Erasmus de otros países porque era el primer año que funcionaba el programa.
8. ☐ A Alberto no le extrañó el interés de los letones por España.
9. ☐ Alberto volvería a Letonia sin dudarlo.
10. ☐ No todos nuestros protagonistas valoran su estancia de forma positiva.

B. Seguro que en estos meses como estudiante Erasmus te han pasado mil cosas. Contesta con tus compañeros las siguientes preguntas y comentad vuestras experiencias.

- ¿Cuál fue tu primera impresión de la ciudad donde estás viviendo? ¿Ha cambiado?
- ¿Qué te ha parecido la facultad española en la que estás estudiando?
- La relación con tus compañeros y profesores, ¿ha sido como esperabas?
- ¿Cuál ha sido el mejor momento de tu estancia? ¿Y el peor?
- ¿Qué costumbre española te ha gustado más? ¿Cuál te ha gustado menos?
- ¿Repetirías la experiencia? ¿Volverías a elegir la misma ciudad?

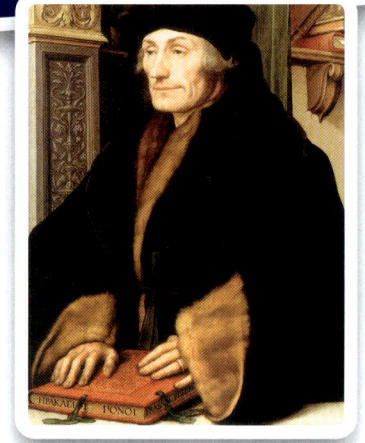

2. ¡MENUDO DÍA!

A. Paolo, un estudiante de español, se presentó la semana pasada al examen del DELE. Hoy ha quedado con su amiga Martina y le explica cómo le fue. Escucha la conversación y completa estos fragmentos.

Martina: Bueno, ¿qué tal el examen? ¿Es tan difícil como dicen?
Paolo: (a)_____, _____, no me hables del examen. ¡Menudo día!

Paolo: No, no, pero es que tú no sabes lo que me pasó. Es que (b)_____.
Martina: ¿Qué? ¿Te (c)_____?
Paolo: No, no, (d)_____.

Martina: ¿Y qué hiciste?
Paolo: Pues, la profesora me ofreció la posibilidad de hacer el examen el último. Y (e)_____ a buscar la mochila.
Martina: ¡Qué maja!
Paolo: Sí, la verdad es que sí. (f)_____...

Martina: Bueno, ¿y dónde te habías dejado la mochila?
Paolo: En la librería. (g)_____ un dependiente la vio y me la guardó.

B. ¿Sabes qué significan las expresiones anteriores? Con tu compañero, relaciónalas con los significados que te proponemos.

1. Se usa para indicar alivio. Se puede sustituir por *gracias a Dios* o *por suerte*.

2. Muy deprisa.

3. Se utiliza para mostrar rechazo. Se podría sustituir por *en absoluto* o *de ninguna manera*.

4. Se utiliza para decir que algo es asombroso o que tiene mucha importancia.

5. Sorprender a alguien haciendo algo malo.

6. Se usa para expresar que sin esta cosa o sin esta persona la situación habría sido totalmente diferente. Normalmente esta frase aparece incompleta.

7. Se utiliza para introducir una experiencia, generalmente negativa.

C. Vuelve a escuchar la conversación y marca si las siguientes afirmaciones son verdaderas (V) o falsas (F).

1. ☐ A Paolo el examen le fue fatal.
2. ☐ Después de la primera parte del examen, se hizo una pausa de tres horas.
3. ☐ Cuando Paolo entró al examen oral, no tenía la documentación.
4. ☐ Paolo cree que la profesora que le pidió la documentación era muy guapa.
5. ☐ La profesora se acordaba de Paolo.
6. ☐ Paolo le pidió a la profesora hacer el examen el último para poder ir a buscar la mochila.

D. ¿Alguna vez te ha pasado algo similar a ti? En pequeños grupos, comentad cosas curiosas que os han pasado relacionadas con los exámenes.

◆ *Yo recuerdo que cuando hicimos el examen de nivelación antes de empezar este curso, me olvidé los bolígrafos en casa y no podía escribir. Como no conocía a nadie para pedirle un boli, intenté hablar con la profesora, pero estaba tan nervioso que ella no me entendió. Al final, se lo expliqué con gestos.*

▼ *Pues, a mí me han pasado muchas cosas con los exámenes. La más curiosa fue...*

HABLAR DEL PASADO

Hoy **he venido** a clase en bicicleta.

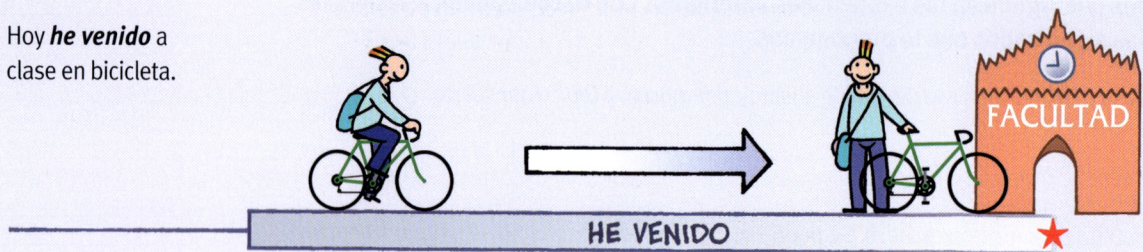

FACULTAD

HE VENIDO

Ayer **fui** a clase en autobús.

FACULTAD

FUI

De pequeño **iba** al colegio a pie.

COLEGIO   COLEGIO   COLEGIO

IBA

DESCRIBIR SITUACIONES EN EL PASADO

El pretérito imperfecto describe la situación o el contexto (hora, clima, escenario...) en el que se produce la acción que queremos destacar.

BUS
61706
¡MMÚÚÚA!

¿Sabes lo que me ha pasado esta mañana con Daniel?
***Estábamos** en la parada del autobús. **Llovía** mucho.*
***Había** mucha cola. El autobús no **llegaba** y entonces…*
*¡**Él me ha dado un beso**!*

*Ayer **estaba** con Elena en la parada del autobús. **Llovía** mucho. **Había** mucha cola. El autobús no **llegaba** y entonces…¡**Ella me dio un beso**!*

Recuerda: para explicar las acciones en desarrollo que estaban sucediendo en un momento del pasado se usa *estaba* + GERUNDIO.

Estábamos esperando el autobús cuando pasó un camión y nos mojó de arriba abajo.

REFERIRSE A ACCIONES DELIMITADAS EN EL PASADO

Cuando la situación se presenta como una acción completa o delimitada en el tiempo (con expresiones como *toda la tarde, una hora, durante el verano, tres veces*, etc.) se expresa en perfecto o en indefinido.

◆ *¿Qué has hecho hoy?*
▼ *Nada especial. **He estado** en casa **toda la tarde**. ¿Y tú, qué has hecho?*
◆ *Pues, como estaba en casa y me aburría, **he salido** a dar una vuelta y **me he encontrado** con…*

◆ *¿Qué hiciste ayer?*
▼ *Nada especial. **Estuve** en casa **toda la tarde**. ¿Y tú, qué hiciste?*
◆ *Pues, como estaba en casa y me aburría, **salí** a dar una vuelta y me **encontré** con…*

VALORAR EXPERIENCIAS PASADAS

Ha sido / fue + adjetivo

Ha estado / estuvo + bien

◆ *La conferencia de ayer **fue** un poco aburrida, en cambio la de hoy **ha sido interesante**.*
▼ *Sí, la de hoy **ha estado** muy **bien**.*

CONTRASTE ENTRE LOS TIEMPOS DE PASADO

*Ayer no **fui** a la playa porque **llovía** mucho.*

*En cambio hoy, como **hacía** mucho sol, **he estado** en la playa todo el día.*

AYER (anoche, la semana pasada...)		HOY (ahora, esta semana...)
acción	descripción	acción
PRETÉRITO INDEFINIDO (fui)	PRETÉRITO IMPERFECTO (llovía, hacía)	PRETÉRITO PERFECTO (he estado)

1. ANÉCDOTAS

A. Pepe Gáfez es un chico con muy mala suerte. Ayúdale a contar las anécdotas desastrosas que le han ocurrido esta semana, utilizando los verbos propuestos y algunas de las expresiones temporales del cuadro.

> cuando • de repente • así que • de pronto • total, que

*El otro día Pepe estaba haciendo un muñeco de nieve con sus amigos **cuando**, **de repente**, su perro lo **empujó** y **se cayó** en la nieve. **Así que** todos se rieron de él.*

hacer un muñeco de nieve
empujar
caerse

dormir
sonar
darse un susto de muerte
tirar la lámpara

pasear
sentarse
pasar unas palomas
mancharse el jersey

subir al escenario
empezar a cantar
rompérsele las gafas

pasear al perro
caer una maceta
golpearle en la cabeza

B. En grupos, pensad en otros dos accidentes para «completar» la semana horrible de Pepe.

2. CUENTOS

A. Ordena las siguientes frases que componen un famoso cuento popular sobre un criado y su amo. ¿Lo conoces? ¿Sabes cómo se titula?

1 Un hombre mandó a su criado al mercado en busca de alimentos.

☐ Después de marcharse su criado, el amo decidió ir caminando hacia el mercado en busca de la Muerte.

☐ Entonces el criado salió huyendo y dejó abandonadas las compras y la mula.

☐ Cuando volvió a casa de su amo, le contó su encuentro con la Muerte y le pidió dinero y un caballo para huir de la ciudad en dirección a Tamur.

☐ En cuanto llegó al mercado, el amo se cruzó con la Muerte y le dijo...

☐ Cuando estaba comprando, el criado se encontró con la Muerte, que lo miró fijamente a los ojos.

☐ El amo proporcionó a su criado un caballo y una bolsa de monedas para su huida.

B. El cuento anterior está incompleto. Para ser un buen cuento le falta un buen final y algunas descripciones del ambiente, la situación y los personajes. Complétalo incluyendo estos datos donde corresponda.

Personas y animales	**El amo.** Hombre muy rico. Vive en un palacio. Generoso con su criado. Valiente.
	El criado. Fiel y obediente. Adora a su amo. Un poco miedoso.
	La Muerte. Voz grave y profunda. Vestida con una larga capa negra.
	La mula. Lenta y perezosa.
	El caballo del criado. Veloz. De raza.
Lugares	**El palacio del amo.** Grande y lujoso. Situado cerca del mercado.
	El mercado. Muy ruidoso. Con muchos puestos de fruta y verdura, carne, pescado, especias...
Situaciones	**La visita del amo al mercado.** 4 de la tarde. Calor. Poca gente comprando.

Érase una vez un hombre **que era muy rico y vivía con su criado en un palacio. El palacio era muy grande y lujoso.** *Un buen día, el amo mandó a su criado al mercado en busca de alimentos...*

C. Con tu compañero, inventa el diálogo final entre la Muerte y el amo y decidid cómo termina la historia. Podéis empezar así:

—¡Oye, Muerte! ¿Por qué has asustado a mi criado?

3. Premios Erasmus

A. Durante su estancia en un país extranjero los estudiantes Erasmus viven experiencias divertidas, sorprendentes o desastrosas. En el siguiente diálogo Anne explica lo que le pasó su primer día en España. Después de leerlo, complétalo con el verbo adecuado en pretérito indefinido o imperfecto.

encontrar • ayudar • llegar • intentar • hacer • llamar • quitar • estar (3) • llevar

◆ Para mí, un momento difícil fue cuando me robaron el bolso. Fue el día 8 de septiembre, lo recuerdo porque fue el día que (1) _____ (yo) aquí. En el aeropuerto cogí un taxi porque llevaba una maleta que pesaba mucho, una mochila y un bolso más pequeño donde (2) _____ mis documentos, el dinero... Bueno, pues cuando (3) _____ delante de la residencia donde iba a vivir y estaba comprobando si era la dirección que buscaba, me dieron un tirón y me (4) _____ (ellos) el bolso. Empecé a gritar, (5) _____ correr detrás del ladrón, pero no podía con la maleta.

▼ ¿Y qué (6) _____ (tú)?

◆ Lo primero, me senté encima de mi maleta y (7) _____ por el móvil para cancelar mi tarjeta de crédito.

▼ ¿Sí? ¿En serio?

◆ Sí, sí, es que era la tercera vez que me pasaba algo así y sabía lo que tenía que hacer.

▼ ¿La tercera? ¡Qué mala suerte! ¿Y no (8) _____ nerviosa?

◆ No, más que nerviosa, (9) _____ enfadada. Otra vez. ¡Qué rabia!

▼ ¿Y qué pasó al final?

◆ Pues que un empleado de la residencia me (10) _____. Los dos buscamos el bolso en las papeleras de aquella calle y enseguida lo (11) _____ (nosotros). Dentro no estaba el dinero ni las tarjetas, pero sí que recuperé todos mis documentos.

▼ Menos mal.

◆ Sí, podía haber sido peor.

B. A lo largo de tu estancia aquí probablemente tú también has vivido algunas experiencias que vale la pena contar. ¿Cuáles recuerdas? Completa este cuadro con la información sobre lo que pasó, la situación en que te encontrabas y tu valoración sobre la experiencia.

	¿Cuándo?	¿Qué pasó?	¿Dónde estabas? ¿Con quién?	¿Cómo te sentías?	Y al final, ¿qué pasó?	¿Qué tal? (valorar)
El momento más difícil para Anne	El primer día	Me robaron el bolso	Estaba en la calle Estaba sola	Estaba enfadada	Recuperé mis documentos	Fue desagradable, pero tuve suerte
Tu momento más difícil						
Un viaje inolvidable						
Tu equivocación más ridícula						
Una situación sorprendente						

C. **Comenta con tus compañeros vuestras experiencias. ¿Son muy diferentes? Elegid las 4 historias más interesantes del grupo y escribid un pequeño relato sobre cada una.**

Jean tuvo la equivocación más ridícula del grupo. El 1 de abril...

D. **Ahora cada grupo va a presentar sus relatos. El resto de la clase los votará para elegir las experiencias que merecen recibir estos premios *Erasmus*. ¿Quién ha tenido la equivocación más tonta? ¿Y el momento más difícil? ¿Y la situación más sorprendente? ¿Y un viaje realmente inolvidable?**

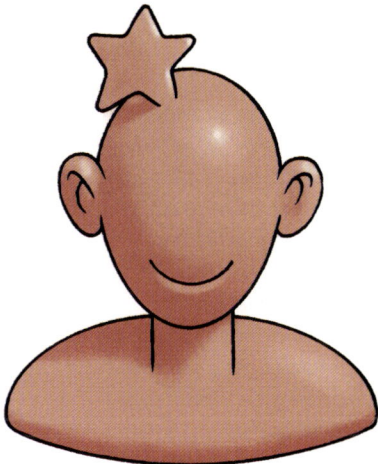

El *Erasmus* por la situación más sorprendente es para

_____

porque...

El *Erasmus* por el viaje más inolvidable es para

_____

porque...

El *Erasmus* por el momento más difícil es para _____
porque...

El *Erasmus* por la equivocación más ridícula es para _____
porque...

ADIÓS, ESPAÑA

A. Una estudiante holandesa está a punto de terminar su estancia en Santiago de Compostela y escribe a un amigo español para despedirse y mandarle algunas fotografías. Lee su carta y complétala con estas expresiones.

> cómo te va todo • volver a verte • recuerdos • un abrazo • es una pena • hola • tenía ganas de

Santiago de Compostela, 15 de junio

¡(1)_____ Manu!

¿Cómo estás? ¿(2)_____ por Pamplona? La verdad es que hace tiempo que no sé nada de ti. Yo ahora estoy preparando la maleta para volver a Holanda. Estos días he hecho los exámenes y he podido entregar a tiempo todos los trabajos. Además, estoy muy contenta porque creo que he mejorado mucho mi español gracias a mis amigos y a los cursos de español. (3)_____, pero ya se ha terminado mi Erasmus en Santiago.
La verdad es que (4)_____ escribirte una carta para despedirme, siempre he pensado que los correos electrónicos son poco personales.

¿Recuerdas cómo nos conocimos? Yo estaba haciendo fotos en la Plaza del Obradoiro para mi trabajo de Arte Románico y quería sacar una buena perspectiva del Pórtico de la Gloria de la Catedral, sin gente. **De repente**, en el momento en que iba a hacer clic, llegó un grupo bastante grande de chicos y chicas con mochila y se sentaron en las escaleras. Estaban cansadísimos, sucios, acalorados, pero parecían muy felices y con intención de quedarse allí durante mucho tiempo. **Entonces** me acerqué a aquellos españoles que no me dejaban trabajar y empecé a hablar en un español horrible. Hacía pocos días que había llegado a Santiago y, como estaba muy nerviosa, las palabras no me salían. ¿Cómo explicar a aquellos chicos que hacía horas que intentaba sacar una buena foto para mi trabajo de investigación y que ellos habían interrumpido mi "obra de arte"? No tuve tiempo de hablar ya que, por suerte, de entre todos esos estudiantes que me miraban con cara divertida, saliste tú y empezaste a hablarme en spanglish. Intenté explicarte mi situación y tú, no muy buen traductor, les dijiste que yo era una guiri que quería haceros una foto. **De pronto**, vi que todos os situasteis estratégicamente y con una sonrisa dijisteis a la vez: ¡pa-ta-taaa! Y entendí que tenía que haceros una foto, pero que no podía hacer "mi" foto. **Total, que**, al final, fuimos todos a tomar albariño por la calle de San Pedro y dejé la foto magistral para otro día.
Aquel fin de semana fue inolvidable. Conocimos juntos la ciudad, comimos y cenamos de tapas. Fuimos a A Reixa. ¡Qué local! Tan pequeño, pero con tanto ambiente. Pero lo mejor fue el último día. Fuimos caminando hasta el mirador del Monte Pío y vimos el atardecer sobre la ciudad. Estábamos muy cansados, pero felices.

Pero todo lo bueno se acaba. El año que viene continuaré mis estudios en Utrech. Si quieres venir a visitarme, me encantará (5)_____. Dales (6)_____ a todos de mi parte, especialmente a Sandra y Begoña.

Por cierto, te mando algunas fotos en papel. Ya sé que te gustan y las coleccionas. (7)_____ y hasta pronto,

Marleen

B. Observa las fotografías que manda Marleen. ¿Cuáles no hacen referencia al contenido de la carta?

C. Busca en la carta anterior las expresiones y frases que se usan para...

a) saludar:	
b) explicar el motivo de la carta:	
c) introducir el tema de los recuerdos:	
d) hacer valoraciones de hechos pasados:	
e) hablar de planes y proyectos:	
f) invitar:	
g) despedirse:	

¿Podrías añadir otras expresiones y frases para las funciones anteriores?

D. Para organizar un relato se usan expresiones como las que aparecen en esta tabla. Añade las expresiones destacadas en negrita en la carta.

1 MOMENTO DEL QUE SE ESTÁ HABLANDO	En aquel momento,
2 INTRODUCCIÓN DE UNA ACCIÓN IMPREVISTA	Inesperadamente,
3 PRESENTACIÓN DEL RESULTADO	En resumen,
4 ÚLTIMA ACCIÓN DE UNA SECUENCIA	Finalmente,

E. Ahora eres tú el que vuelves a tu país y quieres decirle adiós con una carta a un buen amigo español. En ella tienes que...

- explicarle el motivo de la carta
- recordar cómo os conocisteis
- contarle cómo te ha ido en la universidad española
- hablar de tus planes
- invitarle a visitar tu país

EL PARCHÍS

Parchís

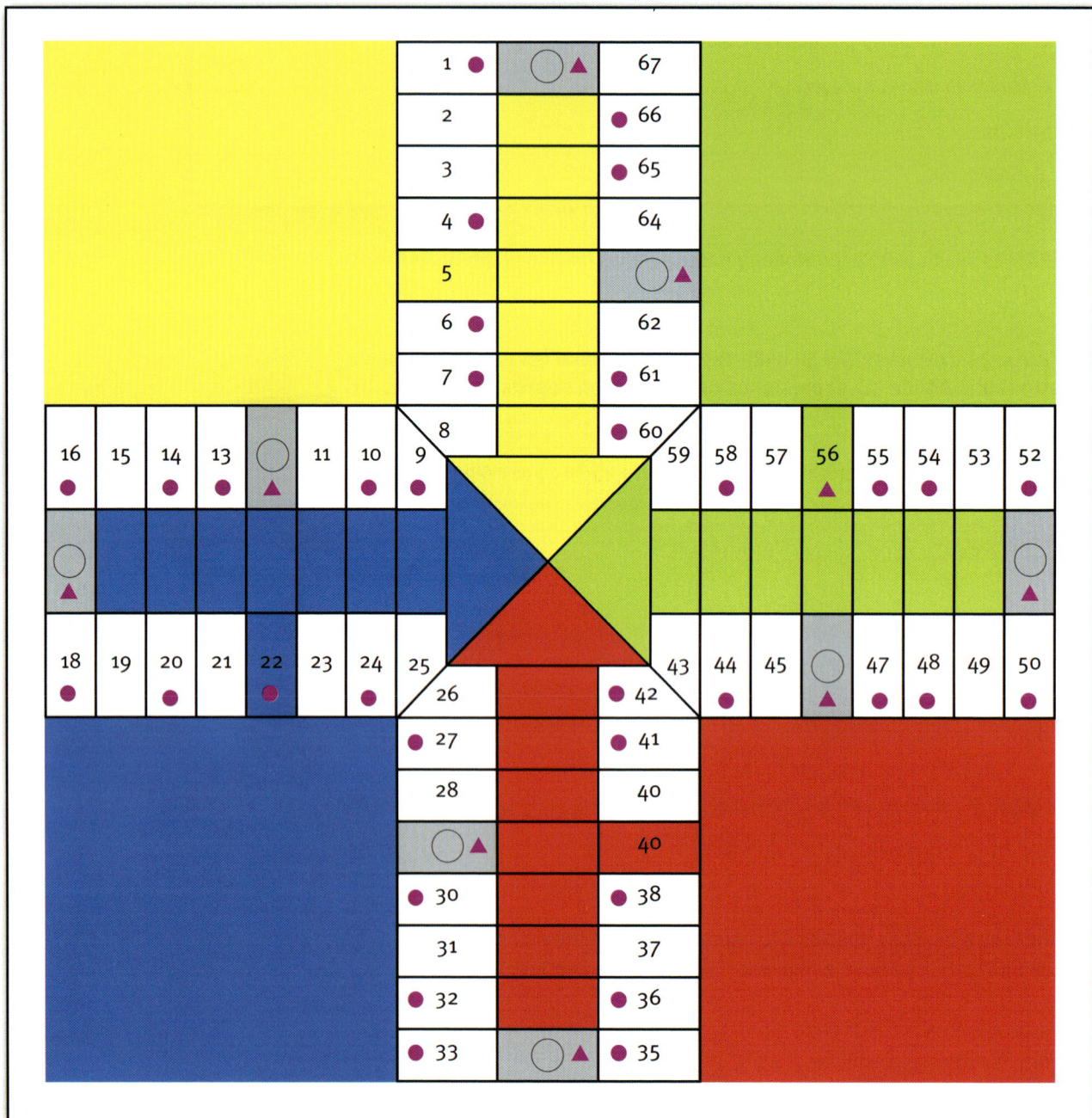

INSTRUCCIONES

* El juego consiste en pasar las **fichas** que se encuentran fuera del **tablero** a su posición final.
* En cada grupo hay 3 ó 4 **jugadores**. Cada uno elige las fichas de un color y las pone en su **casilla** de SALIDA.
* Primero todos tiran los **dados** una vez y, el que tiene el número más alto, empieza a jugar.
* Para salir de la casilla de SALIDA, hay que sacar el número 5 en los dados. Si no, la ficha se queda otra vez allí. Después juega el compañero de la derecha.
* Todos los jugadores van avanzando por todo el circuito hasta que llegan a la **columna de su color** y suben a su CASA (triángulo de su color).
* Cuando un jugador llega a una casilla ocupada por otro, **se lo come**: el ocupado vuelve a empezar desde la SALIDA (¡mala suerte!) y el nuevo jugador avanza 10 casillas...
* En las casillas con el símbolo ●, hay que responder la pregunta correspondiente. Si el jugador no consigue contestar correctamente la pregunta, o no puede hablar durante el tiempo que marca la instrucción, ha de volver otra vez a la casilla de SALIDA (¡mala suerte!) y volver a empezar.
* En cada casilla con el símbolo ▲ (PREGUNTA LIBRE), el grupo hace una pregunta libre.
* Cuando un jugador llega a su CASA (triángulo de su color) con todas las fichas, se declara ganador y la **partida** termina.

PREGUNTAS

Casilla 1: ¿Cuál es la palabra que te parece más bonita del español?

Casilla 4: ¿Qué has hecho hoy antes de venir a clase? (2 minutos)

Casilla 6: Explica las ventajas y los inconvenientes de compartir un piso de estudiantes. (1 minuto)

Casilla 7: ¿Qué hiciste el fin de semana pasado? (2 minutos)

Casilla 9: Describe qué es para ti un buen amigo. (1 minuto)

Casilla 10: Explica una fiesta tradicional española. (2 minutos)

Casilla 13: Explica cómo fue el primer día que llegaste a España. (2 minutos)

Casilla 14: Explica cómo se prepara la tortilla española. (2 minutos)

Casilla 16: ¿Qué medio de transporte prefieres para moverte por la ciudad? ¿Por qué? (1 minuto)

Casilla 18: Explica el argumento de una de tus películas preferidas. (1 minuto)

Casilla 20: ¿Qué remedios naturales conoces contra la resaca? (1 minuto)

Casilla 21: Describe tus lugares preferidos de la ciudad donde cursas el Erasmus. ¿Dónde están? ¿Cómo son? ¿Qué se puede hacer allí? (2 minutos)

Casilla 24: Compara la universidad donde estudias en tu país y la universidad en que cursas el Erasmus: asignaturas, profesores, sistema educativo...). (2 minutos)

Casilla 27: ¿Qué personajes famosos del mundo hispano conoces? Explica qué hacen o qué hicieron para ser famosos. (2 minutos)

Casilla 30: ¿Qué piensas hacer cuando termines la carrera? (1 minuto)

Casilla 32: ¿Qué te gusta hacer en tu tiempo libre? (2 minutos)

Casilla 33: ¿Qué ciudad te gusta mucho? Descríbela. (1 minuto)

Casilla 35: Explica tres cosas que te gustan de España. ¡Solo puedes usar una vez el verbo *gustar*!

Casilla 36: ¿Ha cambiado mucho tu vida desde que llegaste a España? Explica qué ha cambiado. (2 minutos)

Casilla 38: Describe el piso o casa en que vives. (1 minuto)

Casilla 41: Explica cómo se prepara uno de tus platos preferidos. (2 minutos)

Casilla 42: De las asignaturas que cursas ahora, ¿cuál es la que más te gusta? ¿Por qué? (1 minuto)

Casilla 44: ¿Qué lugares de España has visitado? Explica cuándo fuiste, con quién, qué te gustó de esos lugares. (2 minutos)

Casilla 47: ¿Practicas algún deporte? ¿Cuál? Descríbelo y explica con qué frecuencia lo practicas. Si no haces deporte, di el nombre de 5 deportes que nunca has practicado. (2 minutos)

Casilla 48: Expón 3 argumentos, como mínimo, a favor de ver la televisión. (2 minutos)

Casilla 50: Para ti, un trabajo interesante es... (1 minuto)

Casilla 52: ¿Recuerdas tu primera fiesta Erasmus? ¿Cómo fue? ¿Pasó algo interesante? (1 minuto)

Casilla 54: ¿Cómo encontraste el piso en que vives? ¿Has cambiado de vivienda durante tu estancia Erasmus? (2 minutos)

Casilla 55: ¿Qué haces para mejorar tu nivel de español? (1 minuto)

Casilla 58: ¿Qué harás cuando llegue el verano? (2 minutos)

Casilla 60: ¿Cuál es la comida española que menos te gusta? Explica qué lleva. (1 minuto)

Casilla 61: ¿Perteneces a alguna red social en internet? ¿Cuándo la utilizas? Si no perteneces a ninguna red social, explica por qué. (2 minutos)

Casilla 65: Cuenta un cuento tradicional de tu país en 2 minutos.

Casilla 66: ¿Por qué decidiste venir a esta ciudad para cursar el Erasmus? (1 minuto)

Otras actividades

1 Otras actividades

Fiestas, discotecas, conciertos, pero también horas de estudio, dedicación e incertidumbre forman parte de la vida de los jóvenes.

A. A continuación se presenta un informe reciente sobre la situación y el carácter de los jóvenes españoles. Lee el texto y busca la información necesaria para completar la tabla.

¿CÓMO SON LOS JÓVENES ESPAÑOLES?

Consumistas, egoístas y con poco sentido del deber; así se ven a sí mismos los jóvenes españoles según un estudio reciente. A pesar de esta baja autoestima, los jóvenes afirman que se sienten felices y valoran la familia, los amigos, la salud y el trabajo, por encima de cuestiones más ideológicas, como la política y la religión. La mayoría, se identifica con posturas políticas de centro o de izquierdas y menos del 50% de los encuestados se declaran católicos.

Por lo que respecta al estilo de vida, solo una de cada diez personas de entre 18 y 24 años vive emancipada. Entre los motivos que han producido esta situación destacan la inestabilidad laboral y los bajos sueldos de los llamados **mileuristas**. A estos problemas laborales se suman los elevados precios de la vivienda, que explican que muchos jóvenes prefieran hipotecarse a pagar unos alquileres tan caros.

La vida social y de ocio suele concentrarse en los fines de semana, aunque son cada vez más frecuentes los jueves universitarios. La mitad de los jóvenes sale todos los fines de semana y vuelve normalmente a casa más tarde de las cuatro de la madrugada. Durante estas salidas las activi-

dades más habituales son ir a discotecas o a tomar algo en bares, pubs o cafeterías. Los más jóvenes prefieren, a veces, **hacer botellón** para ahorrar algo de dinero.

Entre sus gustos y aficiones individuales destaca escuchar música, que suelen bajarse de internet. La Red ha cambiado los hábitos de los jóvenes españoles, que pasan más tiempo ante el ordenador que viendo la televisión. Más de la mitad de los jóvenes lee el periódico al menos una vez por semana, especialmente la prensa gratuita (*Qué!*, *20 minutos*, etc.). Además, los jóvenes españoles del siglo XXI son mucho más viajeros que los de generaciones anteriores, gracias a las compañías de bajo coste, a los abonos de tren como el Interraíl o al programa europeo Erasmus-Sócrates-Tempus.

En cuanto a la familia, cada vez es más frecuente la convivencia de las parejas antes del matrimonio o la unión civil de las **parejas de hecho**.

(http://www.profes.net/rep_documentos/Noticias/Resumen_Jovenes_Espanoles_2005.pdf)

Aspectos	¿Cómo son los jóvenes españoles?	¿Cómo son los jóvenes de tu país?
a. Ideología política		
b. Religión		
c. Situación laboral		
d. Vivienda		
e. Tiempo de ocio		
f. Gustos y aficiones		
g. Familia		

B. **Fíjate en las expresiones que aparecen en negrita en el texto, ¿puedes relacionarlas con su definición?**

Mileurista **1**

Hacer botellón **2**

Pareja de hecho **3**

a Comprar bebidas alcohólicas en un supermercado y tomárselas en la calle.

b Situación legal de dos personas que viven en pareja sin estar casadas.

c Persona con estudios universitarios que cobra alrededor de 1000 euros al mes.

EJERCICIO 2

A continuación tienes algunas palabras que aparecen en el texto *El shock cultural* (página 11). Completa con ellas los siguientes enunciados.

> parque • forma • experiencia • cambio • precios • amigos
> dinero • ciudades • ejercicio • comunicarse • gente • calle

1. La estancia Erasmus es una oportunidad para conocer a otra _____, otra cultura y otra universidad.

2. Para evitar el *shock* cultural es fundamental intentar hacer _____ españoles.

3. Hablar con otros estudiantes extranjeros de tu _____ y ver cómo se adaptan al _____ cultural puede ser una gran ayuda.

4. Mejorar la habilidad para _____ es, sin duda, la mejor _____ de integrarse.

5. Otra buena recomendación es hacer _____ físico. Si no tienes _____, también es posible hacer *footing*, es decir, correr por la _____ o por un _____.

6. Muchas _____ de España tienen carril bici y algunas un servicio de bicicletas de uso público a _____ muy baratos.

EJERCICIO 3

Completa el siguiente crucigrama con la persona de presente de indicativo indicada.

Horizontales

1. Empezar, tú
2. Llamarse, tú
3. Poder, yo
4. Salir, yo
5. Vestirse, ella
6. Oír, él

Verticales

1. Dormir, ellos
2. Poner, yo
3. Jugar, yo
4. Pedir, nosotros
5. Sentir, vosotros
6. Ir, ella

7. Soñar, tú
8. Saber, yo
9. Decir, tú

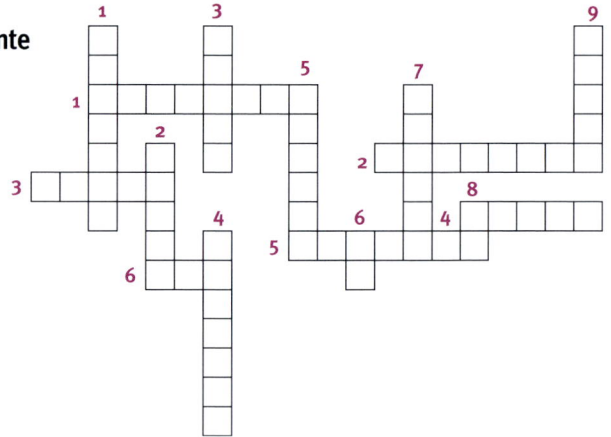

EJERCICIO 4

Completa el texto conjugando en presente los infinitivos del recuadro.

> vivir • leer • levantarse • tener • desayunar • estudiar
> acostarse • ver • hablar • querer • trabajar (2)

Giula Aparo [1]_____ 35 años y hace tres años que [2]_____ en Madrid. Es enfermera y [3]_____ en el Hospital Gregorio Marañón. Tiene las mañanas libres, por eso [4]_____ un poco más tarde, y [5]_____ en una cafetería. [6]_____ toda la tarde hasta las ocho y por las noches [7]_____ un poco de español, [8]_____ la tele y [9]_____, especialmente novelas de ciencia ficción. Por eso normalmente [10]_____ tarde, hacia la una o las dos de la madrugada. [11]_____ muy bien español y le gusta mucho España. Todavía no [12]_____ volver a Italia.

EJERCICIO 5

Pepe es un estudiante español que lleva una vida bastante relajada. Completa con la forma de presente de los verbos entre paréntesis y ordena las acciones cronológicamente. Para ello, presta atención a las expresiones de tiempo que aparecen en mayúsculas.

☐ *DESPUÉS DE CENAR*, (navegar) _____ un rato por internet.

☐ (Faltar) _____ a *LA ÚLTIMA CLASE DE LA MAÑANA* un día sí y uno no, para ir a comer a casa de un colega.

☐ *DESPUÉS DE DUCHARSE*, (preparar) _____ el desayuno.

☐ *ANTES DE ACOSTARSE*, (poner) _____ el despertador a las siete y cuarto.

[1] (Sonar) _____ el despertador *A LAS SIETE Y CUARTO*.

☐ (Llegar) _____ a la facultad *A LAS NUEVE MENOS CUARTO*.

☐ *ANTES DE VOLVER A CASA A CENAR*, (pasar) _____ por un bar de su barrio para tomarse una cervecita con los amigos.

☐ *A MEDIA MAÑANA*, (comerse) _____ un pequeño bocadillo y (tomarse) _____ un cortado en un bar enfrente de la facultad.

☐ (Tomarse) _____ un café con los compañeros *ANTES DE EMPEZAR LA PRIMERA CLASE*, a la que (llegar) _____ siempre tarde.

☐ (Levantarse) _____ *A LAS SIETE Y MEDIA*.

☐ *DESPUÉS DE COMER*, (volver) _____ a la Facultad para estudiar un rato en la biblioteca hasta las seis.

☐ *ANTES DE DESAYUNAR*, (ducharse) _____ y (vestirse) _____.

☐ (Cenar) _____ normalmente *A LAS DIEZ*, mientras (ver) _____ alguna serie en la tele.

☐ *SOBRE LAS DOCE Y MEDIA O LA UNA*, (acostarse) _____.

☐ (Salir) _____ de casa *A LAS OCHO Y CUARTO*.

EJERCICIO 6

Relaciona las expresiones de frecuencia de la columna de la izquierda con las de la columna de la derecha que más se les parezcan.

Nunca **a**	**1** Todos los sábados y domingos
Los lunes **b**	**2** A menudo
Una vez por semana **c**	**3** A veces
Generalmente **d**	**4** Normalmente
Con frecuencia **e**	**5** Jamás
Algunas veces **f**	**6** Una vez a la semana
De vez en cuando **g**	**7** Todos los lunes
Los fines de semana **h**	**8** Ocasionalmente

EJERCICIO 7

Transforma estas frases utilizando un POSESIVO, como en el modelo.

Tiene un problema muy difícil de resolver. → *Su problema es muy difícil de resolver.*

a. Tenéis un piso pequeño, pero bonito. _____

b. Llevo unas sandalias muy cómodas. _____

c. Tienes unos compañeros divertidos, pero ruidosos. _____

d. Preparo bombones sin azúcar. _____

e. Trabajamos en una empresa extranjera. _____

f. Llevas un reloj muy original. _____

g. El coche que tenemos es un poco viejo. _____

h. Escribe unas novelas aburridísimas, no me gustan. _____

i. Los productos que vende no son muy baratos. _____

EJERCICIO 8

Ordena este diálogo entre un encuestador y una chica en la calle.

☐ **Chica:** Eliana.

☐ **Encuestador:** ¿Eres estudiante?

☐ **Chica:** ... Bueno, sí. Pero solo un momento.

☐ **Encuestador:** Sí, son solo unas preguntas, ya sabes. ¿Cómo te llamas?

☐ **Encuestador:** ¿Cuántos años tienes?

1 **Encuestador:** Perdona, ¿tienes un momento?

☐ **Chica:** Veintidós.

☐ **Encuestador:** Entonces, ¿no eres de Madrid?

☐ **Chica:** Sí, de arquitectura.

☐ **Chica:** Ahora vivo aquí, en Madrid.

☐ **Encuestador:** Es para unos datos estadísticos que necesita el Ayuntamiento.

☐ **Chica:** No, soy peruana, pero vivo aquí desde hace tres años. Pero, ¿por qué me haces estas preguntas?

☐ **Encuestador:** ¿Dónde vives?

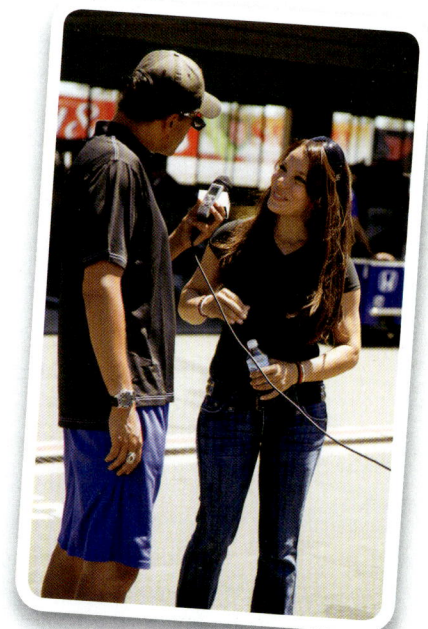

Otras actividades

EJERCICIO 1

Lee este texto sobre el programa Erasmus en España y di si las afirmaciones que aparecen a continuación son verdaderas (V) o falsas (F).

CIUDADES PARA ESTUDIAR

Cuando se cumplen 20 años del Programa Erasmus, España se encuentra entre los países con mayor aceptación dentro de este proyecto de intercambio de estudiantes europeos. Por quinto año consecutivo es el país más solicitado por los alumnos Erasmus. A continuación, aparecen como mayores receptores Francia, Alemania, Reino Unido, Italia y Suecia.

La dimensión de las universidades y su distribución por regiones tiene una gran influencia en los mapas de estudiantes Erasmus. Las comunidades autónomas que reciben un mayor número de estudiantes de otros países son Madrid, Andalucía, Valencia, Cataluña y Castilla y León.

Por universidades, la de Granada es la que tiene más aceptación entre los europeos. Además, se da la circunstancia de que dentro del Programa Séneca, que promueve el intercambio entre estudiantes españoles, Granada es también la más solicitada. ¿Qué tiene Granada, además de una arquitectura maravillosa, que la hace tan atractiva a los ojos de los jóvenes? El caso de Granada es similar al de otras ciudades de características parecidas como Salamanca o Santiago de Compostela.

En primer lugar, nos encontramos ante ciudades de tamaño mediano que tienen una gran universidad y en las que las actividades de la comunidad universitaria se convierten en una parte importante de la vida de la ciudad. Esto no es así en las ciudades grandes, que pueden tener varias universidades y donde la vida y actividades de los estudiantes no tienen tanta relevancia para el resto de la ciudad.

En segundo lugar, en este tipo de ciudad mediana los estudiantes se sienten rápidamente identificados con la vida social del lugar gracias a que la universidad y otras instituciones locales les ofrecen diversas actividades y servicios. Exposiciones, conferencias, reuniones y fiestas para Erasmus se repiten con bastante frecuencia, y en ellas también participan otros estudiantes españoles.

Por otra parte, al ser ciudades no demasiado grandes, los estudiantes tienen la sensación de que todo está cerca, y es fácil sentirse parte de la vida de la ciudad al poco tiempo de llegar. Además, las ciudades pequeñas o medianas suelen ofrecer alojamiento más económico que las ciudades grandes, donde el día a día resulta más caro.

- [ ] **1.** Algunas universidades de España reciben más estudiantes que otras debido a su localización y tamaño.
- [ ] **2.** Granada es la universidad española con más estudiantes Erasmus.
- [ ] **3.** En las ciudades de tamaño medio, los estudiantes extranjeros se sienten parte de la ciudad rápidamente porque hay muchas actividades pensadas para ellos.
- [ ] **4.** Para un estudiante resulta más caro vivir en una ciudad mediana.

EJERCICIO 2

En el crucigrama aparecen nombres de objetos que encontramos en una casa.
Lee las definiciones y complétalo.

Horizontales

1. Es de plástico o de metal. Casi siempre está en la habitación, al lado de la cama. Sirve para despertarse.

2. Es un mueble y normalmente es de madera. Tiene cuatro patas. Se usa para estudiar.

3. Es un electrodoméstico. Es bastante grande y sirve para lavar la ropa.

4. Es un mueble. Suele estar en el comedor delante del sofá o en la habitación al lado de la cama. No es muy grande. Puede tener cajones.

5. Suele estar en todo el piso. Se utiliza mucho en invierno, sirve para calentar la casa. En España, no todos los pisos tienen.

6. Es un electrodoméstico. Normalmente está en la cocina. Sirve para calentar los alimentos muy rápidamente.

7. Es de metal. Suele estar en la cocina. Algunas son grandes y otras pequeñas. Sirve para cocinar, por ejemplo, espaguetis.

Verticales

1. Es de cristal. Puede ser de muchas formas y tamaños. En el baño siempre hay uno. Lo usamos para mirarnos mientras nos afeitamos, nos maquillamos o nos peinamos.

2. Es un electrodoméstico. Es bastante grande y casi siempre está en la cocina. Sirve para conservar los alimentos y mantenerlos fríos.

3. Puede ser redonda, cuadrada o rectangular. Es de tela. Normalmente está en el suelo de las habitaciones. Sirve para no pisar el suelo frío y también para decorar.

4. Es de metal y está en la cocina. Sirve para preparar un huevo frito.

5. Es un mueble. Suele ser de madera. Es bastante grande. Normalmente está en el dormitorio. Sirve para guardar la ropa.

6. Es rectangular, puede ser grande o pequeña. Es de tela. Suele estar en el baño. Sirve para secarse.

7. Puede ser de metal, de plástico o de cristal. Hay de diferentes tamaños. Suele estar en el comedor o en el dormitorio. La utilizamos cuando hay poca luz y queremos, por ejemplo, leer o estudiar.

8. Es un mueble. Puede ser de diferentes materiales, pero normalmente es de madera o de plástico. Suele estar en el comedor. Sirve para sentarse.

EJERCICIO 3

Chris es un estudiante Erasmus que ha encontrado un trabajo en una oficina de información turística. Completa con *haber* o *estar* los diálogos que mantiene con los turistas.

a. ◆ Perdone, ¿_____ algún banco para cambiar moneda por aquí?

▼ Sí, _____ uno en la esquina.

b. ◆ El Museo del Prado, ¿_____ muy lejos?

▼ No, qué va, _____ a cinco minutos de aquí. Siga por esta misma calle hasta el final y gire a la derecha.

c. ◆ Perdona, ¿una parada de autobús para ir hacia el centro?

▼ _____ una al final de la calle.

d. ◆ ¿Dónde _____ el mercado municipal?

▼ En este barrio no _____ ninguno, el más cercano _____ a dos paradas de metro.

e. ◆ Buenos días. Quería saber si _____ algún albergue por aquí.

▼ ¿Para estudiantes? Sí, creo que _____ uno en la calle Mayor, pero no sé exactamente dónde _____. Vamos a mirarlo en el mapa.

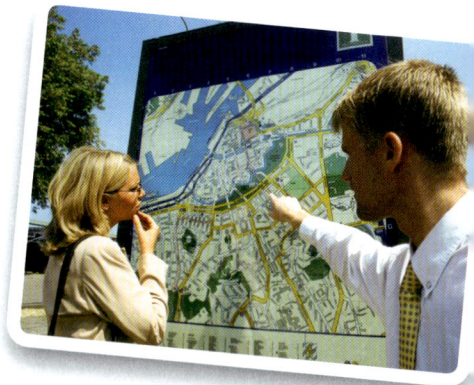

EJERCICIO 4

Gudrun y Kerstin son dos estudiantes alemanas que comparten piso en España. Hoy les toca ordenar el piso. Lee sus conversaciones y marca la opción correcta.

a. Gudrun: **Están/Hay algunos/los** libros encima de la mesa, ¿de quién son?

Kerstin: Creo que son de Luca. Acabo de llamarlo, pero en su casa no **está/hay nadie/ninguno**.

b. Kerstin: ¿Sabes dónde **es/está/hay** el mando de la tele?

Gudrun: No, pero acabo de encontrar el del equipo de música en el baño, así que el de la tele puede **ser/haber/estar** en cualquier sitio.

c . Kerstin: ¿No **hay/están** cajones libres en el armario?

Gudrun: En el armario no **está/hay ninguno/alguno**, pero el de la mesita **está/hay** vacío.

d. Kerstin: Después de limpiar el baño, hay que ir a comprar. No **hay nada/está algo** comestible en la nevera.

Gudrun: ¿Seguro? Creo que **hay algo/están algo/hay alguna** de pasta y **algunas/ningunas** latas de conserva. Quizás podemos ir a comprar mañana... ¡Hoy estoy agotada!

EJERCICIO 5

Completa estas frases con el demostrativo adecuado. Para elegirlo puedes fijarte en las personas que aparecen (*yo, tú, él*) y en los adverbios de lugar (*aquí, ahí, allí*).

a. Mira ahí a tu lado. ¿Qué es _____?

b. ◆ ¿Es para mí _____ paquete que llevas?

▼ ¿_____ paquete? No, son unos folios que acabo de comprar.

c. ¿Por qué están aquí _____ fotocopias?

d. ◆ Mira, mira, ¿ves _____ avión? Allí, a la derecha del edificio más alto.

▼ Sí, pero, ¿qué es _____ que vuela debajo de él? Parece un globo.

e. ◆ ¿Me dejas _____ revistas que tienes ahí?

▼ ¿_____ de aquí? Sí, claro.

f. No recuerdo cómo se llama en español _____ que llevas en el dedo.

¿Es para mí _____ paquete?

¿Este?

EJERCICIO 6

Marca la opción correcta para completar esta presentación de la Alhambra.

La Alhambra [1] **es/está** un conjunto monumental que fue construido a lo largo de seiscientos años. [2] **Es/está** situada [3] **en/dentro de** una colina de Granada, desde la que se pueden ver los barrios de Albaicín y el Sacromonte, que [4] **son/están** enfrente de la Alhambra. Del antiguo conjunto monumental, actualmente solo [5] **hay/están** dos palacios: el de Comares y el de Los Leones.

La visita a la Alhambra habla a los cinco sentidos: [6] **están/hay** fuentes, jardines y huertas donde el visitante puede descansar y sentarse a disfrutar del colorido del paisaje y del murmullo del agua. La fuente más famosa [7] **es/está** la del Patio de los Leones, que se ve en [8] **esta/esa/aquella** foto. Además, la riqueza decorativa y las diferentes texturas de las puertas, los arcos y las cúpulas, que [9] **son/están** de influencia morisca, parece invitar al espectador a tocarlo todo.

Junto a la Alhambra [10] **es/está/hay** también el Generalife, un palacio de descanso de los reyes musulmanes. Tanto la Alhambra como el Generalife han sido declarados Patrimonio de la Humanidad.

EJERCICIO 7

Lee este texto que trata de un estilo de decoración y complétalo con los conectores del recuadro.

| pero • también • además • por eso • porque |

Decoración zen, un estilo muy espiritual

En este momento el estilo zen es una tendencia muy vanguardista de decoración. Los occidentales han tratado de adaptar este estilo oriental a su ritmo de vida y a sus costumbres. Esta filosofía **(añadir información)** [1]_____ tiene un papel importante dentro del campo de la decoración. Los conceptos claves son la armonía y el equilibrio.

El color es una característica muy importante. Los preferidos para la casa son los neutros: el blanco y la gama de colores que va del ocre al beige.

En cuanto a los materiales, la tendencia es la madera natural. Los muebles que se utilizan dentro de las estancias deben ser muy simples en su diseño. **(Consecuencia)** [2]_____, para conseguir el equilibrio perfecto, los muebles deben respetar las formas puras, como las rectas, que invitan al orden en el exterior o en el interior. En una casa zen no podemos olvidarnos de la iluminación de las diferentes habitaciones. La luz indirecta nos ayudará a conseguir un ambiente suave y sensual. **(Añadir información)** [3]_____ es fundamental usar aromas suaves. Buscamos la armonía en la vivienda **(causa)** [4]_____ necesitamos tener paz y silencio para meditar. Hay pocos objetos decorativos, **(oponer ideas)** [5]_____ están bien elegidos. Las paredes pueden estar desnudas, aunque también podemos colocar algunos cuadros de marco negro fino con dibujos geométricos.

Otras actividades

A. A la mayoría de los jóvenes le gusta viajar y conocer otras ciudades y países, pero con frecuencia no disponen de mucho dinero para hacerlo. Lee el siguiente artículo periodístico sobre los albergues juveniles.

Dormir como un rey por 10 euros

La red española de albergues juveniles (REAJ) ofrece alojamiento para todos los bolsillos en parques naturales, centros históricos, bosques y playas.

Los albergues juveniles de la IYHF (*International Young Hostel Federation*) son una alternativa más que interesante a la hora de viajar barato.

En un principio, se crearon con el objetivo de proporcionar a los jóvenes, que normalmente tienen poco dinero, la posibilidad de viajar; por eso se llaman albergues juveniles. Hoy, sin embargo, su clientela es muy variada: treintañeros con coche, familias con niños, parejas, grupos de chavales… No existe límite de edad para dormir en ellos aunque, si no hay suficientes plazas, siempre tienen preferencia los jóvenes menores de 26 años. Lo único que se exige es estar en posesión del carné de alberguista. Conseguirlo cuesta entre cinco euros para los jóvenes de 14 a 29 años y veinticuatro euros para grupos familiares.

Por menos de 10 euros se puede dormir hasta en un palacio.

La principal ventaja de los albergues es su precio, que va desde los seis hasta los veinte euros por persona y día, dependiendo de la temporada, la edad del viajero, y de si incluyen o no comida. Casi todos los albergues sirven comida y, en zonas rurales, ofrecen, además, la posibilidad de realizar actividades deportivas relacionadas con la naturaleza. En la mayoría existen salas de TV y otras adecuadas para reuniones y talleres.

La mayoría de albergues tiene habitaciones para más de cuatro personas, ideal para viajar en grupo y para conocer a otros jóvenes. También suele haber habitaciones más pequeñas para quienes no quieren compartir la estancia con personas desconocidas.

Por lo general, los albergues cierran hacia las 23:00h, y es necesario respetar el descanso nocturno hasta las 7:00h. Además, los alberguistas deben seguir unas normas y colaborar para mantener una convivencia agradable.

En España existen actualmente más de 230 albergues. Sus instalaciones tienen un reconocido prestigio dentro del alberguismo juvenil mundial y cubren los principales destinos turísticos y las ciudades más importantes de España. Los espacios son muy variados: palacetes modernistas o neoclásicos, conventos, antiguos colegios, bungalós… Los albergues juveniles son una alternativa muy interesante para jóvenes inquietos, con muchas ganas de viajar, pero con poco dinero.

B. Ordena este resumen del artículo anterior.

☐ Los albergues españoles tienen muy buena fama en todo el mundo.

☐ En los albergues juveniles hay que respetar las horas de descanso.

☐ En un principio, los albergues estaban pensados para los jóvenes, sin embargo, en la actualidad los usan personas de todas las edades.

☐ Los albergues que hay en España se sitúan en ambientes muy diversos.

☐ Muchos albergues que están situados en el campo ofrecen actividades al aire libre.

EJERCICIO 2

Completa las frases con las palabras del recuadro. Tienes que
realizar la concordancia de número (singular/plural).

> taquilla • sesión • escenario • obra • estadio
> película • mapa • actor • equipo • itinerario
> partido • entrada • excursión

1. Cuando quiero ir al cine puedo comprar las _____ por internet o en la *taquilla*
antes de entrar en la sala. Generalmente prefiero ir a la _____ de tarde porque
puedo ver las _____ con más tranquilidad.

2. En el teatro me gusta sentarme cerca del _____ para poder seguir mejor la
_____ y ver mejor a los _____.

3. Algunos fines de semana vamos al _____ para ver algún _____ de fútbol.
Mi _____ favorito es el Valencia.

4. Cuando hace buen tiempo, nos encanta hacer muchas _____ por la montaña.
Siempre llevamos un buen _____ donde hemos señalado bien el _____.

EJERCICIO 3

Todos estos sustantivos han aparecido en las unidades 1 y 2. Escribe
el artículo adecuado y su forma plural o singular, como en el ejemplo.

El tutor	→ *los tutores*	___ ciudades	→ _____
___ amigos	→ _____	___ aprendizaje	→ _____
___ citas	→ _____	___ recomendaciones	→ _____
___ película	→ _____	___ ordenadores	→ _____
___ edad	→ _____	___ reunión	→ _____
___ entonación	→ _____	___ errores	→ _____
___ juegos	→ _____	___ habilidad	→ _____

3 Otras actividades

EJERCICIO 4

Recuerda que la mayoría de los sustantivos femeninos terminan en –a y la mayoría de los masculinos en –o, pero no todos. Subraya las palabras o terminaciones que nos indican el género de los sustantivos en negrita, como en el ejemplo.

a. El **problema** de la **crisis** llega a muchos **países** europeos.
b. La estudiante lleva en la **mano** derecha unas **flores** rojas y en la izquierda unos **poemas** y una **foto** antigua del **poeta** Antonio Machado.
c. Durante todo el **día**, el joven recorre en su **moto** nueva las **calles**, las plazas y los **parques** de la **capital**.
d. La **gente** mayor prefiere los **programas** informativos de la tele a los de la **radio**.
e. Después de las **clases** de esta **tarde** podemos ir al **cine** o a cenar a un **restaurante**.
f. En los próximos **meses** va a visitar los diez **lugares** más turísticos del **planeta**.
g. En este **mapa** de la **ciudad** no encuentro la **dirección** de nuestro **hotel**.
h. Este es el **resumen** de toda su **tesis** sobre el nuevo **sistema** económico.

Completa este cuadro con los sustantivos (en singular) de las frases anteriores.

Palabras de uso frecuente que NO siguen la regla general (femenino –a / masculino –o)					
-a masculino	-o / -or femenino	-e masculino	-e femenino	-consonante masculino	-consonante femenino
el problema				el país	la crisis

Recuerda: el esquema, el tema, el idioma, el sofá, el clima.

EJERCICIO 5

Elige el verbo más adecuado para completar estas frases. Recuerda que unos funcionan como *gustar* y otros como *levantarse*.

> gustar (2) • encantar • molestar (2) • ✔preocupar (2)
> irse • equivocarse • quedarse • enfadarse • bañarse

a. En este libro hay varios artículos sobre la adolescencia, es un tema que a los padres _____ mucho.
b. A mis amigos y a mí _____ mucho los deportes al aire libre, por ejemplo, en invierno todos los fines de semana _____ a la montaña a esquiar.
c. Perdona, ¿puedes bajar el volumen de la radio? Es que está muy alto y _____.
d. ◆ Perdonad chicos, ¿os puedo hacer una pregunta? ¿A vosotros _____ el problema de la falta de agua?
  ▼ No, a nosotros no, pero a unos amigos nuestros sí que _____ la falta de agua porque no pueden llenar su piscina y no pueden _____.
e. A ti _____ bailar y vas a la discoteca muy a menudo, pero ¿no _____ el humo que hay allí?
f. A Roberto no _____ nada salir por la noche, siempre _____ en casa.
g. Este entrenador de fútbol es demasiado serio y _____ con los jugadores cuando ellos _____ y hacen algo mal.

EJERCICIO 6

Lee estos tres diálogos y completa las frases que hay a continuación
con el verbo *gustar*.

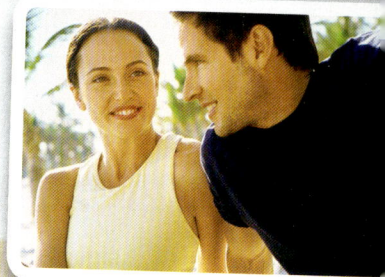

Diálogos	Frases
José: Los fines de semana yo prefiero quedarme en casa. **Rosa:** Pues yo no. A mí, me gusta mucho salir, hacer excursiones por la montaña o pasear por la ciudad. **José:** ¿En serio? Pues a mí no.	**a.** A José no _____ _____ las excursiones por la montaña y tampoco _____ _____ pasear por la ciudad. **b.** A Rosa no _____ _____ nada quedarse en casa los fines de semana. **c.** A José y a Rosa _____ _____ cosas muy diferentes.
Pepe: ¿Qué deportes te gustan? **Ana:** Bueno, me gustan los deportes de equipo: el fútbol, el baloncesto... pero mi preferido es el balonmano, juego en un equipo. Lo que no me gusta mucho es ver los partidos por televisión, es un rollo. **Pepe:** A mí tampoco me gusta ver los partidos por la tele. Prefiero salir a correr o ir un rato al gimnasio.	**d.** A Ana y a Pepe no _____ _____ ver los partidos por la tele. **e.** A Ana _____ _____ los deportes de equipo, el que más _____ _____ es el balonmano. **f.** A Pepe _____ _____ correr o ir al gimnasio.
Tomás: ¿Te gustan las grandes ciudades? **Laura:** No, prefiero vivir tranquila, por eso, me encantan los pueblos pequeños. **Tomás:** A mí tampoco me gustan las grandes ciudades porque no me gustan ni el ruido ni el tráfico.	**g.** A Tomás y a Laura no _____ _____ las grandes ciudades. **h.** A Laura _____ _____ vivir tranquila, y _____ _____ mucho los pueblos pequeños. **i.** A Tomás no _____ _____ el ruido y tampoco _____ _____ el tráfico.

EJERCICIO 7

**Rosa y Nuria hablan sobre qué van a hacer mañana por la tarde. Ordena (1,2,3...)
su conversación para darle coherencia.**

- [ ] **Rosa:** ¿A las cuatro?
- [1] **Rosa:** Oye, ¿qué vas a hacer mañana por la tarde?
- [ ] **Rosa:** No sé, podemos pasar por tu casa y recogerte, que vamos en coche.
- [ ] **Rosa:** Yo voy a ir a la piscina cubierta con mi hermana. ¿Te apetece venir con nosotras?
- [ ] **Nuria:** Vale, sí, sí. ¡Me encanta nadar! Y además hace mucho tiempo que no voy a la piscina. ¿A qué hora quedamos?
- [ ] **Nuria:** Pues nada especial, ¿y tú?
- [ ] **Nuria:** Sí, me va bien. ¿Y dónde nos encontramos?
- [ ] **Nuria:** Perfecto. Pues os espero a las cuatro en la portería de mi edificio, así no tenéis que aparcar el coche.

EJERCICIO 1

Lee la siguiente guía sobre algunos usos sociales de los españoles y anota el número del párrafo que corresponde a cada afirmación.

Los españoles...

son impuntuales: párrafo _____   son generosos: párrafo _____

tardan en despedirse: párrafo _____   son modestos: párrafo _____

son informales: párrafo _____   tocan a menudo a la persona con quien hablan: párrafo _____

tienen la costumbre de irritar: párrafo _____   se saludan con dos besos: párrafo _____

Inicio   Sobre España   Contacto   [ ] Buscar

---

1. Los españoles suelen saludarse con dos besos al encontrarse y al despedirse. Antes era menos habitual, pero en las últimas décadas esta forma de saludo está muy extendida entre personas de todas las edades. Cuando se saludan, si es entre mujeres, siempre se besan y lo hacen también casi siempre cuando es entre hombres y mujeres. Sin embargo, entre hombres se besan solo cuando son familia (padre e hijo, hermanos) o amigos que no se han visto en mucho tiempo, aunque los jóvenes empiezan a hacerlo cada vez más en cualquier situación. En resumen, los españoles dan muchos besos.

2. En España la gente se acerca mucho al interlocutor para hablarle y le toca con frecuencia (en el hombro, en el brazo...). Es un gesto cariñoso, pero a algunos extranjeros puede parecerles que esta costumbre invade su espacio personal.

3. Cuando varias personas van a tomar algo juntas, es habitual que alguien pague la consumición de todos diciendo «yo invito» o «hoy me toca a mí». Entre los jóvenes, que no suelen tener mucho dinero, es frecuente que cada uno pague lo suyo.

4. Cuando se va a comer o cenar a casa de alguien es habitual llevar algo: unos bombones, una botella de vino para la cena, un postre o unas flores. Los jóvenes, que tienen reuniones más informales, no suelen llevar nada, excepto si es una cena compartida en la que cada uno de los asistentes prepara uno de los platos.

5. Cuando alguien elogia a un español, este no suele decir solo «gracias», sino que intenta quitarle importancia al motivo de elogio. Por ejemplo, si alguien le dice a un español: «Me gusta esa camisa que llevas. ¿Es nueva?», lo más probable es que este responda: «¿Sí? ¿Te gusta? Pues me costó muy barata».

6. Cuando los españoles se despiden después de una reunión, no se van inmediatamente, sino que puede pasar media hora entre la primera vez que dicen «nos vamos a ir» y el momento de marcharse. A veces, la despedida se alarga en la puerta de la calle, charlando de pie, durante muchos minutos.

7. Es muy frecuente entre los españoles decir «te llamo y quedamos» como una frase puramente social y, sin embargo, no lo hacen de inmediato, lo que puede confundir a los extranjeros que pueden sentirse molestos por la falta de seriedad de la cita.

8. Es un tópico muy extendido decir que los españoles siempre llegan tarde las citas; es cierto que muchos españoles lo hacen, aunque también es verdad que otros son muy puntuales. De todas formas, es verdad que el sentido del tiempo es diferente al de otras culturas y no es extraño quedar «a eso de las ocho» o «hacia las ocho».

EJERCICIO 2

**Lee las definiciones y completa los adjetivos con las letras que faltan.
A continuación, escribe sus opuestos.**

1. Siempre está contento.	*a l e g r e*	*triste*
2. Nunca dice mentiras.	s __ nc __ r __	← _____
3. Siempre ve la botella medio vacía.	p __ s __ m __ st __	← _____
4. Ve las cosas como son en realidad.	r __ __ l __ st __	← _____
5. Nunca tiene miedo.	v __ l __ __ nt __	← _____
6. Sabe hacer reír a los demás.	d __ v __ rt __ d __	← _____
7. Es muy agradable y abierto.	s __ mp __ t __ c __	← _____
8. Nunca habla de sí mismo.	__ ntr __ v __ rt __ d __	← _____
9. No le gusta compartir sus cosas.	__ g __ __ st __	← _____

EJERCICIO 3

**Imagina que vas a escribir una novela en español. Además del argumento, tienes
que pensar en cómo son los personajes. Aquí tienes a uno de los protagonistas.
Completa las descripciones con el verbo adecuado en presente.**

A. Aspecto físico

tener • ✔medir • llevar • pesar • ser

Natalia es alta, *mide* 1'70cm; _____ 84 kg; _____ rubia y
tiene el pelo largo; _____ los ojos marrones; _____ gafas de color
azul; le gusta vestir a la moda; tiene un *look* muy urbano y moderno.

B. Personalidad

ponerse • tener • llevarse bien • ser

Natalia _____ un poco tímida, _____ roja cuando un chico la mira; _____
buen carácter, en general _____ con la gente, pero no tiene muchos amigos; es muy
responsable en su trabajo.

C. Gustos y aficiones

> interesar • encantar

A Natalia le gusta bailar salsa; _____ salir por la noche; le gusta ir al gimnasio para estar en forma; no _____ nada las conversaciones sobre política.

D. Manías

> molestar • soportar

Natalia no _____ los gatos, les tiene alergia; _____ mucho el humo de los cigarrillos; el fin de semana dedica muchas horas a limpiar y a ordenar su casa. Odia el ruido que hacen las motos.

EJERCICIO 4

Completa las frases utilizando el comparativo que se indica entre paréntesis.

a. Robert trabaja mucho __*más*__ __*que*__ yo. (+)
b. Este examen me parece _____ difícil _____ el examen de ayer. (-)
c. Este examen no me parece _____ difícil _____ el examen de ayer. (=)
d. Aquí tengo _____ horas de clase _____ en mi país. (=)
e. En mi país llueve _____ _____ en España. (=)
f. Duermo _____ horas _____ mis compañeros de piso. (-)
g. No duermo _____ horas _____ mis compañeros de piso. (=)
h. María es _____ inteligente _____ yo. (+)
i. Ahora las chicas no fuman _____ _____ los chicos. (-)

EJERCICIO 5

Transforma las dos frases en una sola utilizando una expresión comparativa. Observa el modelo.

> *Miriam es muy inteligente. Yo soy bastante inteligente.*
> ➔ *Miriam es **más** inteligente **que** yo.*
> ➔ *Yo **no** soy **tan** inteligente **como** Miriam.*
> ➔ *Soy **menos** inteligente **que** Miriam.*

a. Juana tiene tres hermanos. Roberto tiene dos hermanos.

b. Me gusta mucho este cuadro de Picasso. También me gusta mucho ese de Miró.

c. Natalia es bastante alta, mide 1'70cm. Juana no es muy alta, mide 1'60cm.

d. Jorge es un poco gordo. Samuel es demasiado gordo.

e. Juana no habla mucho. Jorge habla mucho.

f. Roberto no es nada simpático. Samuel es bastante simpático.

EJERCICIO 6

Compara los datos de los cuadros A y B, C y D, E y F, utilizando las palabras que
hay al principio de cada línea.

A

Matilde tiene 20 años y es muy atractiva.
Mide 1'75 cm. y pesa 53 kilos.
No hace mucho deporte y fuma 6 cigarrillos al día.

B

Alejandro tiene 21 años y es un poco feo.
Mide 1'90 cm. y pesa 85 kilos.
Hace mucho deporte, pero fuma 6 cigarrillos al día.

feo   *Alejandro es más feo que Matilde.*

alto

pesa

fuma

cigarrillos

deporte

C

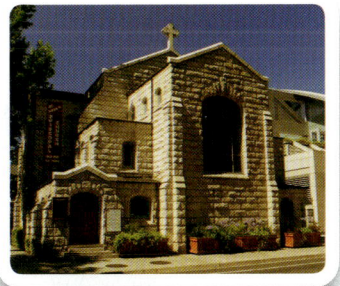

La iglesia de mi pueblo es del siglo XI.
Es muy pequeña y está bien conservada.
Es muy bonita y me gusta muchísimo.

D

Este castillo es del siglo XI.
Es grande, pero no está bien conservado.
Es muy bonito y me gusta muchísimo.

antiguo

siglos

pequeño

peor conservado

bonito

me gusta

E

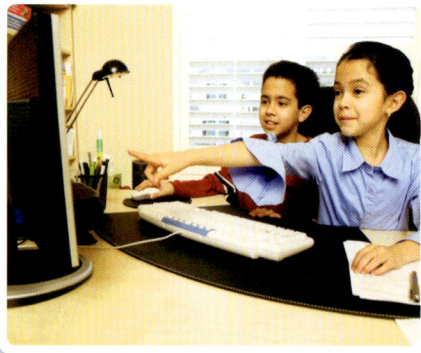

El nuevo programa informático cuesta 600 euros.
Es sencillo y rápido, puede utilizarlo un niño.
Tiene frecuentes problemas técnicos.

F

El anterior programa informático cuesta 500 euros.
Es complicado, para expertos, pero rápido.
Casi nunca tiene problemas técnicos.

barato _____

euros _____

rápido _____

complicado _____

problemas _____

EJERCICIO 7

Este texto habla del famoso payaso Charlie Rivel, que murió en 1983. Complétalo con estos verbos utilizando el pretérito imperfecto.

> ponerse • gritar • tener (2) • ✓ser (3) • llevar
> caminar • llorar • trabajar • reírse

Charlie Rivel [1] *era* _____ un payaso que [2] _____ todas las tardes en el circo. Su único objetivo [3] _____ hacer felices a los niños. Ellos [4] _____ cuando lo veían actuar. [5] _____ delgado y no muy alto ni fuerte. [6] _____ una peluca pelirroja y rizada, y una nariz grande y roja. Antes de salir a actuar siempre [7] _____ una camiseta larga hasta los pies, también roja, y unos enormes zapatos. [8] _____ lentamente con los pies muy abiertos como los patos. ¿Cuántos años [9] _____? Imposible saber su edad, pero [10] _____ el corazón de un niño. Cuando estaba triste, siempre [11] _____ muy fuerte «Uuuuuuuh» y [12] _____.

EJERCICIO 8

Completa con el tiempo verbal adecuado (presente o imperfecto) este texto que compara la sociedad española de 1950 y la actual.

En 1950 la sociedad española [1]_____ *(ser)* una sociedad rural. La agricultura [2]_____ *(ser)* el sector básico en la economía de aquella época. La mayoría de los españoles [3]_____ *(vivir)* en los pueblos y [4]_____ *(trabajar)* el campo. En la actualidad [5]_____ *(ser)* pocos los españoles que [6]_____ *(dedicarse)* a la agricultura. En 1950 también la familia [7]_____ *(ser)* muy diferente. A menudo varias generaciones (abuelos, padres e hijos) [8]_____ *(convivir)* en la misma casa. La madre [9]_____ *(ocuparse)* de las tareas del hogar y [10]_____ *(cuidar)* de los hijos, mientras que el padre [11]_____ *(trabajar)* fuera. Casi todos los niños [12]_____ *(ir)* a la escuela, pero no muchos [13]_____ *(seguir)* sus estudios después de los doce o catorce años. Muchos jóvenes [14]_____ *(tener)* que trabajar porque sus familias [15]_____ *(necesitar)* el dinero. Ahora las familias [16]_____ *(tener)* menos hijos que antes, muchas mujeres [17]_____ *(trabajar)* fuera de casa y todos los niños y jóvenes [18]_____ *(estudiar)*, al menos, hasta los 16 años.

En los cincuenta el medio de transporte más popular para los viajes largos [19]_____ *(ser)* el tren, muy pocos españoles [20]_____ *(tener)* coche o [21]_____ *(viajar)* en avión. La televisión tampoco [22]_____ *(estar)* en los hogares españoles, pero sí la radio, que [23]_____ *(escuchar)* millones de personas. Hoy resulta difícil imaginar una ciudad sin coches o una casa sin televisión. También [24]_____ *(resultar)* casi imposible encontrar unos kilómetros de playas sin edificios, en cambio, en 1950 no [25]_____ *(haber)* turistas, casi nadie [26]_____ *(tomar)* el sol ni [27]_____ *(bañarse)* en nuestras playas. En aquella época en España [28]_____ *(gobernar)* una dictadura que [29]_____ *(tener)* pocas relaciones con Europa. Eso también [30]_____ *(ser)* diferente ahora. Una cosa no ha cambiado: entonces muchos españoles [31]_____ *(divertirse)* en el fútbol y ahora también.

EJERCICIO 9

En este diálogo dos compañeras, Carmen y Marta, hablan sobre un chico mientras esperan en la entrada del aula el primer día de clase. Complétalo con las palabras del recuadro en el lugar adecuado.

> hala • chula • súper joven • qué dices

Carmen: ¡Qué guapo es aquel chico! ¡Está buenísimo!

Marta: ¿Quién? ¿Quién?

Carmen: Aquel que lleva la camisa negra tan [1]_____ y que está hablando con el señor de la barba.

Marta: ¡ [2]_____ ! Yo no lo encuentro tan guapo.

Carmen: ¡Cuidado!, que se acerca y nos va a oír. Mira, viene hacia aquí. A lo mejor es un estudiante de nuestra clase.

Marta: ¡ [3]_____ ! Pero si va directamente hacia la mesa del profesor.

Carmen: ¡Yo flipo! ¡Pero si es el profesor! ¡Es [4]_____ !

A. Lee el siguiente texto sobre el uso de la bicicleta en algunas ciudades de España.

La bicicleta llega a las ciudades españolas

Es cómoda, barata y ecológica. El transporte en bicicleta es ya una alternativa seria al coche y al transporte público tradicional, y no es extraño ver en nuestras calles hombres y mujeres con traje que van al trabajo pedaleando.

Desde hace unos años los ciudadanos de ciertas ciudades españolas usan la bicicleta con entusiasmo y, últimamente, la puesta en marcha de un sistema público de alquiler ha intensificado el uso de la bici en algunas poblaciones. En algunas ciudades donde hay una verdadera pasión por la bicicleta, como Barcelona y Sevilla, el alquiler público de bicis ha causado una revolución. Esta opción ha tenido mucho éxito entre los ciudadanos que, por una tarifa muy económica, pueden coger una bicicleta en cualquiera de los puntos repartidos por la ciudad y desplazarse durante un tiempo limitado, dejándola después en cualquier otro punto del municipio. Así, la bicicleta se ha convertido en una alternativa para moverse por la ciudad, como ocurre en otras ciudades europeas.

En los últimos años, nuestras ciudades se han llenado de carriles exclusivos para bicicletas y de zonas de aparcamiento especiales para ellas; también se han revisado las normas de circulación que afectan a los ciclistas. Sin embargo, aún estamos muy lejos de otras ciudades europeas como Ámsterdam o Viena, donde ya tienen años de experiencia en este aspecto y el uso de la bicicleta está muy generalizado. A nosotros todavía nos queda mucho por hacer, especialmente en lo que se refiere a la concienciación de los ciudadanos: de aquellos que usan la bici y de los que la sufren. No obstante, todo hace pensar que estamos en el buen camino.

B. Ordena las siguientes frases que resumen el texto.

- [ ] En España, los habitantes de las ciudades que tienen un sistema municipal de alquiler de bicis están encantados con él.
- [ ] Los ciudadanos todavía tienen que aprender a vivir en una ciudad llena de bicicletas.
- [ ] Recientemente se han revisado las normas de circulación de las bicicletas.
- [1] Cada vez hay más gente que va al trabajo en bicicleta.
- [ ] En algunas ciudades europeas la gente usa mucho la bicicleta desde hace tiempo.
- [ ] Con el sistema municipal de transporte, se puede coger una bicicleta y dejarla luego en una parte diferente de la ciudad.

EJERCICIO 2

Clasifica en las columnas estas palabras relacionadas con la salud y añade otras que recuerdes.

✔dolor	resfriado	inyección	alergia	tos
gripe	vómitos	mareo	fiebre	gastroenteritis
jarabe	picor	supositorio	bronquitis	estornudos
pastilla	pomada	gotas	diarrea	mocos

SÍNTOMAS	ENFERMEDADES	MEDICINAS
dolor	_____	_____
_____	_____	_____
_____	_____	_____
_____	_____	_____
_____	_____	_____
_____	_____	_____
_____	_____	_____

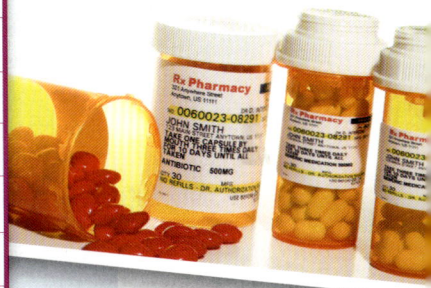

EJERCICIO 3

Completa este gráfico con las palabras del recuadro.

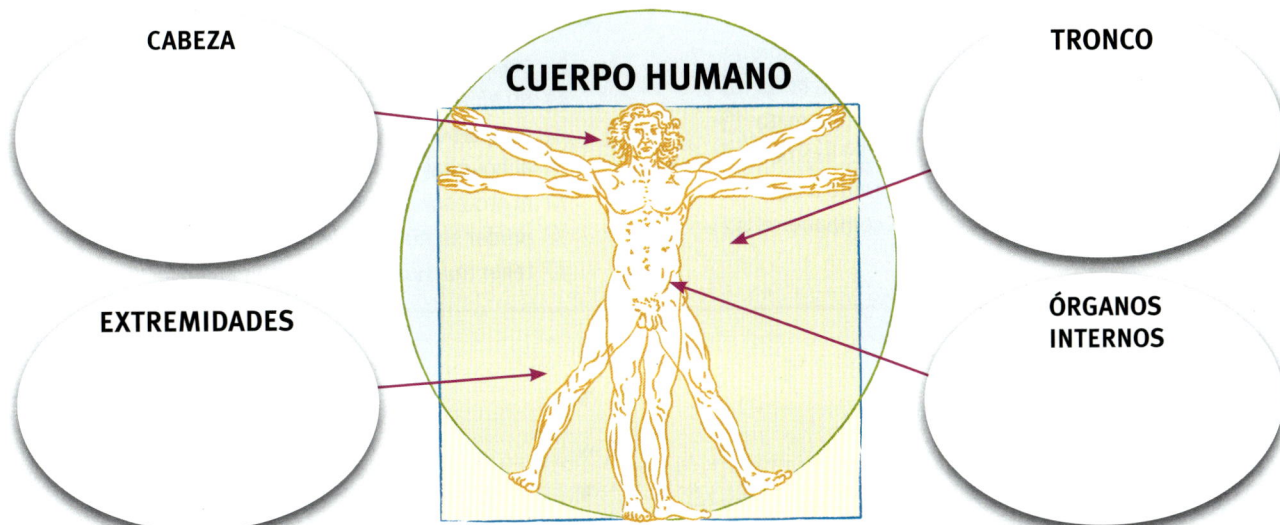

CABEZA

TRONCO

CUERPO HUMANO

EXTREMIDADES

ÓRGANOS INTERNOS

ojos	piernas	espalda	pies	hígado
pecho	boca	manos	pelo	estómago
dedos	vientre	orejas	pulmones	cara
corazón	riñones	cadera	nariz	brazos

EJERCICIO 4

David y Hannah están a punto de marcharse de fin de semana. Por eso, están revisando su equipaje para asegurarse de que no se olvidan de nada. Completa sus diálogos con los artículos y pronombres adecuados (*lo, la, los, las*).

David: ¿Ya has cogido [1]_____ billetes de avión?

Hannah: Sí, sí. [2]_____ he dejado en el bolsillo delantero de mi mochila.

David: ¿Y [3]_____ dirección del albergue?

Hannah: [4]_____ he anotado en la agenda. ¿Llevamos [5]_____ carnés?

David: ¿[6]_____ de alberguistas? Sí, [7]_____ he puesto con los billetes. Y tú, ¿llevas encima [8]_____ pasaporte?

Hannah: Huy, sí, que siempre me [9]_____ olvido. [10]_____ pongo también en el bolsillo de la mochila.

David: A ver... ¿qué más nos dejamos siempre? ¿[11]_____ paraguas?

Hannah: Bueno, en realidad, ya llevamos impermeables, pero [12]_____ meto en la mochila, por si llueve mucho. ¿Se te ocurre algo más?

David: ¿[13]_____ mapas para las excursiones que sacaste por internet?

Hannah: En la bolsa azul.

David: Pues, yo creo que ya está. Me parece que no nos dejamos nada importante.

Hannah: Eso, anda, vámonos ya, ¡que lo más importante es no perder el avión!

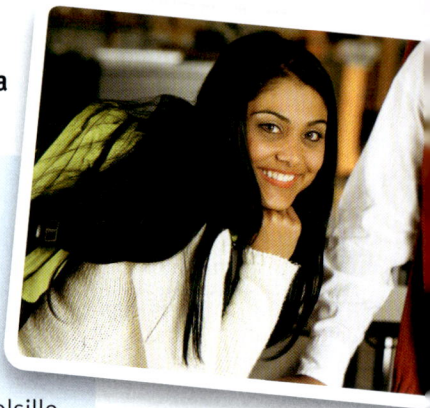

EJERCICIO 5

Relaciona las frases de las dos columnas para formar breves diálogos como en el modelo:

◆ *¿Qué te ha pasado? ¿Por qué le has gritado a tu compañero?*
▼ *Lo siento. Es que me he enfadado con él y me he puesto nervioso.*

Gritarle a tu compañero `0`
No **ir** a clase esta mañana `1`
No **llamar** todavía al dentista `2`
No **asistir** a la reunión `3`
Llegar tan tarde `4`
No **venir** a comer conmigo `5`
No **escribir** nada en la última pregunta del examen `6`
Volver tan pronto a casa `7`
No **presentarse** a la comida con los compañeros `8`

`0` no **tener** tiempo y no **poder** terminarlo
`1` **perder** el autobús y **tener** que esperar mucho rato el siguiente
`2` *enfadarse* con él y *ponerse* nervioso
`3` **estar** muy ocupado y **olvidarse**
`4` no **oír** el despertador y **dormirse**
`5` **romperse** una pierna al salir de casa y **tener** que ir al hospital
`6` el profesor no **venir** y no **haber** clase
`7` **perder** su número de teléfono
`8` **tener** mucho trabajo y **comer** en la oficina

1. ◆ _____
   ▼ _____

2. ◆ _____
   ▼ _____

3. ◆ _____
   ▼ _____

4. ◆ _____
   ▼ _____

5. ◆ _____
   ▼ _____

6. ◆ _____
   ▼ _____

7. ◆ _____
   ▼ _____

8. ◆ _____
   ▼ _____

EJERCICIO 6

Últimamente Karl no se encuentra muy bien, así que ha acudido a su médico de cabecera. Completa las respuestas que le da Karl conjugando los verbos en el tiempo adecuado (presente, pretérito perfecto o ESTAR + gerundio). En algunos casos, es posible más de una respuesta.

Doctor: A ver, Karl, cuéntame que te pasa.

Karl: Pues [1]_____ *(venir)* porque [2]_____ *(tener)* tos y [3]_____ *(estornudar)* constantemente.

Doctor: ¿Y cuántos días hace que te encuentras así?

Karl: Cuatro o cinco, creo. Pero [4]_____ *(venir)* hoy porque esta mañana [5]_____ *(despertarse)* con un ataque de tos que [6]_____ *(durar, él)* unos 10 minutos.

Doctor: ¿Tienes dolor de cabeza?

Karl: Pues, no sé, a veces... En los últimos días quizás [7]_____ *(tener)* dolor de cabeza unas 2 ó 3 veces.

Doctor: ¿Te estás tomando alguna medicación?

Karl: Bueno, normalmente, cuando me duele la cabeza, [8]_____ *(tomarse)* una aspirina y estos días también [9]_____ *(tomar)* unos caramelos para la garganta de esos que venden en la farmacia.

Doctor: ¿Te duele la garganta?

Karl: No, dolerme, no me duele mucho, pero creo que [10]_____ *(estar, ella)* irritada por la tos y me [11]_____ *(molestar)* al tragar.

Doctor: Y, ¿escalofríos?, ¿fiebre?

Karl: Escalofríos, hasta ahora no [12]_____ *(tener)* y fiebre, tampoco hasta esta mañana, cuando [13]_____ *(levantarse)*, que [14]_____ *(ponerse)* el termómetro y [15]_____ *(ver)* que tenía unas décimas, pero no llegaba a 38 grados.

Doctor: Bueno, pues vamos a ver cómo está esa garganta. Creo que te recetaré algún jarabe y, probablemente, algún antibiótico, a ver si así te encuentras un poco mejor.

EJERCICIO 7

Lee los siguientes correos y complétalos adecuadamente con las expresiones del recuadro. Hay dos expresiones que no son adecuadas a ninguno de los contextos.

> lo siento • estimado profesor Escribano • siento mucho • un saludo cordial • no te preocupes
> ¿por qué no? • podrías • querido señor profesor Escribano • le agradezco mucho

Para:
Cc:
Asunto:

Hola Ana:
Esta mañana he tenido problemas con la impresora y no puedo traer impresa mi parte del trabajo. [1]_____, pero [2]_____; voy a solucionar hoy el problema y te lo paso mañana. Todavía nos quedan dos días para la fecha límite de entrega.
Hasta pronto,
Berta

[3]_____:
No he tenido ningún problema para conseguir los artículos que me ha recomendado. Me van a ser muy útiles para mi investigación. [4]_____ sus sugerencias.
Cordialmente,
Edith Houses

Graham:
¿[5]_____ dejarme tus apuntes de la conferencia de Biología Molecular? He tenido prácticas toda la semana y no he podido asistir. Mañana nos vemos en clase.
Hasta mañana
John

Profesor Pujol:
[6]_____ no poder ir a su despacho mañana por la mañana para hablar sobre mi monografía. Tengo que solucionar un problema personal. ¿Podríamos quedar la próxima semana, si no tiene ningún inconveniente?
[7]_____,
Eva Jagger

EJERCICIO 1

Une las preguntas de la columna de la izquierda con las respuestas correspondientes de la columna de la derecha para ordenar este fragmento de una entrevista realizada a Pablo Pineda, un joven español con síndrome de Down.

1. Dicen que no te gusta que se hable de ti como el primer SD universitario de Europa. ¿Por qué, Pablo? ¿No es un orgullo para ti haber estudiado una carrera?

2. ¿Quién te ayudó a conseguirlo?

3. Ahora estás estudiando Psicopedagogía ¿no?

4. ¡Es verdad! Háblanos de tu experiencia como actor. ¿En qué película has trabajado?

5. ¿De qué trata?

6. El rodaje de la película, entre Sevilla y Madrid, te ha hecho estar separado de tu familia y de tus amigos, ¿qué tal lo has vivido?

a. Bueno, sí, empecé a estudiar Psicopedagogía, aunque ahora tengo los libros un poco abandonados por la película, los viajes y las entrevistas...

b. El filme se inspira en parte en mi vida, y cuenta la historia de amor entre dos trabajadores sociales, Daniel, que soy yo, y Laura, interpretada por Lola Dueñas. Trabajar con ella ha sido estupendo, hemos tenido una química y una complicidad especiales.

c. Claro que sí, me siento muy orgulloso, pero decir que yo soy una excepción es una excusa para no integrar al resto del colectivo con SD. Yo he estudiado, y otros también pueden hacerlo.

d. Mis padres y el catedrático de Pedagogía Miguel López Melero. Gracias a ellos fui a una escuela normal y he podido tener una educación plena.

e. Ha sido la época de mi vida en la que más he llorado, pero enseguida había alguien a mi lado para animarme. La película me ha permitido vivir lejos de mis padres, aunque con su «vigilancia distante»; me llamaban por teléfono a diario. Me ha gustado la experiencia.

f. Es una película que se llama *Yo también*.

Adaptado de *El País*.

EJERCICIO 2

Relaciona las palabras de las dos columnas, como en el ejemplo.

Cambiar de ciudad **1**
Dejar de trabajar definitivamente **2**
Terminar la carrera universitaria **3**
Independizarse **4**
Inscribirse oficialmente en un curso **5**

a Jubilarse
b Licenciarse – graduarse
c Emanciparse
d Matricularse
e Trasladarse

EJERCICIO 3

Tomando como referencia la fecha que tienes entre paréntesis, transforma las frases usando *hace* y *desde*. Observa el modelo.

Me mudé de piso en verano, en agosto. Actualmente comparto piso con dos amigos. (octubre)
→ *Me mudé de piso hace tres meses.*
→ *Comparto mi piso con dos amigos desde el verano, desde agosto.*

a. Conocí a mi novio en febrero de 2007. Salgo con mi novio. (2010)

b. Se pusieron enfermos el sábado. Hoy todavía están enfermos. (martes)

c. Empezasteis el curso el 7 de enero. Asistís al curso. (21 de enero)

d. Saliste de tu país en junio. Ahora ya no vives en tu país. (diciembre)

EJERCICIO 4

Completa con *en*, *hace* o *desde*.

Mi vecina Carmen es una señora encantadora. La conocí [1]_____ mucho tiempo, cuando llegué a Zaragoza [2]_____ cuarenta años. Es mayor, nació [3]_____ 1940. [4]_____ 1960, cuando se casó, vino a vivir a este edificio. Yo la conocí un poco después porque vivo en este piso [5]_____ 1965. Se quedó viuda bastante joven cuando tenía 35 años, [6]_____ 1975. Entonces empezó a trabajar en una empresa de limpieza y se jubiló [7]_____ 1 año. [8]_____ mayo del año pasado ha hecho muchas cosas: ha empezado a colaborar con una ONG, ha aprendido a ir en bici, ha viajado... Por ejemplo, aprendió a montar en bicicleta [9]_____ mayo, [10]_____ siete u ocho meses. [11]_____ entonces siempre va en bicicleta por la ciudad. Con la ONG colabora [12]_____ mayo, trabaja con ellos dos veces a la semana. Para ella una de las cosas más emocionantes de su vida fue su primer viaje en avión [13]_____ tres meses. Viajó para ver a su hermano, que vive en Marsella [14]_____ 1960. Le gustó mucho el viaje y quiere repetirlo el año que viene, pero va a ser un poco más complicado porque su hija le regaló un cachorro de pastor alemán [15]_____ dos semanas y va a tener que llevarlo con ella en su próximo viaje.

EJERCICIO 5

Observa en el modelo cómo se modifican los tiempos verbales al cambiar las expresiones de tiempo y completa las frases siguientes.

¿Sabes? Esta semana han venido unos amigos de mi país y se han quedado tres días.
¿Sabes? La semana pasada vinieron unos amigos de mi país y se quedaron tres días.

a. Estas vacaciones he estado en el norte de África.
El verano pasado _____

b. Hace un rato he tenido problemas con la conexión a internet.
Hace unos días _____

c. Esta tarde no he podido asistir a la reunión. Lo siento.
Ayer por la tarde _____

d. Hace un momento he llamado a Rita y le he dicho la hora de la conferencia.
Hace una semana _____

e. Este mes hemos ido a Roma, hemos estado allí tres semanas.
El mes pasado _____

f. Hoy he hecho muchas cosas. Por la mañana he hecho un examen a primera hora y después he tenido tres clases más. A mediodía me he comido un bocadillo en la cafetería. Después he ido a la biblioteca para comprobar algunos datos y he terminado el trabajo. A las cinco de la tarde, por fin, le he entregado el trabajo al profesor.
Ayer, _____

_____

_____

EJERCICIO 6

Hoy es domingo y por fin Alice ha tenido tiempo para escribir a su amigo de intercambio. Subraya las expresiones temporales y elige los verbos correctos.

Hola Mario:

[1] **He llegado/llegué** hace una semana, pero en estos días [2] **he hecho/hice** muchas cosas. Los cuatro primeros días [3] **me he alojado/me alojé** en un albergue y estuve buscando una habitación en un piso compartido. Desde el lunes hasta el miércoles no [4] **he parado/paré** ni un minuto: [5] **he ido/fui** al Servicio de Alojamiento de la universidad, [6] **he buscado/busqué** en los tablones de anuncios y en internet, [7] **he visitado/visité** unos 8 ó 10 pisos. Por eso no te [8] **he podido/pude** escribir hasta ahora. Por fin, el jueves por la mañana [9] **he encontrado/encontré** una habitación no muy cara que me [10] **ha gustado/gustó**. Por la tarde [11] **he firmado/firmé** el contrato. Al día siguiente [12] **he dejado/dejé** el albergue y [13] **me he instalado/me instalé** en mi habitación. Este fin de semana [14] **he podido/pude** descansar. Ayer sábado [15] **he dormido/dormí** hasta las doce. A mediodía [16] **he salido/salí** a pasear y [17] **he empezado/empecé** a conocer la ciudad. Por la tarde [18] **he hecho/hice** algunas compras. Esta mañana [19] **he vuelto/volví** a salir y [20] **he hecho/hice** algunas fotos. Todavía no [21] **he conocido/conocí** a nadie interesante.

Un abrazo,

Alice

0,78€
ESPAÑA CORREOS
150 Años de Historia
Banco de España 1856-2006

EJERCICIO 7

Lee la biografía de esta conocida diseñadora española y redacta parte de su trayectoria profesional con los datos que se ofrecen. Debes conjugar los verbos en negrita y utilizar expresiones temporales para sustituir las fechas, como en el ejemplo.

AGATHA RUIZ DE LA PRADA

Desde sus inicios, su trabajo ha sido rompedor y característico de ella misma. Adora, según sus palabras «la ropa feliz». Utilizando colores vivos y puros, formas geométricas y todo un lenguaje simbólico compuesto de corazones, nubes y flores ha creado una identidad única que la caracteriza y distingue sobre muchos otros diseñadores.

Ágatha Ruiz de la Prada nació en Madrid en 1960. Hija de un famoso arquitecto y de una aristócrata catalana, estudió en la Escuela de Artes y Técnicas de la Moda de Barcelona. **En** 1980 **comenzó** a trabajar como ayudante en el estudio madrileño del modisto Pepe Rubio y **al año siguiente realizó** su primer desfile y…

1980. Comenzar a trabajar como ayudante en el estudio madrileño del modista Pepe Rubio.
1981. Realizar su primer desfile en un centro de diseño de Madrid y **participar** en un desfile colectivo en el Museo de Arte Contemporáneo de la capital.
1982. Abrir su primera tienda en la calle Riscal.
1985. Llevar a cabo un desfile y **organizar** una fiesta bajo el lema *Agatha for president*, en el que todos sus amigos llevaban camisetas pidiendo la presidencia del Gobierno Español para la diseñadora.
Otoño 1985. La agencia de información OTR **realizar** una amplia encuesta sobre el conocimiento y valoración de las famosas, Agatha Ruiz de la Prada **ser** entonces la octava mujer más conocida de España.
1986. Organizar el primer desfile de moda colectivo en Francia, y **empezar** a diseñar complementos.
1987. Diseñar su primera colección de sábanas y **participar** en la exposición «Homenaje a Balenciaga».
1990. Presentar su serie «Trajes Inacabados» en Berlín y Madrid, y en Osaka una colección de kimonos.
1992. Empezar a licenciar su marca; **diseñar** para Swatch la colección «Trajes Reloj» e **iniciar** su colaboración con Tintoretto.
1995. Dar el primer paso para colaborar con El Corte Inglés con una colección de moda infantil.
1999. Inaugurar su tienda en París y diseñar su primera colección de ropa de casa y baño, calcetines, gafas, radiadores e interruptores.

*En 1980 **comenzó** a trabajar como ayudante en el estudio madrileño del modisto Pepe Rubio y **al año siguiente realizó** su primer desfile y…*

Han pasado ya muchos años y Ágatha ha conseguido ser conocida en todo el mundo: ha desfilado en Alemania, Francia, Japón, Italia y Estados Unidos, entre otros muchos países. Es en Estados Unidos donde ha lanzado su primera tienda on line.

Su creatividad no tiene fin. Además de ropa, ha trasladado sus diseños a muebles, vajillas, alfombras, lámparas, material escolar, colonias, ropa de cama, toallas, etc. Incluso ha diseñado portadas de discos y libros. Aunque es muy discreta en su vida privada, no es ningún secreto que su pareja sentimental es el director del diario El Mundo, y es madre de dos hijos, Tristán y Cósima.

EJERCICIO 1

Lee el siguiente texto sobre el banco del tiempo y di si las afirmaciones que aparecen a continuación son verdaderas (V) o falsas (F).

| Inicio | Sobre Banco del tiempo | Contacto | | Buscar |

EL BANCO DEL TIEMPO
¿Necesitas a alguien que te arregle el ordenador? ¿No puedes recoger a tus hijos a la salida del colegio? ¿Necesitas que alguien te riegue las plantas cuando te vas de viaje? Hazte socio del banco del tiempo. Intercambiarás favores y harás amigos.

¿Qué es el banco del tiempo?
El banco del tiempo es el primer banco que funciona sin dinero. Son asociaciones donde los socios ofrecen unos servicios y piden otros a cambio. La lista de intercambios es muy amplia: desde hacer la compra hasta leerle una novela a un anciano, dar una sesión de yoga o pintar una valla. En este banco no se paga con dinero; el intercambio se realiza con horas y ninguna tarea tiene más valor que otra. Cualquier persona puede participar. Una persona deposita unas horas de tiempo ofreciendo el servicio que desea dar y, a cambio, puede solicitar tiempo de otras personas para solucionar sus necesidades de la vida diaria. Los socios de este banco tienen un talonario de tiempo con el que pagan los servicios que solicitan.
Los bancos del tiempo nacieron a principios de los ochenta en Italia, como un proyecto para que las mujeres pudieran tener tiempo libre, pero actualmente cualquier persona puede ser socia del banco del tiempo, no es necesario ser mujer.
Existen en muchas ciudades de España y Europa. Seguro que en tu barrio puedes formar parte de uno. Infórmate.

Comentarios

Hace dos años que soy socia de un banco del tiempo en Barcelona. Es estupendo. He conocido a un montón de gente y, además, he conseguido ayuda para ciertas tareas que me resultaban complicadas. Lo recomiendo a todo el mundo. ¡Apúntate y te alegrarás! (Ana)

Mi mujer y yo somos demasiado mayores para bajar a la compra, pero todavía podemos hacer otras cosas. Con el banco del tiempo hemos solucionado nuestro problema y, encima, hemos hechos amigos. Es una idea estupenda. Si necesitas ayuda, en el banco la encontrarás. (Javier)

Soy italiana y ya participaba en un banco del tiempo en mi país y estaba encantada. Ahora vivo en Salamanca y me gustaría participar en uno de estos bancos. Cuando tenga tiempo, me informaré de cómo funcionan en España. (Gina)

1. Para ser socio del banco del tiempo no hace falta tener mucho dinero.

2. Las horas del banco son más o menos valiosas dependiendo de la actividad que se realiza.

3. Aunque hoy puede participar todo el mundo, surgieron con la idea de facilitar la vida a las mujeres.

4. Los socios del banco hacen sus transacciones con cheques.

Ejercicio 2

Busca en la sopa de letras las palabras que corresponden a las definiciones siguientes.

1. Reunión en la que la persona que puede contratarte te hace preguntas: _____
2. Horas que se dedican al trabajo al día: _____
3. Dinero que se recibe por trabjar:
   _____
4. Promoción en el trabajo: _____
5. Expulsión de una persona del trabajo:
   _____
6. Documento que se firma antes de empezar a trabajar: _____
7. Desempleo: _____
8. Dejar de trabajar definitivamente por la edad: _____

V	A	S	C	E	N	S	O	T	A	S	R	G	E
J	E	E	S	A	Y	J	E	S	E	A	D	F	N
J	R	J	H	D	A	O	G	I	K	C	B	A	T
D	U	A	E	D	E	S	P	I	D	O	F	I	R
I	A	B	S	R	P	F	C	N	E	N	W	P	E
E	L	E	I	A	E	C	C	A	M	T	E	L	V
V	C	A	E	L	S	V	N	C	C	R	R	G	I
B	E	R	C	F	A	R	I	I	U	A	Y	E	S
L	T	E	S	E	G	R	E	S	G	T	H	F	T
U	I	F	A	B	R	A	S	E	T	O	B	A	A
S	U	E	L	D	O	T	E	E	I	A	E	D	J
A	E	B	D	G	I	A	L	A	N	M	O	E	B
J	O	R	N	A	D	A	L	A	B	O	R	A	L
P	A	R	O	S	A	C	I	N	T	O	N	T	E

Ejercicio 3

Transforma estas frases en proyectos de futuro. Sustituye las expresiones temporales y escribe la forma verbal en futuro.

Anteayer fui a la peluquería.
Pasado mañana iré a la peluquería.

1. Hace tres meses empecé a estudiar japonés.

2. El verano pasado colaboré con una ONG en África.

3. Ayer vi el concierto de Bruce Springsteen.

4. El año pasado pasé las vacaciones en las Islas Griegas.

5. Hace tres años, cuando acabé la carrera, empecé a trabajar en una multinacional.

6. El fin de semana pasado hicimos una excursión a la montaña.

7. Hace un rato he llamado a mis padres para contarles cómo me va aquí en la universidad.

8. Esta semana he hecho una entrevista de trabajo.

9. Cuando llegué a la reunión, me puse muy nervioso.

10. Anteayer me saqué el carné de conducir.

11. Esta mañana han venido a visitarme unos amigos de mi país.

12. La semana pasada dejé mi currículo en una empresa de trabajo temporal.

7 Otras actividades

EJERCICIO 4

En ocasiones una acción futura depende de toda una serie de acciones, entonces se crea un
círculo sin fin (círculo vicioso) que termina en el mismo lugar donde empezó. Es lo que ocurre
en estos diálogos. Complétalos con la forma verbal adecuada.

A.
◆ ¿Cuándo [1]_____ (empezar, tú) a trabajar como repartidor de pizzas?
▼ Cuando me [2]_____ (contratar, ellos) en la pizzeria.
◆ ¿Cuándo te [3]_____ (contratar, ellos)?
▼ Cuando [4]_____ (tener, yo) moto.
◆ ¿Cuándo [5]_____ (tener, tú) moto?
▼ Cuando me la [6]_____ (comprar, yo).
◆ ¿Cuándo te la [7]_____ (comprar, tú)?
▼ Cuando [8]_____ (conseguir, yo) el dinero.
◆ ¿Cuándo lo [9]_____ (conseguir, tú)?
▼ Cuando [10]_____ (trabajar, yo) y [11]_____ (ganar, yo) un sueldo.
◆ ¿Cuándo [12]_____ (ganar, tú) un sueldo?
▼ Cuando [13]_____ (empezar, yo) a trabajar como repartidor de pizzas.

B.
◆ ¿Cuándo [1]_____ (enviar, usted) su currículo a esa empresa española?
▼ Cuando [2]_____ (hablar) mejor el español y [3]_____ (poder) hacer bien la entrevista de trabajo.
◆ ¿Cuándo [4]_____ (hablar, usted) mejor el español?
▼ Cuando [5]_____ (estudiar, yo) y [6]_____ (practicar, yo) un poco más.
◆ ¿Cuándo [7]_____ (practicar, usted) más?
▼ Cuando lo [8]_____ (hablar, yo) más a menudo.
◆ ¿Cuándo lo [9]_____ (hablar, usted) más a menudo?
▼ Cuando [10]_____ (tener, yo) amigos españoles.
◆ ¿Cuándo [11]_____ (tener, usted) amigos españoles?
▼ Cuando [12]_____ (sentirse, yo) seguro y [13]_____ (poder, yo) hablar mejor español.

EJERCICIO 5

Aunque Rubén y Pedro son gemelos, su carácter es muy diferente. ¿Quién está
más seguro de sí mismo y es más optimista de los dos hermanos? Completa sus
frases con los verbos del cuadro en la forma verbal adecuada.

contratar • tener • llamar (2) • hacer • ser • montar • ofrecer

Rubén

Si me [1]_____ la chica que conocí ayer, intentaré
quedar con ella.

Si me [2] (ellos)_____ en la empresa donde trabajo
como becario, me compraré un piso, pero si no me [3]
(ellos)_____ fijo, seguiré viviendo con mis padres.

Si Pedro [4]_____ su propio negocio, dejaré esta
empresa y me iré a trabajar con él. Me imagino que
ganaré más que aquí.

Pedro

Ayer conocí a una chica guapísima, cuando me
[5]_____ voy a invitarla a tomar algo.

Por ahora estoy de becario en esta empresa y no gano
mucho, pero cuando me [6] (ellos)_____ un contrato y [7] (yo)_____ fijo, me compraré un piso.

Dentro de unos años, cuando [8]_____ más experiencia, montaré mi propio negocio, no me quedaré
toda la vida en esta empresa.

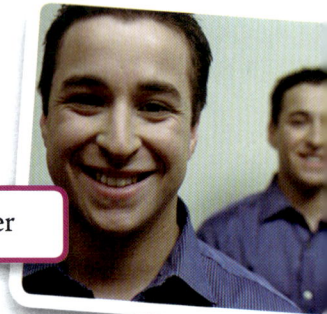

EJERCICIO 6

Elige la forma más adecuada para hablar del futuro. En algunos casos, más de una opción es posible.

1. Me gusta mucho aprender lenguas. Hablo catalán, italiano, inglés, y francés. Creo que algún día, cuando tenga más tiempo, **voy a estudiar / estudiaré / estudio** ruso.

2. Me encuentro fatal. Creo que **voy a vomitar / vomitaré**.

3. ◆ Oye, ¿quedamos mañana para hacer el trabajo?
   ▼ Pues no sé, es que mañana tengo un día bastante liado. Ya **quedaremos / vamos a quedar** otro día.

4. ◆ ¡Qué bombones tan ricos! **Voy a coger / cogeré** otro.
   ▼ ¿Pero no estás haciendo dieta?
   ◆ No, ya la **voy a empezar / empezaré** mañana o pasado mañana, no sé.

5. ◆ ¿Me dejas tu carné de la biblioteca para coger un libro?
   ▼ Bueno, pero acuérdate de devolverlo, que siempre te olvidas.
   ◆ No te preocupes, que esta vez lo **voy a devolver / devuelvo / devolveré**, fijo.

6. Señoras y señores, les habla el piloto, Alberto Martínez. Dentro de 10 minutos **aterrizamos / aterrizaremos** en Barcelona.

7. ◆ Oye, ¿tú has entendido lo que ha dicho el piloto?
   ▼ Sí, que **vamos a aterrizar / aterrizaremos**.

8. ◆ ¿Te apetece ir al cine?
   ▼ Ostras, no puedo. Es que esta noche **ceno / cenaré** con unos amigos. Hace mucho tiempo que habíamos quedado...

9. ◆ Mañana vamos a la playa, ¿te apuntas?
   ▼ Uf... ¿A la playa?, ¿mañana? Pero si han dicho por la tele que **llueve / lloverá / va a llover**...

10. Según el informe, dentro de 40 años la temperatura del planeta **va a aumentar / aumentará** 2 grados.

11. ◆ ¿A qué hora llega tu vuelo?
    ▼ A las 12. ¿Podrás ir a buscarme?
    ◆ Sí, sí. No te preocupes. Allí **estaré / voy a estar / estoy**.

12. Todo el mundo a la mesa, que **comeremos / vamos a comer** enseguida.

EJERCICIO 7

Completa estas conversaciones con las expresiones de los recuadros en el lugar adecuado.

Conversación A

> y a ti • tengo un poco de prisa • igualmente • oye • que te vaya bien • cómo te va todo

Félix: ¡Hola Pepe!
Pepe: ¿Qué tal?
Félix: Bien. ¿Y tú? [1] ¿_____?
Pepe: Muy bien. [2] ¿_____?
Félix: Bien también. [3] _____, ¿tienes tiempo para ir a tomar un café?

Pepe: No mucho, ahora [4] _____. Te llamo y quedamos otro día, ¿vale?
Félix: De acuerdo. Hasta pronto, [5] _____.
Pepe: [6] _____. Hasta pronto.

Conversación B

> qué me dices • hombre • a ver si • es que • mira • tengo que decirte algo

Sandra: ¿Diga?
Ruth: ¿Está Sandra?
Sandra: Sí, soy yo.
Ruth: ¡Hola, Sandra!, soy Ruth.
Sandra: [1] ¡_____, Ruth! ¡Cuánto tiempo!
Ruth: Es verdad. [2] _____, te llamo porque últimamente no nos vemos nunca y [3] _____.
Sandra: ¿Qué pasa?
Ruth: Nada, que me voy a vivir a Gambia.
Sandra: [4] ¡_____! ¿A Gambia? Eso está muy lejos.
Ruth: Sí, sí. Es que he encontrado un buen trabajo en una ONG y ya he firmado el contrato. Empezaré a trabajar en julio.

Sandra: ¿En serio? ¿Y cuánto tiempo estarás en Gambia?
Ruth: De momento, un año. Después quizá volveré a España para trabajar desde aquí, pero todavía no lo sé.
Sandra: ¡Qué noticia! Y, ¿estás contenta?
Ruth: Sí... contenta, sorprendida, un poco preocupada, ilusionada... No sé, tengo una mezcla de sentimientos.
Sandra: [5] _____ es normal. Oye, [6] _____ quedamos y me lo explicas mejor.
Ruth: Sí, también te llamaba para quedar. ¿Te va bien mañana por la tarde sobre las seis?
Sandra: Sí, me va bien. ¿En la puerta de la facultad?
Ruth: Vale. Pues entonces nos vemos mañana.
Sandra: Venga, ¡hasta mañana!

8 Otras actividades

EJERCICIO 1

A. **Lee los siguientes fragmentos de noticias y señala cuál de las frases que se ofrecen resume mejor el tema de cada una de ellas.**

1. El Presidente del Gobierno ha dicho en la clausura del Congreso Internacional de Prensa que los periodistas de ben ser responsables de la información que transmiten a la sociedad. Ha añadido que, en una noticia, todo, desde la selección de la noticia hasta la forma en la que está redactada, es interpretado por los receptores como portador de una determinada ideología, moral o conjunto de valores. Es por eso por lo que, ha dicho, los periodistas tienen una gran responsabilidad en la construcción de un país y no pueden dejar de ser conscientes ni un solo día de la importancia de sus palabras en la sociedad. Son creadores de opinión y deben ser responsables de ello.

   a. El presidente del Gobierno pide a los periodistas que no se sientan responsables del efecto de sus opiniones.
   b. El Presidente del Gobierno clausura el Congreso de Prensa pidiendo responsabilidad a los periodistas.

2. Antonio Banderas-Melanie Griffith, que se han reunido en más de una ocasión con motivo de una película, pueden volver a rodar juntos. La primera vez fue en la película que les sirvió para conocerse: *Two Much*, del director español Fernando Trueba. Más adelante, volvieron a coincidir, esta vez con él como director. Se trataba de *Crazy in Alabama*, una historia sobre el aprendizaje vital de un muchacho en los años de las luchas por los derechos civiles en Estados Unidos. Los prejuicios raciales, la emancipación de la mujer y, en general, la libertad de los individuos, eran los temas de fondo de esta película. Ahora, parece que, de nuevo, los destinos cinematográficos de la pareja vuelven a cruzarse. Aún es pronto para confirmarlo, pero los amantes de estas dos estrellas deben estar atentos a la pantalla.

   a. Banderas dirige una película donde su mujer es protagonista.
   b. Banderas y Criffith juntos de nuevo.
   c. Banderas y Griffith: un amor de película.

3. Los estudiantes reciben, dentro del programa Erasmus, ayuda para realizar un periodo de estudios comprendido entre tres meses y un año en otro país miembro de la Unión Europea. No obstante, son necesarias algunas precisiones: es importante saber que las ayudas Erasmus no cubren la totalidad de los gastos que se ocasionarán durante el periodo de estudios en el país de destino, puesto que solo tienen por objeto compensar los costes de movilidad producidos por el desplazamiento a otro país comunitario, tales como viajes, diferencia del coste de vida y, en su caso, preparación lingüística. Estas becas, además, pueden ser complementadas por otras ayudas del Ministerio de Educación, Cultura y Deporte, así como las procedentes de la propia Universidad, de la Comunidad Autónoma o de otro tipo de institución pública o privada de carácter local o regional.

   a. Puntualizaciones sobre las becas Erasmus.
   b. Los estudiantes Erasmus pueden solicitar diferentes tipos de ayuda.
   c. La dotación económica de las becas Erasmus es insuficiente.

B. **¿En qué tipo de periódico se pueden encontrar cada una de las noticias anteriores? Señálalo con una cruz (X).**

	Noticia 1	Noticia 2	Noticia 3
Una revista del corazón			
Una revista juvenil			
Un diario de alcance nacional			
Un diario de economía			
Una revista universitaria			

EJERCICIO 2

Clasifica las palabras en el siguiente mapa conceptual.

> quiosco • parabólica • documental • frecuencia • arroba • zapear • telespectador • telediario
> periodista • editorial • serie • columna • informativos • cadena • sensacionalismo • lector
> audiencia • sintonía • virus • tirada • mando a distancia • navegar • usuario • oyente • editorial
> programa • módem • programación • emisora • publicidad • suplemento • portal • periodismo
> anuncio • canal • culebrón • película • cable • satélite • ADSL • sintonizar • retransmitir
> dibujos animados • onda • antena • página web • artículo • periódico • revista

TELEVISIÓN

RADIO

MEDIOS DE COMUNICACIÓN

PRENSA ESCRITA

INTERNET

EJERCICIO 3

Subraya las expresiones que introducen una opinión. Después, completa las siguientes frases utilizando el presente de indicativo o el presente de subjuntivo.

1. Si los países occidentales quieren, creo que el problema del hambre en el mundo *(poderse)* _____ solucionarse dentro de pocos años.
2. No creo que *(haber)* _____ que legalizar las drogas para terminar con el narcotráfico.
3. Mucha gente mayor piensa que los jóvenes ahora *(vivir)* _____ mejor que antes.
4. Me parece que la igualdad de derechos *(ser)* _____ una utopía, no creo que los pobres *(tener)* _____ los mismos derechos que los ricos.
5. Siempre ha habido guerras, son inevitables; por eso pienso que los hombres *(necesitar)* _____ las guerras y no creo que en el futuro *(existir)* _____ un mundo en paz.
6. Creo que todos los políticos *(actuar)* _____ igual y que los ciudadanos no *(deber)* _____ votar.
7. No está claro que la energía nuclear *(ser)* _____ segura y *(respetar)* _____ el medio ambiente.
8. No creo que en los países europeos *(haber)* _____ tanta libertad como se dice. Me parece que, a veces, no *(respetarse)* _____ las libertades individuales.
9. Creo que no *(ser)* _____ necesario controlar los contenidos de los programas de la televisión que ven los niños.
10. No me parece que la publicidad *(informar)* _____ bien al consumidor.

8 Otras actividades

EJERCICIO 4

Valora las siguientes informaciones transformando las dos frases en una, como en el modelo.

Información	Valoración
1. El FMI (IMF) hace más pobres a los países del Tercer Mundo.	¡Es una vergüenza!
2. El SIDA (AIDS) en África está matando a miles de personas.	¡Es una tragedia!
3. En algunos países hay gente en la cárcel por sus ideas o su religión.	¡Es injusto!
4. Muchos pueblos no tienen agua potable para beber.	¡Es un desastre!
5. Grandes marcas utilizan mano de obra infantil en sus fábricas.	¡Es indignante!
6. 3.000 millones de personas viven con 2 dólares al día.	¡Es increíble!
7. Muchos ciudadanos hacen cosas para cambiar la situación.	¡Es necesario!

1. *Es una vergüenza que el FMI haga más pobres a los países del Tercer Mundo.*
2. _____
3. _____
4. _____
5. _____
6. _____
7. _____

EJERCICIO 5

Dos compañeros han leído estos titulares en el periódico. Lee sus comentarios y marca la opción correcta.

> La enseñanza va a ser obligatoria sólo hasta los 12 años.

> Desde los 16 años los alumnos van a recibir un sueldo.

> Bajan el 50% los impuestos sobre alcohol y tabaco.

> Se prohíbe la comida rápida, es peligrosa para la salud.

◆ ¿Has leído lo que pone el periódico? Dice que, desde el año que viene, la enseñanza [1] **va/vaya** a ser obligatoria sólo hasta los 12 años.

▼ ¿Sí? Pues en mi país es necesario [2] **estudiar/que estudie** hasta los 16. Me parece que no [3] **es/sea** suficiente estudiar sólo hasta esa edad.

◆ He leído en el periódico que la comida rápida es mala para la salud. Creo que el gobierno la [4] **va/vaya** a prohibir.

▼ ¿En serio? Me parece [5] **bien/bueno** que el gobierno informe sobre los riesgos de este tipo de comida, pero no creo que [6] **tiene/tenga** que prohibirla.

◆ Yo también opino que no [7] **tiene/tenga** que prohibirla.

◆ El periódico dice que [8] **bajan/bajen** los impuestos del alcohol y el tabaco.

▼ ¿Es una broma? Me parece increíble que el gobierno español [9] **bajar/baje** esos impuestos. En mi país son mucho más altos.

◆ A mí también me sorprende. No creo que los [10] **bajan/bajen**.

◆ Mira lo que lo que pone el periódico. Dice que, desde el próximo curso, todos los estudiantes [11] **van/vayan** a cobrar un sueldo.

▼ Es [12] **bien/bueno** ayudar a los estudiantes, creo que [13] **estudiarán/estudien** más, si ganan un sueldo.

◆ ¿Sí? Pues yo no creo que el gobierno [14] **tiene/tenga** suficiente dinero para pagar un sueldo a cada estudiante.

EJERCICIO 6

Completa estos diálogos utilizando el presente de indicativo o el presente de subjuntivo.

1. ◆ No creo que en España todo *(ir)* _____ bien, como dice el presidente.
   ▼ Tienes razón, no me parece bien que los políticos *(pensar)* _____ que los ciudadanos somos tontos y que *(intentar)* _____ engañarnos.

2. ◆ Me parece que el comercio justo *(ayudar)* _____ y *(mejorar)* _____ la economía de algunas zonas en desarrollo.
   ▼ Sí, es una buena idea que *(comprar, nosotros)* _____ en las tiendas de comercio justo, aunque estoy segura de que *(poder)* _____ hacer más cosas.

3. ◆ En el tema de las ballenas, está claro que los de *Greenpeace (tener)* _____ razón.
   ▼ Sí, es verdad, pero yo no creo que *(tener, ellos)* _____ derecho a actuar violentamente contra los barcos balleneros.
   ◆ ¿Qué dices? No es cierto que *(ser, ellos)* _____ violentos, la verdad es que los medios de comunicación *(manipular)* _____ la información.

4. ◆ Para luchar contra el cambio climático creo que *(tener, nosotros)* _____ que utilizar más la energía solar y la eólica.
   ▼ Sí, y además yo creo que *(poder, nosotros)* _____ reducir nuestro consumo de energía.

EJERCICIO 7

¿Lees a menudo algún periódico? ¿Y las noticias en un diario digital? ¿Qué ventajas tienen cada uno? Aquí tienes un esquema sobre este tema. Complétalo con tus ideas y escribe un texto utilizando los ordenadores del discurso adecuados.

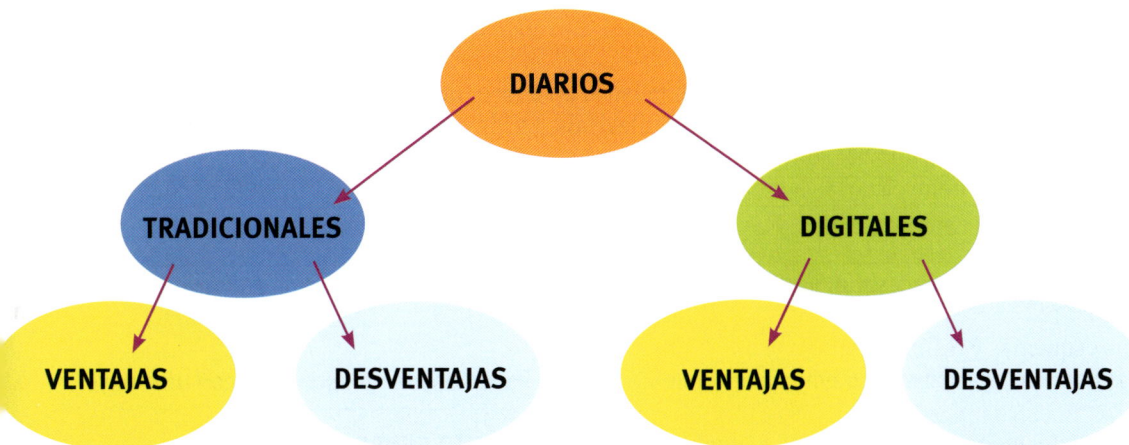

DIARIOS

TRADICIONALES   DIGITALES

VENTAJAS   DESVENTAJAS   VENTAJAS   DESVENTAJAS

9 Otras actividades

A. La Universidad de Valencia ha colgado en una web los siguientes consejos para estudiantes en época de exámenes. Lee el texto y fíjate en las actividades que tú realizas habitualmente.

Inicio	Sobre Exámenes	Contacto	

Consejos para superar con éxito los exámenes

Alimentación y actividad

1. En época de exámenes hay que hacer ejercicio. Practica algún deporte o pasea durante media hora al día; eso ayuda a relajarse y dormir.
2. Lleva una alimentación equilibrada. No tomes mucho azúcar ni chocolate.
3. Haz varias comidas al día. Si comes sólo dos veces al día, la digestión es más pesada y acabas dormido encima de los apuntes.
4. No tomes tranquilizantes ni estimulantes, ya que en ocasiones pueden producir el efecto contrario al deseado. Además, pueden crear dependencia.
5. No tomes mucho café, ni tabaco ni alcohol.
6. Bebe mucha agua. Lo ideal es entre 2 y 3 litros diarios. Elimina cualquier tipo de refresco que contenga burbujas y azúcar.

Ambiente de estudio

7. Controla el número de días que tienes para estudiar el examen. Planifica tu tiempo de estudio y de diversión.
8. La habitación en la que estudias debe ser siempre la misma, no debe tener objetos que te distraigan, tiene que estar ventilada y tener una temperatura entre 18 y 22 grados.
9. Debes aislarte de ruidos y de cualquier sonido que pueda distraerte. Es mejor no estudiar con música, pero si lo prefieres, intenta que sea música clásica, con un volumen bajo.
10. Procura estudiar con luz natural. Si esto no es posible, se puede tener una iluminación suave y regular en toda la habitación, preferiblemente de color azul.
11. El asiento no debe ser demasiado cómodo, te puedes quedar dormido, y debe tener una altura correcta, que te permita estar con la espalda recta.
11. De vez en cuando, respira profundamente.

Sueño

13. Antes de acostarte debes intentar relajarte: un poco de música, un paseo, una charla con un amigo o con un familiar, un baño... te ayudarán. Es mejor que no veas la televisión. Lo ideal es que tu mente esté relajada para almacenar lo que has estudiado durante todo el día.
14. Duerme un mínimo de ocho horas. Nunca vayas a un examen sin dormir.

El día anterior al examen

15. No aprendas cosas nuevas. Es necesario que el proceso de estudio haya concluido al menos 24 horas antes del examen.
16. Repasa con tus esquemas y resúmenes.
17. Relájate. Evita todo tipo de excitación o emociones violentas ya que hacen olvidar lo aprendido con una mayor facilidad.
18. Piensa positivamente, mentalízate de que vas a aprobar. Recuerda: ¡EL ÉXITO GENERA ÉXITO!
19. Antes de acostarte, prepara todo lo necesario para el examen: carné de estudiante, lápices, bolígrafos, etc.
20. No te acuestes muy tarde. Evita el nerviosismo y la tensión que pueden provocar el insomnio.

B. Busca la siguiente información en el texto anterior y esccribe el número del consejo.

☐ **a.** No se puede estudiar de cualquier manera. Es necesario sentarse correctamente.

☐ **b.** Hay que intentar no ponerse nervioso la víspera del examen.

☐ **c.** En épocas de exámenes hay que comer de forma adecuada.

☐ **d.** No es bueno estudiar cada día en un lugar diferente.

☐ **e.** No se debe dejar para el último momento la preparación del material que se necesita para el examen.

☐ **f.** Hay que ser consciente del tiempo que se tiene para preparar el examen.

☐ **g.** En épocas de exámenes hay que hacer alguna actividad física.

☐ **h.** No hay que pasar la noche sin dormir antes de un examen.

☐ **i.** En épocas de exámenes hay que tomar bebidas sin burbujas.

☐ **j.** Se puede estudiar con música, siempre que sea suave.

EJERCICIO 2

A. Observa los dibujos y escribe el nombre de los distintos tipos de alimentos en su lugar correspondiente.

Lácteos   fruta   pescado   VERDURA

marisco

embutido   hortalizas   carne

cereales

LEGUMBRES

2. _____

3. _____

4. _____

5. _____

B. Completa la tabla anterior con los siguientes nombres de alimentos.

acelgas • ternera • sardina • leche • cebolla • alubias • lechuga • col
buey • tomate • cerdo • naranja • queso • limón • fresa
cordero • yogur • bacalao • chorizo • salmón • atún • pimiento
jamón • almejas • salchichas • mejillones • merluza • manzana
melón • gambas • arroz • mantequilla • garbanzos • uva • plátano
calamares • lentejas • zanahoria • judías verdes • pollo • pan • flan

EJERCICIO 3

Las peticiones se pueden expresar de formas diferentes. Estas son algunas peticiones que podemos escuchar en el aula. Completa el siguiente cuadro formulando cada petición de otras formas.

	¿*Poder* + infinitivo...?	¿Presente?	Imperativo
1	¿Podéis hablar más bajo, por favor? No me puedo concentrar.		
2		¿Me dejas un boli? El mío no escribe.	
3			Cerrad la ventana.
4		¿Sube usted un poco el volumen? Es que desde aquí no se oye el diálogo.	
5	No se ve bien la pizarra, ¿puede correr las cortinas?		
6		¿Hacéis ahora el ejercicio 9?	
7			No lo entiendo. Explícalo otra vez, por favor.
8	¿Puedes poner el aire acondicionado? Es que hace mucho calor.		

Lee estos consejos relacionados con la alimentación. Complétalos utilizando la persona *usted* del imperativo.

ALIMENTACIÓN SANA Y SALUDABLE

[1]_____ *(Recordar)* que su salud depende en gran medida de la alimentación y no [2]_____ *(olvidarse)* de que la comida recorre un largo camino desde que la compra hasta que la sirve en su mesa. [3]_____ *(Tomar)* nota de estos tres consejos para el proceso sea más fácil y seguro: [4]_____ *(hacer)* una lista de la compra y no [5]_____ *(comprar)* de forma compulsiva, [6]_____ *(organizar)* su frigorífico y congelador, [7]_____ *(prestar)* atención a la higiene y a la forma de cocinar los alimentos. En el supermercado [8]_____ *(elegir)* los productos según sus necesidades y la capacidad de su frigorífico. [9]_____ *(Comprobar)* si los envases están en perfectas condiciones. [10]_____ *(Leer)* la etiqueta y [11]_____ *(fijarse)* en la fecha de caducidad. [12]_____ *(Dejar)* para el final la compra del pescado y de los congelados y, por supuesto, no [13]_____ *(aceptar)* nunca un producto semidescongelado. Cuando llegue a su casa, [14]_____ *(meter)* enseguida los productos congelados en el congelador y después [15]_____ *(poner)* en el frigorífico los alimentos que se estropean con el calor. [16]_____ *(Lavar)* un poco las verduras frescas antes de meterlas en la nevera. [17]_____ *(Consumir)* antes los alimentos con fecha de caducidad más próxima. La higiene es muy importante a la hora de cocinar. No [18]_____ *(sacar)* de la nevera los alimentos mucho tiempo antes de cocinarlos. [19]_____ *(Lavar)* bien los alimentos que se van a consumir crudos. Mientras prepara la comida, [20]_____ *(lavarse)* a menudo las manos. Si está resfriado, [21]_____ *(tener)* un cuidado especial y [22]_____ *(recordar)* que sus virus pueden llegar a los alimentos. Si sigue estos sencillos consejos, su alimentación será más sana y saludable.

¿Tienes tus recetas del gazpacho de sandía y de la tortilla de patatas chips? Para comprobar si has acertado en el modo de preparación, completa estas recetas originales utilizando la forma *tú* del imperativo.

A. GAZPACHO DE SANDÍA

Elaboración:
Para empezar, [1]_____ *(poner)* el pan duro en un plato con agua. Después [2]_____ *(lavar)* los pimientos y [3]_____ *(pelar)* la sandía, las cebolletas, el pepino y el ajo. No [4]_____ *(olvidarse)* de quitarle todas las pepitas a la sandía. A continuación [5]_____ *(cortar)* todo en trozos pequeños y [6]_____ las *(poner)* en el recipiente donde vas a triturarlos con la batidora. [7]_____ *(añadir)* el pan remojado (sin el agua del plato) y [8]_____lo *(triturar)* con la batidora hasta que la mezcla sea homogénea. Luego [9]_____ *(pasar)* esa mezcla por un colador para quitar los trocitos de las pieles. [10]_____lo *(poner)* otra vez en el recipiente y [11]_____ *(añadir)* la sal y el vinagre. [12]_____ *(volver)* a triturarlo con la batidora a velocidad muy baja mientras añades lentamente el aceite de oliva. [13]_____ *(servir)* el gazpacho en boles o tazas grandes. Si quieres, [14]_____ *(cortar)* trocitos de sandía, cebolleta, pimiento verde y pan tostado para echarlos al gazpacho mientras se come. Dos consejos sobre el gazpacho:
Si has hecho demasiado gazpacho, [15]_____lo *(guardar)* en un recipiente tapado y [16]_____lo *(conserva)* en el frigorífico para el día siguiente. Si quieres un color más intenso, [17]_____le *(poner)* un poco de ketchup.

B. TORTILLA DE PATATAS CHIPS

Elaboración:

Primero [1]_____ *(romper)* las patatas chips en trozos pequeños. A continuación [2]_____ *(batir)* seis huevos con un poco de sal en una fuente honda. Después [3]_____ *(mezclar)* las patatas con el huevo batido y [4]_____ *(dejar)* reposar unos 10 ó 15 minutos hasta que las patatas absorban casi todo el huevo. En una sartén [5]_____ *(calentar)* el aceite a fuego medio y, mientras, [6]_____ *(batir)* con fuerza los dos últimos huevos y [7]_____ los *(añadir)* a la mezcla. Cuando el aceite esté caliente, [8]_____ *(echar)* la mezcla de huevo y patata en la sartén, [9]_____ *(bajar)* un poco el fuego y [10]_____ lo *(mover)* todo con una cuchara de madera para que no se pegue a la sartén. Después [11]_____ *(bajar)* otra vez el fuego y [12]_____ lo *(dejar)* cocer durante dos minutos. Cuando la tortilla esté bastante densa, [13]_____ *(poner)* un plato grande encima y [14]_____ le *(dar)* la vuelta para cocinarla por el otro lado durante dos minutos. Finalmente [15]_____ *(poner)* la tortilla en un plato plano y grande para llevarla a la mesa.

Dos consejos sobre la tortilla:

Si puedes, [16]_____ *(elegir)* patatas chips con poco aceite y poca sal. Puedes comerla caliente, a temperatura ambiente o fría (de la nevera), pero si la comes recién hecha, está más rica.

Aquí tienes una receta para preparar un cóctel típico cubano, el mojito; complétala utilizando la forma *tú* del imperativo.

[1]_____ *(Poner)* el zumo de media lima (10 ml), una cucharada de azúcar, una ramita de hierbabuena (10 ó 12 hojas) y un poco de agua mineral con gas en un vaso alto de tubo. [2]_____ *(machacar)* la hierbabuena con una cuchara para que suelte un poco de su jugo y después [3]_____ lo *(mover)* para deshacer el azúcar. A continuación [4]_____ *(añadir)* 50 ml de ron blanco, 2 ó 3 cubitos de hielo y más agua mineral hasta completar el vaso. Después, [5]_____ lo *(remover)* todo. [6]_____ *(cortar)* una rodaja de lima y [7]_____ *(coger)* la otra ramita de hierbabuena para decorar el vaso. Finalmente [8]_____ lo *(servir)* con una pajita.

Dos consejos sobre el mojito: si no consigues hierbabuena, [9]_____ *(poner)* menta y si no tienes lima, [10]_____ *(utilizar)* limón.

EJERCICIO 7

¿Se puede comer sano en casa por poco dinero? Completa estos consejos con los pronombres necesarios (*lo / la / los / las*).

Cuando compres fruta, elíge_____ [1] de temporada y de la zona donde vives, es más barata y más fresca.

Haz comidas tradicionales. Prepára_____ [2] con legumbres (lentejas, garbanzos o judías) o con arroz.

Come muchas ensaladas. Haz_____ [3] con productos frescos.

No elimines el pescado de tu dieta. Cómpra_____ [4] fresco o congelado, según tu gusto y tu presupuesto.

Compra huevos, no son caros y hay muchas formas de cocinar_____ [5].

No te olvides de las patatas, son energéticas y saludables. Combína_____ [6] con todo.

Las pizzas y los pasteles caseros son deliciosos. Si tienes un poco de tiempo, prepára_____ [7] en tu horno. Te ahorrarás mucho dinero.

EJERCICIO 8

Señala la opción correcta en cada una de las conversaciones.

Conversación A (por teléfono)

Anne: [1] **¿Diga?** / **¿Di?**
Paloma: Hola Anne. ¿Qué tal?
Anne: Bien, ¿y tú?
Paloma: Muy bien. [2] **Oye** / **Oiga**, ¿dónde estás?
Anne: Pues estoy en el bar de la uni.
Paloma: [3] **¡Anda!** / **¡Venga!**, ¡pero si yo también estoy en el bar!
Anne: ¿Sí? Pues no te veo. Yo estoy en una mesa que está al lado de la puerta.
Paloma: ¡Ah! Ya te veo. [4] **¡Venga!** / **¡Vaya!**, hasta ahora, que me acerco a tu mesa.
Anne: Vale, hasta ahora.

Conversación B (en la calle)

Chico: [1] **Perdona** / **Perdone**, ¿tienes hora?
Chica: [2] **¡Vaya!** / **¡Venga!**, me he dejado el reloj en casa, lo siento. Pero deben de ser las once más o menos.
Chico: [3] **Venga** / **Toma**, gracias.
Chica: De nada, adiós.

Conversación C (en la calle)

Marta: [1] **¡Anda** / **¡Toma**, Javier! ¡Pero qué sorpresa!
Javier: ¡Pero qué casualidad! ¿Qué haces por aquí, Marta?
Marta: Pues [2] **vaya** / **mira**, es que tengo una entrevista de trabajo cerca de aquí.
Javier: ¿Y a qué hora? ¿Tienes tiempo de un café?
Marta: Es que tengo que estar en la entrevista dentro de media hora.
Javier: [3] **Venga** / **Vaya**, pues ya nos veremos otro día.
Marta: Sí, te llamo y quedamos con calma, ¿vale?
Javier: Vale. Y mucha suerte con la entrevista. Ya me explicarás.
Marta: [4] **Venga** / **Perdona**, hasta pronto. Te llamo.

Otras actividades

Rubén ha escrito en su *blog* el siguiente texto sobre el Camino de Santiago. Léelo y complétalo con las opciones que se ofrecen a continuación.

Inicio	Sobre El camino de Santigo	Contacto		Buscar

Suscripción

Suscripción a blog

Pon tu email aquí

Hoy dedico la página a todos mis amigos españoles y extranjeros. Quiero contaros la experiencia que viví el verano pasado y que pienso repetir este año. Durante un mes hice a pie el Camino de Santiago con unos amigos. Seguro que muchos de vosotros sabéis de qué hablo. Para los que no, os voy a contar de qué se trata.

El Camino Santiago es una ruta que recorren peregrinos de España y de toda Europa para llegar a la ciudad de Santiago de Compostela, donde está enterrado el apóstol Santiago. [1] _____. Después, quedó bastante olvidado hasta que en el Año Santo Compostelano de 1993, la Junta de Galicia, decidió convertirlo en un reclamo turístico. Desde entonces, es muy popular hacer el recorrido a pie, en bicicleta o a caballo. Es un viaje que une lo religioso, lo espiritual, lo deportivo, lo cultural, etc., desde hace siglos. El Camino de Santiago ha sido declarado por la UNESCO Patrimonio de la Humanidad. Aunque hay muchas rutas que llevan a Santiago, uno de los recorridos más famosos y transitados es el camino francés, que empieza en Saint-Jean-Pied-de Port y pasa por ciudades tan importantes como Pamplona, San Millán de la Cogolla, Santo Domingo de la Calzada o Burgos, hasta llegar a Santiago de Compostela. [2] _____.

Hacer este viaje es bastante barato, ya que en todo el Camino hay albergues públicos. Son gratuitos para los peregrinos y siempre tienen preferencia los que van solos o en grupos pequeños y también los que van a pie, en bicicleta o a caballo. [3] _____.

También os explicaré qué es la Compostela. Es un certificado que las autoridades religiosas dan a los peregrinos cuando acaban su recorrido. Para ganarla necesitas haber andado un mínimo de 100 kilómetros a pie (200 si vas en bicicleta o a caballo). Tradicionalmente, los peregrinos, que habían recorrido cientos o miles de kilómetros, seguían unos kilómetros más hacia el oeste para alcanzar el fin del mundo, llamado por los romanos *finis terrae*. [4] _____.

Para mí fue una experiencia tan intensa que pienso repetirla este verano. Espero que algunos os apuntéis a compartirla conmigo. Juntos planearemos el viaje. [5] _____. Os doy la web para que le echéis un vistazo y, si os apetece, poneos en contacto conmigo. Vamos a disfrutar mucho, ya lo veréis.

Para más información: www.caminosantiago.org y www.jacobeo.net

A. Durante toda la Edad Media fue uno de los centros de peregrinaje más importantes, junto con Roma y Jerusalén.	**B.** Eso sí, es muy importante no llevar demasiado equipaje (máximo el 10% de tu peso corporal), llevar un botiquín y una linterna y muchas ganas de andar, charlar y compartir.	**C.** En aquel lugar apartado, el peregrino realizaba diferentes ritos que se han recuperado ahora: bañarse en la playa para limpiar el cuerpo y el alma, quemar sus ropas, dejando así todo lo material, y ver la puesta del sol.	**D.** También hay caminos desde Alemania, Austria, Inglaterra o Portugal.	**E.** Solo hay que sellar en los diferentes puntos del camino la Credencial del Peregrino, un folleto de papel que te permite dormir en los albergues.

EJERCICIO 2

Lee los siguientes consejos para recorrer el Camino de Santiago y completa los huecos con la palabra adecuada, cambiando el número, si es necesario.

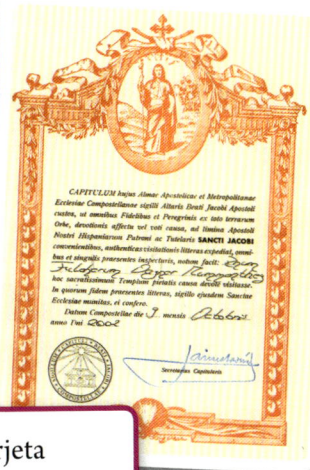

CONSEJOS PARA RECORRER A PIE EL CAMINO DE SANTIAGO

pasaporte • guía • mapa • mochila • calzado • botiquín • albergue • tarjeta

PARA QUE ESTA AVENTURA DE 800 KILÓMETROS RESULTE AGRADABLE, ES NECESARIO PREPARARSE BIEN.

1. Las mejores épocas para hacer el Camino de Santiago son la primavera y el otoño, porque no hay tanta gente y puedes alojarte con más comodidad en los _____.

2. Es muy importante ir documentado. Hay que llevar el DNI o el _____, y la tarjeta de la Seguridad Social o un seguro médico si eres extranjero. Por otro lado, si quieres hacer el Camino como peregrino, debes obtener la credencial que te identifica como tal. Si la tienes, podrás dormir en lugares más baratos.

3. Consigue una _____, será una buena compañera de viaje. En ella podrás consultar dónde encontrar lugares para dormir, dónde comer y otros sitios de interés.

4. Lleva _____ detallados de los caminos que debes seguir y de los pueblos por los que vas a pasar.

5. No hay que llenar la _____ con objetos innecesarios o que se puedan comprar en el Camino, así podrás caminar más ligero.

6. Utiliza un _____ adecuado para caminar y que sea cómodo y resistente. No te pongas unas botas nuevas.

7. Lleva un pequeño _____ con los medicamentos básicos de viaje (yodo, tiritas, paracetamol, aspirinas, etc.) y la crema de protección solar.

8. En lugar de dinero en efectivo, utiliza las _____ de crédito. Son más seguras.
   Cuando llegues a Santiago de Compostela, no te olvides de pedir tu Compostela. Es el certificado en latín que acredita que has llegado hasta Santiago por motivos religiosos, espirituales o de búsqueda de uno mismo, y que has realizado un mínimo de 100 km a pie o 200 km en bicicleta. No hagas el Camino como una competición, disfruta de él, de la gente, de los lugares que visites.

EJERCICIO 3

> Los conectores causales más frecuentes en español son *como* [*Como* + CAUSA, CONSECUENCIA] y *porque* [CONSECUENCIA + *porque* + CAUSA].

Lee estas frases y subraya las expresiones temporales. Después, completa con un tiempo de pasado.

a. Hace una semana _____ (*comprarse, yo*) estos pantalones porque me _____ (*gustar*) y _____ (*ser*) baratos.

b. Esta mañana como _____ (*estar, yo*) mareado y _____ (*tener*) fiebre, no _____ (*poder*) ir al trabajo.

c. Anteayer como _____ (*llevar, él*) poco dinero, _____ (*tener*) que pagar con la tarjeta en el supermercado.

d. El sábado _____ (*marcharse, ella*) de la fiesta porque _____ (*enfadarse*) con Carla.

e. Esta semana no _____ (*hacer, nosotros*) los deberes de español porque no _____ (*tener*) tiempo.

f. Hoy como no _____ (*sonar*) su despertador, _____ (*dormirse*) y _____ (*llegar*) tarde a clase.

EJERCICIO 4

Relaciona las frases de las dos columnas y complétalas con un tiempo de pasado. Observa que los conectores *por eso* y *así que* introducen la consecuencia.

Anoche me acosté un poco tarde y dormí pocas horas, por eso esta mañana me he dormido en clase y el profesor se ha enfadado conmigo.

a. De joven _____ (*hacer, tú*) bastante deporte y no _____ (*comer*) mucho, así que...

b. La otra noche la carretera _____ (*estar*) helada y Raquel _____ (*conducir*) demasiado deprisa, por eso...

c. Hace un rato _____ (*estar, yo*) muerta de sed y _____ (*tener*) mucho calor, así que...

d. Anoche _____ (*acostarse, yo*) un poco tarde y _____ (*dormir*) pocas horas, por eso...

e. El año pasado _____ (*estar, él*) cansado de su trabajo porque _____ (*ganar*) poco y _____ (*trabajar*) muchas horas, así que...

f. El domingo _____ (*llover*) y _____ (*hacer*) mucho viento, por eso...

1. esta mañana _____ (*dormirse*) en clase y el profesor _____ (*enfadarse*) conmigo.

2. _____ (*decidir*) cambiar de empleo.

3. el coche _____ (*patinar*) y _____ (*chocar*) contra un árbol.

4. _____ (*quedarse, yo*) toda la tarde en casa viendo la tele.

5. _____ (*estar*) bastante delgado.

6. _____ (*encender*) el aire acondicionado y _____ (*tomarse*) una cerveza muy fría.

EJERCICIO 5

¿Imperfecto o perfecto? Observa si las acciones en negrita se presentan en desarrollo o si se han terminado. Marca la continuación más adecuada para cada frase.

a. *Alguien me ha llamado por teléfono cuando* **me duchaba**...

b. *Cuando* **me he duchado,** *he llamado a Rosa*...

- [b] 1. *desde el teléfono del salón.*
- [a] 2. *por eso no he podido contestar.*

c. Cuando **preparaba el café** ha llegado mi compañera de piso...

d. Cuando **he preparado el café** y he cortado un trozo de tarta...

- [ ] 1. me he sentado para desayunar.
- [ ] 2. así que he puesto un poco más de café para preparar dos tazas.

e. **He escuchado las noticias** por la radio en el baño y después he desayunado mientras leía el periódico.

f. Cuando **escuchaba las noticias** por la radio, se ha interrumpido la emisión.

- [ ] 1. Me gusta estar informada.
- [ ] 2. No he podido escuchar la información deportiva.

g. **Bajaba por la escalera** cuando me he encontrado con mi vecino que subía.

h. **He bajado por la escalera** porque el ascensor estaba averiado.

- [ ] 1. Como llevaba muchas bolsas del supermercado, le he ayudado a subirlas.
- [ ] 2. ¡He tardado más de cinco minutos porque vivo en la planta 12!

i. **Cuando corría por el parque**, ha empezado a llover y he vuelto a casa corriendo.

j. **He corrido por el parque** y cuando he vuelto a casa, ha empezado a llover.

- [ ] 1. Por suerte no me he mojado.
- [ ] 2. Total que he llegado completamente mojado.

EJERCICIO 6

¿Imperfecto o indefinido? Observa si las acciones en negrita se presentan en desarrollo o si se han terminado, si presentan una sola acción o una acción habitual. Marca la continuación más adecuada para cada frase.

a. Cuando **salía de casa** me di cuenta de que estaba lloviendo y cogí el paraguas.

b. Cuando **salí de casa** me di cuenta de que estaba lloviendo.

[a] 1. Antes de salir de casa, también me puse unas botas de agua.

[b] 2. No tenía tiempo de volver a buscar el paraguas, así que me compré uno por el camino.

---

c. Cuando **llegaba a la piscina**, se me pinchó una rueda de la bici.

d. Cuando **llegué a la piscina**, se me pinchó una rueda de la bici.

[ ] 1. Tuve que parar para arreglarla y, al final, no fui a la piscina y no me bañé.

[ ] 2. Estuve toda la tarde bañándome, pero luego tuve que volver a pie.

---

e. Cuando **hacía la comida**, vio que no tenía aceite y fue a comprar...

f. Cuando **hizo** la comida, llamó al resto de la familia...

[ ] 1. y comieron todos juntos.

[ ] 2. pero el súper estaba cerrado y tuvo que cocinar con mantequilla.

---

g. De niño, cuando **iba a la playa**, me pasaba todo el tiempo jugando.

h. El domingo cuando **fui a la playa**, me pasé todo el tiempo tomado el sol.

[ ] 1. Mis padres decían que no descansaba nunca.

[ ] 2. Quiero estar muy moreno.

EJERCICIO 7

Aquí tienes la primera parte de un cuento. Primero lee todo el texto para comprender las ideas principales de la historia. A continuación subraya las expresiones temporales y elige los verbos correctos.

El lobo, las cabritas y...

Érase una vez, hace muchos años, un pequeño rebaño de cabras que (1) **vivió / vivía** en las montañas. Su vida (2) **era / fue** tranquila. Todas las mañanas un pastor con su perro las (3) **llevaba / ha llevado** por las montañas para buscar su alimento. La cabra más vieja se (4) **ha sentido / sentía** feliz de tener una vejez sin problemas. En cambio, las cabras más jóvenes (5) **pensaban / pensaron** que esa vida (6) **fue / era** aburrida y monótona.

De repente, una noche, todo (7) **ha cambiado / cambió**. Un lobo solitario (8) **atacó / atacaba** al rebaño y (9) **mató / ha matado** a una cabrita. Al día siguiente las cabras (10) **estuvieron / estaban** tristes y asustadas. Una semana después el lobo (11) **volvió / ha vuelto** a atacar y (12) **se comía / se comió** a dos cabras. Sus compañeras (13) **han tenido / tenían** miedo, por eso (14) **han hablado / hablaron** con el perro y le (15) **pidieron / han pedido** más protección. Cinco días más tarde, el lobo (16) **atacó / atacaba** otra vez y (17) **ha matado / mató** a tres cabritas y al perro. Al día siguiente todas (18) **han estado / estaban** muertas de miedo.

Como el problema (19) **era / ha sido** realmente grave, la vieja cabra (20) **ha reunido / reunió** a sus compañeras y les (21) **preguntó / preguntaba** si tenían una solución. Una joven cabrita blanca (22) **ha respondido / respondió**:

◆ Yo sé cómo solucionar el problema con el lobo, pero antes tengo que hablar con el pastor.
Entonces la cabrita blanca (23) **fue / iba** a hablar con el pastor.

◆ Pastor, yo puedo solucionar el problema con el lobo si me das dinero, ropa elegante y me dejas tu coche. –le (24) **dijo / ha dicho** la cabrita.
Primero el pastor (25) **pensó / ha pensado** que el lobo solitario (26) **fue / era** fuerte y rápido mientras que la cabrita (27) **fue / era** pequeña y débil, pero también (28) **fue / era** muy lista y valiente. Al final, el pastor (29) **ha aceptado / aceptó** y le (30) **dio / ha dado** todas las cosas que ella le pedía. Entonces la cabrita blanca (31) **volvía / volvió** con sus compañeras.

EJERCICIO 8

¿Qué crees que hizo la cabrita con el dinero, la ropa y el coche? Para conocer el final del cuento, lee todo el texto y sabrás cómo termina la historia. Después subraya las expresiones temporales y completa con la forma verbal adecuada.

Unos días después, cuando el lobo regresó, todas las cabras (1) _____ (huir) excepto la más joven, que (2) _____ (ir) hacia él y le (3) _____ (hablar) sin miedo:

◆ Señor Lobo, ¿verdad que hoy no (4) _____ (comer) y tiene usted el estómago vacío?

▼ Tienes razón, por eso (5) _____ (venir). Y veo que no necesito correr mucho porque tú vas a ser mi comida.

◆ No, señor Lobo, yo no soy tan tonta. No (6) _____ (venir) aquí para ser su comida. Quiero proponerle algo mejor que la carne de una cabrita. ¿Por qué no viene conmigo y se come la mejor comida de su vida?
El lobo (7) _____ (estar) sorprendido, pero (8) _____ (aceptar) la propuesta de la joven cabra. Ella lo (9) _____ (llevar) en el coche del pastor al mejor restaurante de la ciudad. ¡El lobo (10) _____ (estar) muy contento! (11) _____ (pedir) los platos más caros y (12) _____ (comer) muchísimo. Aquella noche y muchas noches más todas las cabras (13) _____ (estar) tranquilas porque el lobo (14) _____ (quedarse) en el bosque y no (15) _____ (acercarse) al rebaño.
Un mes después el lobo (16) _____ (volver) a las montañas. Otra vez todas las cabras (17) _____ (estar) muy asustadas y le (18) _____ (pedir) a la más joven una solución. Ella les (19) _____ (decir):

◆ Si queréis una solución, tenéis que darme todo vuestro dinero para vencer al lobo.
Con todo el dinero la cabrita blanca (20) _____ (irse) para hablar de nuevo con el lobo. Pasó un día, pasaron dos, tres... Las cabras (21) _____ (estar) preocupadas por la más joven. Por fin la cabrita (22) _____ (volver), (23) _____ (estar) contenta y (24) _____ (sonreír) feliz. La vieja cabra le (25) _____ (preguntar):

■ ¿Estás bien? ¿Qué ha pasado con el lobo?

◆ Si quieres saberlo, ven conmigo al bosque.

▼ ¿Estás loca? Ir al bosque es muy peligroso porque allí está el lobo...

◆ No, no, ahora no hay peligro. Seguro que no nos va a molestar nunca más.
Sin hacer ruido, las dos cabras (26) _____ (llegar) junto al bosque de donde (27) _____ (salir) una potente luz. Allí (28) _____ (estar) el terrible lobo, sentado sobre una gran piedra: (29) _____ (estar) comiendo palomitas mientras (30) _____ (ver) su programa favorito en el televisor que le había regalado la joven cabrita.
Y colorín, colorado, este cuento se ha acabado.

Adaptado de El Lobo, la Cabra y la Tele..., de Philippe Dorin

Conjugación
Transcripciones
Claves

Conjugación

1. PRESENTE DE INDICATIVO

A. Formas regulares

[Personas]	-ar → hablAR	-er → comER	-ir → vivIR	-ar → levantARSE	gustar
yo	habl+**o**	com+**o**	viv+**o**	**Me** levant+**o**	**Me** gusta/**n**
tú	habl+**as**	com+**es**	viv+**es**	**Te** levant+**as**	**Te** gusta/**n**
él / ella / usted	habl+**a**	com+**e**	viv+**e**	**Se** levant+**a**	**Le** gusta/**n**
nosotros/as	habl+**amos**	com+**emos**	viv+**imos**	**Nos** levant+**amos**	**Nos** gusta/**n**
vosotros/as	habl+**áis**	com+**éis**	viv+**ís**	**Os** levant+**áis**	**Os** gusta/**n**
ellos / ellas / ustedes	habl+**an**	com+**en**	viv+**en**	**Se** levant+**an**	**Les** gusta/**n**

B. Formas irregulares (I): verbos con alteraciones vocálicas

-e- → -ie-		-o- → -ue-		-u- → -ue-	-e- → -i-	
querer	**cerrar**	**poder**	**costar**	**jugar**	**pedir**	**competir**
	comenzar		**doler**			**pedir**
qu**ie**ro	**empezar**	p**ue**do	**dormir**	j**ue**go	p**i**do	**reír**
qu**ie**res	**entender**	p**ue**des	**encontrar**	j**ue**gas	p**i**des	**repetir**
qu**ie**re	**pensar**	p**ue**de	**morir**	j**ue**ga	p**i**de	**seguir**
queremos	**perder**	podemos	**poder**	jugamos	pedimos	**sonreír**
queréis	**preferir**	podéis	**recordar**	jugáis	pedís	**vestirse**
qu**ie**ren	**querer**	p**ue**den	**acordarse**	j**ue**gan	p**i**den	(...)
	sentarse		**volar**			
	sentir		**volver**			
	divertirse		**acostarse**			
	(...)		(...)			

C. Formas irregulares (II): verbos con la primera persona irregular

-g-	-ecer, -ocer, -ucir → -zco	otros
Hacer: ha**g**o, haces, hace...	**Parecer:** me pare**zco**, te pareces, se parece...	**Caber: quepo**, cabes, cabe...
Poner: pon**g**o, pones, pone...	**Conocer:** cono**zco**, conoces, conoce...	**Dar: doy**, das, da...
Salir: sal**g**o, sales, sale...	**Conducir:** condu**zco**, conduces, conduce...	**Saber: sé**, sabes, sabe...
Traer: trai**g**o, traes, trae...	**Traducir:** tradu**zco**, traduces, traduce...	(...)
Valer: val**g**o, vales, vale...	(...)	
Caer: me cai**g**o, te caes, ... (...)		

D. Formas irregulares (III): verbos totalmente irregulares

ir	ser	haber
voy	soy	he
vas	eres	has
va	es	ha / hay
vamos	somos	hemos
vais	sois	habéis
van	son	han

Ejercicio 1 Escribe la persona en la que están conjugados estos verbos, y su infinitivo, como en el ejemplo.

1. entiendo: _yo, entender_
2. soy: _____
3. estáis: _____
4. te llamas: _____
5. vivís: _____
6. se acuesta: _____
7. repetimos: _____
8. preferís: _____
9. puede: _____
10. vamos: _____
11. te vistes: _____
12. salgo: _____
13. conocen: _____
14. traigo: _____

Ejercicio 2 Conjuga en presente de indicativo los siguientes verbos.

1. calentar, tú: _____
2. esperar, tú: _____
3. domir, usted: _____
4. mentir, tú: _____
5. jugar, ellas: _____
6. poner, ella: _____
7. preferir, vosotras: _____
8. salir, yo: _____
9. llevar, vosotras: _____
10. traer, yo: _____
11. sentarse, yo: _____
12. mover, ustedes: _____
13. divertirse, él: _____
14. vestirse, él: _____
15. despedirse, él: _____
16. oír, yo: _____
17. despertarse, tú: _____
18. entender, ustedes: _____
19. acordarse, usted: _____
20. servir, ella: _____

Ejercicio 3 Clasifica los infinitivos según su irregularidad vocálica en presente de indicativo.

> cerrar • elegir • comenzar • seguir • sentarse • reír • entender • vestirse • preferir • encontrar
> volver • recordar • repetir • medir • despertarse • acostarse • perder • pensar • sentir
> morir • corregir • almorzar • merendar • jugar • poder

-e- → -ie-	-o- → -ue-	-u- → -ue-	-e- → -i-

Conjugación

2. PRETÉRITO IMPERFECTO

A. Formas regulares

[Personas]	-ar → hablAR	-er → comER	-ir → vivIR	-arse → levantARSE	gustar
yo	habl+aba	com+ía	viv+ía	Me levant+aba	Me gustaba/aban
tú	habl+abas	com+ías	viv+ías	Te levant+abas	Te gustaba/aban
él / ella / usted	habl+aba	com+ía	viv+ía	Se levant+aba	Le gustaba/aban
nosotros/as	habl+ábamos	com+íamos	viv+íamos	Nos levant+abamos	Nos gustaba/aban
vosotros/as	habl+abais	com+íais	viv+íais	Os levant+ábais	Os gustaba/aban
ellos / ellas / ustedes	habl+aban	com+ían	viv+ían	Se levant+aban	Les gustaba/aban

B. Formas irregulares

ser	ver	ir
era	veía	iba
eras	veías	ibas
era	veía	iba
éramos	veíamos	íbamos
erais	veíais	ibais
eran	veían	iban

Ejercicio 4 Clasifica los verbos según su imperfecto, como en el ejemplo.

tener • vestirse • salir • dormir • ducharse • bajar • escribir • llover
levantarse • leer • decir • vivir • cerrar • romper • despedirse

-ABA	-ÍA
	tener - tenía

Ejercicio 5 Conjuga en pretérito imperfecto de indicativo los siguientes verbos.

1. pensar, yo: _____
2. divertirse, tú: _____
3. ser, usted: _____
4. ver, nosotros: _____
5. poner, ellos: _____
6. decir, ustedes: _____
7. salir, ella: _____
8. ir, vosotras: _____
9. peinarse, yo: _____
10. hablar, tú: _____

3. PRETÉRITO PERFECTO

A. Se forma con el presente del verbo HABER y el participio del verbo.

[Personas]	Presente de HABER	Participio regular -ar → ADO -er → IDO -ir → IDO	levant**ARSE**	gustar
yo	he		Me he levant**ado**	Me ha/n gust**ado**
tú	has		Te has levant**ado**	Te ha/n gust**ado**
él / ella / usted	ha +	habl**ado** / com**ido** / viv**ido**	Se ha levant**ado**	Le ha/n gust**ado**
nosotros/as	hemos		Nos hemos levant**ado**	Nos ha/n gust**ado**
vosotros/as	habéis		Os habéis levant**ado**	Os ha/n gust**ado**
ellos / ellas / ustedes	han		Se han levant**ado**	Les ha/n gust**ado**

B. Participios irregulares (también sus compuestos)

Hacer: **hecho**	Decir: **dicho**	Romper: **roto**
Cubrir: **cubierto**	Morir: **muerto**	Resolver: **resuelto**
Ver: **visto**	Abrir: **abierto**	Poner: **puesto**
Volver: **vuelto**	Escribir: **escrito**	Componer: **compuesto** (...)

Ejercicio 6 Clasifica las formas del participio según la terminación del infinitivo, como en el ejemplo.

bebido • compartido • observado • ido • comprado • ajustado • leído • encendido
vivido • venido • cogido • habido • subido • cambiado • conocido

-AR	-ER	-IR
	bebido - beber	

Ejercicio 7 Subraya el participio irregular que hay en cada línea, como en el ejemplo.

1. cantado, vivido, <u>hecho</u>, salido, estado
2. ido, sido, comido, tenido, escrito
3. visto, dormido, levantado, repetido, jugado
4. cubierto, oído, esperado, preferido, pagado
5. vendido, querido, vuelto, necesitado, probado

Ejercicio 8 Forma el pretérito perfecto de los siguientes verbos.

1. apagar, yo: _____
2. sentarse, nosotras: _____
3. llevar, él: _____
4. volver, ellos: _____
5. abrir, tú: _____
6. decir, yo: _____
7. romper, vosotras: _____
8. morir, ellas: _____
9. envolver, vosotros: _____
10. componer, usted: _____
11. rehacer, tú: _____
12. gustar (a ellos, la película): _____
13. proponer, tú: _____
14. encender, usted: _____
15. quedarse, ella: _____
16. preferir, yo: _____
17. gustar (a mí, las películas): _____
18. traer, ella: _____
19. cubrir, nosotros: _____
20. vestirse, ella: _____

Conjugación

4. PRETÉRITO INDEFINIDO

A. Formas regulares

[Personas]	-ar → hablAR	-er → comER	-ir → vivIR	-arse → levantARSE	gustar
yo	habl+**é**	com+**í**	viv+**í**	**Me** levant**é**	**Me** gust**ó**/gust**aron**
tú	habl+**aste**	com+**iste**	viv+**iste**	**Te** levant**aste**	**Te** gust**ó**/gust**aron**
él / ella / usted	habl+**ó**	com+**ió**	viv+**ió**	**Se** levant**ó**	**Le** gust**ó**/gust**aron**
nosotros/as	habl+**amos**	com+**imos**	viv+**imos**	**Nos** levant**amos**	**Nos** gust**ó**/gust**aron**
vosotros/as	habl+**asteis**	com+**isteis**	viv+**isteis**	**Os** levant**asteis**	**Os** gust**ó**/gust**aron**
ellos / ellas / ustedes	habl+**aron**	com+**ieron**	viv+**ieron**	**Se** levant**aron**	**Les** gust**ó**/gust**aron**

• Los verbos **-er**, **-ir** que tienen dos vocales seguidas en la terminación del infinitivo (*leer, construir, creer*, etc.), cambian la **-i-** de la tercera persona a **-y-**.

Leer: leí, leíste, le**y**ó, leímos, leísteis, le**y**eron.
Construir: construí, construiste, constru**y**ó, construimos, construisteis, constru**y**eron.
Creer: creí, creíste, cre**y**ó, creímos, creísteis, cre**y**eron.

B. Formas irregulares (I): verbos con cambio de raíz

andar (**anduv**-)	tra**ducir** (**traduj**-)*
estar (**estuv**-)	con**ducir** (**conduj**-)*
tener (**tuv**-)	hacer (**hic**-/**z**-)**
haber (**hub**-)	decir (**dij**-)*
saber (**sup**-)	querer (**quis**-)
caber (**cup**-)	venir (**vin**-)
poner (**pus**-)	traer (**traj**-)*
poder (**pud**-)	

* Las raíces con **J** no añaden **I** en la terminación de la 3ª persona del plural:
dij**ERON**, traduj**ERON**, traj**ERON**.

** Recuerda: **C** delante de **e, i**,
  Z delante de **a, e, o**
  H**I**c**E**, hic**I**ST**E**, hiz**O**.

• Los verbos *ir*, **ser** y **dar** tienen formas especiales para el pretérito indefinido.

ir/ser	dar
fui	di
fuiste	diste
fue	dio
fuimos	dimos
fuisteis	disteis
fueron	dieron

• Terminaciones:
  -e, -iste, -o, -imos, -isteis, ieron (j + eron).

C. Formas irregulares (II): verbos con alteraciones vocálicas

S**E**NTIR / P**E**DIR (3ª p. s. y pl.: **e →i** : s**i**ntió – s**i**ntieron / p**i**dió – p**i**dieron).
el**e**gir, m**e**ntir, pref**e**rir, s**e**guir, v**e**stirse...
D**O**RMIR / M**O**RIR (3ª p. s. y pl.: **o →u** : d**u**rmió – d**u**rmieron / m**u**rió – m**u**rieron)

D. Verbos con cambios ortográficos

[-**G**-] / [-**GU**-] LLE**G**AR: lle**gu**é, lle**g**aste, lle**g**ó, lle**g**amos, lle**g**asteis, lle**g**aron / ENTRE**G**AR, PA**G**AR (...)

[-**C**-] / [-**QU**-] SA**C**AR: sa**qu**é, sa**c**aste, sa**c**ó, sa**c**amos, sa**c**asteis, sa**c**aron / BUS**C**AR, EXPLI**C**AR (...)

[-**Z**-] / [-**C**-] CA**Z**AR: ca**c**é, ca**z**aste, ca**z**ó, ca**z**amos, ca**z**asteis, ca**z**aron / EMPE**Z**AR, ANALI**Z**AR (...)

Ejercicio 9 Clasifica los verbos según su indefinido, como en los ejemplos.

> hablar • conocer • salir • leer • dormir • levantarse • construir • llegar • caerse
> recordar • beber • vestirse • responder • vivir

-é/-aste/-ó/-amos/-asteis/-aron	-í /-iste/-ió /-imos /-isteis/-ieron	-í /-iste/-yó /-imos /-isteis/-yeron
hablar	*conocer*	*leer*

Ejercicio 10 Conjuga en pretérito indefinido los siguientes verbos.

1. gustar (a vosotros, la novela): _____
2. llevar, vosotros: _____
3. volver, ustedes: _____
4. romper, usted: _____
5. gustar (a ella, los libros): _____

6. encender, ellos: _____
7. encontrar, tú: _____
8. cubrir, nosotras: _____
9. escribir, yo: _____
10. despertarse, nosotros: _____

Ejercicio 11 Conjuga en pretérito indefinido los siguientes verbos.

1. querer, yo: _____
2. decir, ellas: _____
3. estar, ella: _____
4. dar, vosotros: _____
5. ser, (tú): _____

6. proponer, tú: _____
7. tener, usted: _____
8. traer, nosotras: _____
9. saber, ustedes: _____
10. hacer, nosotros: _____

Ejercicio 12 Tacha la opción incorrecta.

1. buscar: busqué / busçé
2. apagar: apagé / apagué
3. empezar: empecé / empezé

4. explicar: explicé / expliqué
5. jugar: jugué / jugé
6. practicar: practicé / practiqué

5. FUTURO SIMPLE

A. Formas regulares

[Personas]	-ar → hablAR	-er → comER	-ir → vivIR	-arse → levantARSE	gustar
yo	hablar+**é**	comer+**é**	vivir+**é**	**Me** levantar**é**	**Me** gustar**á**/**án**
tú	hablar+**ás**	comer+**ás**	vivir+**ás**	**Te** levantar**ás**	**Te** gustar**á**/**án**
él / ella / usted	hablar+**á**	comer+**á**	vivir+**á**	**Se** levantar**á**	**Le** gustar**á**/**án**
nosotros/as	hablar+**emos**	comer+**emos**	vivir+**emos**	**Nos** levantar**emos**	**Nos** gustar**á**/**án**
vosotros/as	hablar+**éis**	comer+**éis**	vivir+**éis**	**Os** levantar**éis**	**Os** gustar**á**/**án**
ellos / ellas / ustedes	hablar+**án**	comer+**án**	vivir+**án**	**Se** levantar**án**	**Les** gustar**á**/**án**

Conjugación

B. Formas irregulares

• Algunos verbos tienen una raíz irregular para construir el futuro:

hacer: **har-** / decir: **dir-** / haber: **habr-** / querer: **querr-** / caber: **cabr-** / saber: **sabr-** / poder: **podr-**
poner: **pondr-** / tener: **tendr-** / valer: **valdr-** / salir: **saldr-** / venir: **vendr-**

• Los verbos derivados correspondientes tienen la misma raíz:

Des**hacer** → des**haré**
Com**poner** → com**pondré**
Re**hacer** → re**haré**
Sos**tener** → sos**tendré**

Ejercicio 13 Conjuga en futuro los siguientes verbos en las personas singular y plural, como en el ejemplo.

1. dormir, yo / nosotros: _dormiré / dormiremos_
2. leer, tú / vosotros: _____
3. volver, usted / ustedes: _____
4. estudiar, yo / nosotras: _____
5. responder, tú / vosotras: _____
6. quedarse, él / ellos: _____
7. estar, usted / ustedes: _____
8. escribir, yo / nosotros: _____
9. lavarse, tú / vosotros: _____
10. seguir, él / ellas: _____

Ejercicio 14 Conjuga en futuro los siguientes verbos.

1. decir, yo: _____
2. caber, usted: _____
3. poder, vosotros: _____
4. hacer, ellas: _____
5. tener, ustedes: _____
6. querer, yo: _____
7. saber, tú: _____
8. poner, vosotros: _____
9. haber, ella: _____
10. salir, él: _____

6. CONDICIONAL SIMPLE

A. Formas regulares

[Personas]	-ar → hablAR	-er → comER	-ir → vivIR	-arse → levantARSE	gustar
yo	hablar+**ía**	comer+**ía**	vivir+ **ía**	**Me** levantaría	**Me** gustaría/ían
tú	hablar+**ías**	comer+**ías**	vivir+**ías**	**Te** levantarías	**Te** gustaría/ían
él / ella / usted	hablar+**ía**	comer+**ía**	vivir+**ía**	**Se** levantaría	**Le** gustaría/ían
nosotros/as	hablar+**íamos**	comer+**íamos**	vivir+**íamos**	**Nos** levantaríamos	**Nos** gustaría/ían
vosotros/as	hablar+**íais**	comer+**íais**	vivir+**íais**	**Os** levantaríais	**Os** gustaría/ían
ellos / ellas / ustedes	hablar+**ían**	comer+**ían**	vivir+**ían**	**Se** levantarían	**Les** gustaría/ían

B. Formas irregulares

• Los verbos que tienen una forma irregular en futuro simple también son irregulares en condicional simple.

HACER → **haré** → **haría**
QUERER → **querré** → **querría**
PONER → **pondré** → **pondría**
(...)

Ejercicio 15 Conjuga en futuro y en condicional los siguientes verbos, como en el ejemplo.

1. estar, tú: _____ *estarás, estarías* _____
2. beber, vosotras: _____
3. salir, ella: _____
4. venir, ellas: _____
5. poder, usted: _____
6. sorprenderse, yo: _____
7. querer, yo: _____

8. hacer, tú: _____
9. acostarse, él: _____
10. decir, yo: _____
11. vivir, ustedes: _____
12. gustar (a ellos, la fiesta): _____
13. saber, nosotros: _____
14. proponer, ella: _____

7. PRESENTE DE SUBJUNTIVO

A. Formas regulares

[Personas]	-ar → hablAR	-er → comER	-ir → vivIR	-arse → levantARSE	gustar
yo	habl+**e**	com+**a**	viv+**a**	**Me** levant+**e**	**Me** gust**e**/**en**
tú	habl+**es**	com+**as**	viv+**as**	**Te** levant+**es**	**Te** gust**e**/**en**
él / ella / usted	habl+**e**	com+**a**	viv+**a**	**Se** levant+**e**	**Le** gust**e**/**en**
nosotros/as	habl+**emos**	com+**amos**	viv+**amos**	**Nos** levant+**emos**	**Nos** gust**e**/**en**
vosotros/as	habl+**éis**	com+**áis**	viv+**áis**	**Os** levant+**éis**	**Os** gust**e**/**en**
ellos / ellas / ustedes	habl+**en**	com+**an**	viv+**an**	**Se** levant+**en**	**Les** gust**e**/**en**

B. Formas irregulares (I): verbos con alteraciones vocálicas

- Los verbos en **-ar** y en **-er** o **-ir** que sufren alteraciones vocálicas (**e/ie; o/ue; e/i**) en presente de indicativo, presentan las mismas alteraciones en presente de subjuntivo.

Presente de indicativo	Presente de subjuntivo
vuelv+o	**vuelv+a**
vuelv+es	**vuelv+as**
vuelv+e →	**vuelv+a**
volv+emos	volv+amos
volv+éis	volv+áis
vuelv+en	**vuelv+an**

- Además, todos los verbos en **-ir** con estas alteraciones cambian la **e** en **i**, y la **o** en **u** en la primera y segunda personas del plural (**nosotros** y **vosotros**).

Presente de indicativo	Presente de subjuntivo	Presente de indicativo	Presente de subjuntivo	Presente de indicativo	Presente de subjuntivo
sient+o	**sient+a**	**pid+o**	**pid+a**	**duerm+o**	**duerm+a**
sient+es	**sient+as**	**pid+es**	**pid+as**	**duerm+es**	**duerm+as**
sient+e	**sient+a**	**pid+e**	**pid+a**	**duerm+e**	**duerm+a**
s**e**nt+imos	s**i**nt+amos	p**e**d+imos	pid+amos	d**o**rm+imos	d**u**rm+amos
s**e**nt+ís	s**i**nt+áis	p**e**d+ís	pid+áis	d**o**rm+ís	d**u**rm+áis
sient+en	**sient+an**	**pid+en**	**pid+an**	**duerm+en**	**duerm+an**

- Otros ejemplos: **arrepentirse, elegir, mentir, morir, preferir, reñir, seguir, teñir, vestir (...)**

Conjugación

C. Formas irregulares (II): verbos con la primera persona irregular

Presente de indicativo	Presente de subjuntivo	Presente de indicativo	Presente de subjuntivo
hag+o →	hag+a	conozc+o →	conozc+a
haces	hag+as	conoces	conozc+as
hace	hag+a	conoce	conozc+a
hacemos	hag+amos	conocemos	conozc+amos
hacéis	hag+áis	conocéis	conozc+áis
hacen	hag+an	conocen	conozc+an

D. Formas irregulares (III): otros verbos

Ser	Ver	Haber	Ir	Saber	Estar
sea	vea	haya	vaya	sepa	esté
seas	veas	hayas	vayas	sepas	estés
sea	vea	haya	vaya	sepa	esté
seamos	veamos	hayamos	vayamos	sepamos	estemos
seáis	veáis	hayáis	vayáis	sepáis	estéis
sean	vean	hayan	vayan	sepan	estén

Ejercicio 16 Escribe el tiempo verbal en el que aparecen estos verbos (presente de indicativo o presente de subjuntivo), como en el ejemplo.

1. come: _presente de indicativo_
2. canten: _____
3. ande: _____
4. responda: _____
5. saltan: _____

6. juegan: _____
7. limpie: _____
8. abran: _____
9. quiera: _____
10. vuelves: _____

Ejercicio 17 Conjuga en presente de indicativo (persona *yo*) y en presente de subjuntivo los siguientes verbos.

	Presente de indicativo	Presente de subjuntivo
1. empezar		
2. pensar		
3. querer		
4. entender		
5. preferir		
6. sentarse		
7. poder		
8. recordar		
9. encontrar		
10. jugar		
11. pedir		
12. seguir		
13. repetir		
14. vestirse		

Ejercicio 18 Conjuga en presente de indicativo (persona *yo*) y en presente de subjuntivo los siguientes verbos.

	Presente de indicativo	Presente de subjuntivo
1. decir		
2. tener		
3. hacer		
4. oír		
5. poner		
6. salir		
7. traer		
8. conducir		
9. traducir		
10. producir		

Ejercicio 19 Conjuga en presente de subjuntivo (persona *yo*) los siguientes verbos.

	Presente de subjuntivo
1. ir	
2. ser	
3. ver	
4. estar	
5. saber	

8. IMPERATIVO

A. Imperativo afirmativo

	-ar → hablAR -arse → levantARSE	-er → lER -erse → movERSE	-ir → escribIR -irse → vestIRSE
tú	habl+**a** levánt+**ate**	le+**e** muév+**ete**	escrib+**e** vist+**ete**
vosotros	habl+**ad** levánt+**aos**	le+**ed** mov+**eos**	escrib+**id** vest+**íos**
usted	habl+**e** levánt+**ese**	le+**a** muév+**ase**	escrib+**a** víst+**ase**
ustedes	habl+**en** levánt+**ense**	le+**an** muév+**anse**	escrib+**an** víst+**anse**

- **La forma *tú*** del imperativo afirmativo coincide con la tercera persona singular del presente de indicativo. Si el verbo es irregular en presente de indicativo, también es irregular en el imperativo de *tú* (*piensa, repite,* etc.).
  Con los verbos reflexivos el pronombre se coloca detrás (*levántate, muévete, vístete*).
  Irregulares propios del imperativo *tú*: *decir – di; hacer – haz; ir – ve; poner – pon; salir – sal; ser – sé; tener – ten; venir – ven.*
  La forma *vosotros* se construye sustituyendo la –*r* del infinitivo por una –*d* (*hablad*). Con los verbos reflexivos, la –*d* desaparece (*moveos*).

Conjugación

• Con **las formas *usted* y *ustedes*** se usa la tercera persona del presente de subjuntivo. Si el verbo es irregular en presente de subjuntivo, también es irregular en el imperativo de *usted* y *ustedes* (*vaya /vayan,* etc.)

B. Imperativo negativo.

• Todas las personas se construyen con formas de presente de subjuntivo. Con los verbos reflexivos el pronombre se coloca delante (*no **te** levantes, no **se** levante, no **os** levantéis, no **se** levanten*).

La forma *tú:* idéntica a la segunda persona singular del presente de subjuntivo.
La forma *vosotros/as:* idéntica a la segunda persona plural del presente de subjuntivo.
Las formas *usted* y *ustedes:* idéntica a la tercera persona singular y plural del presente de subjuntivo.

Ejercicio 20 **Conjuga en imperativo afirmativo los siguientes verbos, como en el ejemplo.**

	tú	usted	vosotros	ustedes
1. bailar	*baila*	*baile*	*bailad*	*bailen*
2. beber				
3. dormir				
4. sentarse				
5. esperar				
6. levantarse				
7. repetir				
8. escribir				

Ejercicio 21 **Conjuga en imperativo afirmativo los siguientes verbos.**

1. pensar (usted): _____
2. marcharse (vosotros): _____
3. poner (tú): _____
4. salir (tú): _____

5. tener (ustedes): _____
6. irse (usted): _____
7. decir (usted): _____
8. venir (ustedes): _____

Ejercicio 22 **Forma el imperativo negativo de los siguientes verbos, en la misma persona en que aparece el afirmativo, como en el ejemplo.**

Imperativo afirmativo	Imperativo negativo
1. canta (tú)	*no cantes (tú)*
2. beban	
3. sal	
4. haz	
5. digan	
6. siéntate	
7. marchaos	
8. repite	
9. ven	
10. poned	
11. bailen	
12. tengan	
13. pasa	
14. péinate	
15. siéntese	

10. GERUNDIO

A. Formas regulares.

-ar → hablar	-er → comer	-ir → vivir
habl+**ando**	com+**iendo**	viv+**iendo**

B. Formas irregulares.

- Si la raíz del verbo termina en vocal, la terminación -**iendo** pasa a ser -**yendo**.

  LEER: leyendo
  IR: yendo
  CONSTRUIR: construyendo
  (...)

- Los verbos que terminan en -**ir** que tienen una -**e**- o una -**o**- en la última sílaba de la raíz (**e...ir, o...ir**) tienen una forma irregular: cambian la vocal (**e**- → **i, o**- → **u**).

e— → i		o— → u	
infinitivo	gerundio	infinitivo	gerundio
s**e**ntir	s**i**ntiendo	m**o**rir	m**u**riendo
p**e**dir	p**i**diendo	d**o**rmir	d**u**rmiendo

Ejercicio 23 Forma el gerundio de los siguientes verbos.

1. hablar: _____
2. decir: _____
3. comer: _____
4. dormir: _____
5. levantar: _____
6. repetir: _____
7. beber: _____

8. morir: _____
9. conocer: _____
10. convertir: _____
11. salir: _____
12. seguir: _____
13. traducir: _____
14. volver: _____

Clave

Ejercicio 1
1. yo, entender **2.** yo, ser **3.** vosotros, estar **4.** tú, llamarse
5. vosotros, vivir **6.** él/usted, acostarse **7.** nosotros, repetir
8. vosotros, preferir **9.** él/usted, poder **10.** nosotros, ir
11. tú, vestirse **12.** yo, salir **13.** ellos/ustedes, conocer
14. yo, traer.

Ejercicio 2
1. calientas **2.** esperas **3.** duerme **4.** mientes **5.** juegan
6. pone **7.** preferís **8.** salgo **9.** lleváis **10.** traigo **11.** me siento
12. mueven **13.** os divertís **14.** se viste **15.** se despide
16. oigo **17.** te despiertas **18.** entienden **19.** se acuerda.
20. sirve.

Ejercicio 3
-e- → **-ie-:** cerrar, comenzar, sentarse, entender, preferir,
despertarse, perder, pensar, sentir, merendar; **-o-** → **-ue-:**
encontrar, volver, recordar, acostarse, morir, almorzar,
poder; **-u-** → **-ue-:** jugar; **-e-** → **-i-:** elegir, seguir, reír,
vestirse, repetir, medir, corregir.

Ejercicio 4
aba: ducharse, bajar, levantarse, cerrar; **-ía:** tener, vestirse,
salir, dormir, escribir, llover, leer, decir, vivir, romper,
despedirse.

Ejercicio 5
1. pensaba **2.** te divertías **3.** era **4.** veíamos **5.** ponían
6. decían **7.** salía **8.** ibais **9.** me peinaba **10.** hablabas.

Ejercicio 6
-ar: observado, comprado, gustado, cambiado; **-er:** bebido,
leído, encendido, tenido, cogido, habido, conocido;
-ir: compartido, ido, vivido, subido.

Ejercicio 7
1. hecho **2.** escrito **3.** visto **4.** cubierto **5.** vuelto.

Ejercicio 8
1. he apagado **2.** nos hemos sentado **3.** ha llevado
4. han vuelto **5.** has abierto **6.** he dicho **7.** habéis roto
8. han muerto **9.** habéis envuelto **10.** ha compuesto
11. has rehecho **12.** les ha gustado **13.** has propuesto **14.** ha
encendido **15.** se ha quedado **16.** he preferido **17.** me han
gustado **18.** ha traído **19.** hemos cubierto **20.** se ha vestido.

Ejercicio 9
-é/-aste/-ó/-amos/-asteis/-aron: hablar, levantarse,
llegar, recordar; **-í -iste/-ió/-imos/-isteis/-ieron:** conocer,
salir, dormir, beber, vestirse, responder; **-í/-iste/-yó/
-imos/-isteis/-yeron:** leer, construir, caerse.

Ejercicio 10
1. os gustó **2.** llevasteis **3.** volvieron **4.** rompió **5.** le gustaron
6. encendieron **7.** encontraste **8.** cubrimos **9.** escribí
10. nos despertamos.

Ejercicio 11
1. quise **2.** dijeron **3.** estuvo **4.** disteis **5.** fuiste **6.** propusiste
7. tuvo **8.** trajimos **9.** supieron **10.** hicimos.

Ejercicio 12
1. busqué **2.** apagé **3.** empecé **4.** expliqué **5.** jugué **6.** practiqué.

Ejercicio 13
1. dormiré / dormiremos **2.** leerás / leeréis **3.** volverá /
volverán **4.** estudiaré / estudiaremos **5.** responderás /
responderéis **6.** se quedará / se quedarán **7.** estará /
estarán **8.** escribiré / escribiremos **9.** te lavarás / os lavaréis
10. seguirá / seguirán.

Ejercicio 14
1. diré **2.** cabrá **3.** podréis **4.** harán **5.** tendrán **6.** querré
7. sabrás **8.** pondréis **9.** habrá **10.** saldrá.

Ejercicio 15
1. estarás, estarías **2.** beberéis, beberíais **3.** saldrá, saldría
4. vendrán, vendrían **5.** podrá, podría **6.** me sorprenderé,
me sorprendería **7.** querré, querría **8.** harás, harías **9.** se
acostará, se acostaría **10.** diré, diría **11.** vivirán, vivirían
12. les gustará, les gustaría **13.** sabremos, sabríamos
14. propondrá, propondría.

Ejercicio 16
1. pres. indic. **2.** pres. subj. **3.** pres. subj. **4.** pres. subj.
5. pres. indic. **6.** pres. indic. **7.** pres. subj. **8.** pres. subj.
9. pres. subj. **10.** pres. indic.

Ejercicio 17
1. empiezo, empiece **2.** pienso, piense **3.** quiero, quiera
4. entiendo, entienda **5.** prefiero, prefiera **6.** me siento,

me siente **7.** puedo, pueda **8.** recuerdo, recuerde
9. encuentro, encuentre **10.** juego, juegue **11.** pido, pida
12. sigo, siga **13.** repito, repita **14.** me visto, me vista.

Ejercicio 18
1. digo, diga **2.** tengo, tenga **3.** hago, haga **4.** oigo, oiga
5. pongo, ponga **6.** salgo, salga **7.** traigo, traiga
8. conduzco, conduzca **9.** traduzco, traduzca **10.** produzco,
produzca.

Ejercicio 19
1. vaya **2.** sea **3.** vea **4.** esté **5.** sepa.

Ejercicio 20
1. baila, baile, bailen, bailad **2.** bebe, beba, bebed, beban
3. duerme, duerma, dormid, duerman **4.** siéntate, siéntese,
sentaos, siéntense **5.** espera, espere, esperad, esperen
6. levántate, levántese, levantaos, levántense **7.** repite,
repita, repetid, repitan **8.** escribe, escriba, escribid,
escriban.

Ejercicio 21
1. piense **2.** marchaos **3.** pon **4.** sal **5.** tengan **6.** váyase
7. diga **8.** vengan.

Ejercicio 22
1. no cantes **2.** no beban **3.** no salgas **4.** no hagas **5.** no
digan **6.** no te sientes **7.** no os marchéis **8.** no repitas **9.** no
vengas **10.** no pongáis **11.** no bailen **12.** no tengan **13.** no
pases **14.** no te peines **15.** no se siente.

Ejercicio 23
1. hablando **2.** diciendo **3.** comiendo **4.** durmiendo
5. levantando **6.** repitiendo **7.** bebiendo **8.** muriendo
9. conociendo **10.** convirtiendo **11.** saliendo **12.** siguiendo
13. traduciendo **14.** volviendo.

Transcripciones

Unidad 1: Rutinas y costumbres

Textos y pretextos
Ejercicios 2a y 2b

Locutor: ¡Hola! ¡Buenas tardes! Hoy hemos querido dedicar una parte del programa a conocer un poco más de cerca cómo viven los jóvenes universitarios de nuestro país. Por eso, tenemos aquí con nosotros a Alberto y Laura. ¡Buenas tardes! Y bienvenidos a nuestro programa.

Alberto y Laura: ¡Buenas tardes!

Locutor: Bueno, Alberto, cuéntanos cómo es tu día a día.

Alberto: Pues, no muy interesante, la verdad. Tengo clase todos los días, a diferentes horas de la mañana y de la tarde, así que no tengo tiempo para nada más. Bueno, si puedo, voy al gimnasio una o dos veces a la semana, para mantenerme en forma.

Locutor: Y, ¿qué estudias, Alberto?

Alberto: Diseño.

Locutor: ¿Y trabajas?

Alberto: No, de momento no trabajo. Bueno, al menos en lo mío. Los jueves por la tarde suelo colaborar como voluntario en una ONG que ayuda a los inmigrantes a encontrar empleo.

Locutor: Entonces, vives con tus padres, ¿no?

Alberto: No, no. Vivo solo, aquí en Barcelona, en un piso compartido con tres estudiantes más. Es que soy de Tarragona y, claro, no puedo ir y volver cada día.

Locutor: Claro, claro... y, ¿cómo lo haces económicamente?

Alberto: Pues, tengo una beca y, bueno, mis padres también me ayudan un poco.

Locutor: Ya, entiendo. Oye, ¿es cierto que los universitarios salís cualquier día de la semana? No sé, incluso un lunes por la noche.

Alberto: Mmm, bueno, yo, la verdad, no suelo salir entre semana porque voy muy cansado. Pero los sábados sí que me gusta pasar la noche con los amigos de bar en bar hasta las tantas.

Locutor: Y, aparte de salir, ¿tienes otras aficiones?

Alberto: Sí, claro. Me encanta viajar, pero no suelo hacer grandes viajes porque no tengo mucho dinero. Ahora estoy ahorrando para irme de interraíl el próximo verano.

Locutor: Bueno, pues que tengas suerte y que puedas hacer ese viaje en verano.

Vamos a conocer ahora a nuestra otra invitada de hoy, Laura. Hola, Laura, buenas tardes.

Laura: Hola, buenas tardes.

Locutor: Laura, ¿tú también vives en Barcelona?

Laura: Sí, pero yo todavía vivo en casa de mis padres. Con lo que gano aún no puedo pagar un alquiler, pero estoy ahorrando para irme a vivir con mi novio.

Locutor: ¡Ah! Entonces, tú estudias y trabajas.

Laura: No, no, yo ya no estudio, soy licenciada en Biología, pero el año que viene quiero estudiar un máster de Biotecnología Médica.

Locutor: ¿Y tu trabajo está relacionado con la Biología?

Laura: No, no, qué va. De momento solo encuentro trabajos temporales. Trabajo en una tienda de ropa por las mañanas de lunes a sábado. Y los fines de semana, por las noches, en una pizzería.

Locutor: Y... ¿cuándo sales con los amigos?

Laura: Pues, normalmente, salgo los jueves, porque tengo muchos amigos que todavía están estudiando y, ya sabes, los jueves se organizan muchas fiestas para universitarios.

Locutor: Entonces, no tienes mucho tiempo libre, ¿no?

Laura: Bueno, los fines de semana no mucho, pero los otros días sí. Como solo trabajo por la mañana, por las tardes puedo ir de compras, al cine o dar un paseo. De vez en cuando también aprovecho para ir a ver alguna exposición de arte o fotografía. Aunque todo esto se acabará cuando empiece el máster, claro.

Locutor: Bueno, Laura, que tengas suerte con el máster y el piso de alquiler.

Gracias a los dos por venir a nuestro programa, ha sido un placer. Y, ahora, continúa nuestro programa con la nueva propuesta...

Comunicación oral
Ejercicio 1b

1.
- Perdona, ¿puedes decirme dónde están los diccionarios bilingües?
- Sí, mira. Están allí, junto a los libros de lectura en inglés.
- Gracias.

2.
- Perdona, ¿me puedo llevar esta revista?
- Sí, esa se puede llevar en préstamo. ¿Tienes el carné de estudiante?

3.
- Una consulta, ¿puedo renovar el plazo del préstamo una semana más?
- A ver... Sí, no hay ningún problema, nadie lo ha solicitado.

4.
- Una pregunta, ¿hay modelos de examen de alemán?
- Sí, ¿de qué nivel?
- A2.
- Están en aquella estantería del fondo, donde pone "Exámenes oficiales", abajo a la izquierda.
- De acuerdo. Gracias.
- No hay de qué.

5.
- Perdona, ¿dónde tengo que inscribirme para hacer un intercambio de lengua?
- Pues... mira, si me das tus datos personales te pongo en la base de datos y te buscamos a alguien. ¿De dónde eres?
- Soy francesa. Quiero hacer un intercambio francés-español.
- Pues... a ver. ¿Cómo te llamas?
- Christine Duval.
- ¿Christine con ce o con k?
- Christine con ce y con hache y e final.
- ¿Cómo se escribe el apellido?
- De, u, uve, a, ele.
- Vale, ya está, ¿y tu dirección?
- Vivo en el... la calle Diputación 206, piso cuatro, puerta uno.

- De acuerdo, calle Diputación 206, cuarto primera. ¿Me das un teléfono de contacto?
- Sí, tengo un móvil. Es el 608 25 49.
- ¿Y un correo electrónico?
- Sí, cristine, sin hache, arroba, gmail punto com.
- Cristine sin hache, arroba, gmail punto com. Muy bien, y... ¿qué nivel de español tienes?
- Creo que A2.
- Vale, y... ¿qué días puedes hacer el intercambio?
- Hmm... los lunes y los jueves por la tarde. No, no, los lunes no puedo, mejor los miércoles, a partir de las siete.
- Entonces lunes y miércoles a partir de la siete. Vale, pues ya estás en la base de datos. A ver... pues por ahora no me sale nadie que pueda hacer el intercambio, pero no te preocupes, que en unos días ya encontraremos a alguien... Te enviaremos un correo para avisarte y darte la dirección de la persona con la que puedes contactar, ¿de acuerdo?
- Ok, muchas gracias.
- De nada. Que vaya bien.

Ejercicio 2a

¿*Beca* significa *scholarship*?
¿Hay examen oral?
¿Puede darnos bibliografía?
¿Tenemos examen?
¿Hay que comprar algún libro de lectura?
¿Cómo se dice *lost* en español?
¿Para qué sirve el carné de estudiante?
¿Qué diccionario es mejor para la clase?
¿Dónde está la biblioteca?
¿Cuánto cuesta el libro?
¿Cuándo termina el curso?

Ejercicio 2b

1. ¿Puedes hablar más alto, por favor? Es que no se oye.
2. ¿Puedes repetir, por favor?
3. ¿Puedo compartir el libro contigo? Es que he olvidado el mío en casa.
4. ¿Podemos poner el aire acondicionado? Es que aquí hace mucho calor.
5. ¿Me dejas el diccionario?

Ejercicio 2c

1
- ¿Puedes hablar más alto, por favor? Es que no se oye.
- Sí, claro.

2
- ¿Puedes repetir, por favor?
- Sí, a ver...

3
- ¿Puedo compartir el libro contigo? Es que he olvidado el mío en casa.
- Lo siento, es que yo tampoco lo tengo aquí.

4
- ¿Podemos poner el aire acondicionado? Es que aquí hace mucho calor.
- Pues sí, por mí, sí.

5
- ¿Me dejas el diccionario?
- Por supuesto.

UNIDAD 2: ESPACIOS PARA VIVIR

Textos y pretextos
Ejercicios 2c

Fabio nos habla de su piso:
Bueno, el piso está bastante bien. No es nuevo, pero está reformado. Hay dos baños, pero uno está dentro de la habitación de Elena y Sebastián. Por eso, los demás no lo utilizamos mucho. El otro baño no tiene bañera, solo ducha. Mi habitación está enfrente del baño. No es muy grande, no hay mucho espacio, por eso, la cama es individual y sólo hay un armario empotrado y un escritorio pequeño. Lo que más me gusta del piso es el comedor. Es amplio, tiene mucha luz y es muy tranquilo porque da a un jardín comunitario. ¿La cocina? Pues la cocina no es muy espaciosa, la verdad, pero para nosotros está bien. No hay ni horno ni microondas, pero el frigorífico es muy grande. ¡Ah! Y, bueno, lo peor del piso es que es un sexto sin ascensor.

Markus nos habla de su piso:
Pues, yo comparto piso con cuatro personas más. El piso es bastante grande, aunque un poco viejo. Peter y Mary comparten habitación, pagan un poco más, claro, porque su habitación tiene baño. Susan y Renata comparten otra habitación y yo tengo una para mí solo. En mi habitación hay una cama de matrimonio, un armario empotrado bastante grande y... un escritorio para trabajar. No hay mucha luz natural porque la ventana no da a la calle. Así que, a veces trabajo en el comedor; cuando no hay mucha gente, claro, porque si no, es imposible.
La cocina no está mal, hay una mesa y a veces comemos o desayunamos allí mismo.
Hombre, lo mejor del piso, sin duda, es la terraza. Tenemos una mesa bastante grande y muchas sillas. A menudo organizamos cenas con los amigos y nos quedamos allí hasta las tantas hablando y bebiendo. Lo peor del piso es que no tiene calefacción ni gas y tenemos que estar siempre atentos al repartidor de butano.

Maya nos habla de su piso:
Pues mira, en el piso vivimos tres personas, pero siempre hay gente de visita. El salón es bastante amplio y acogedor. Hay una mesa grande, un sofá cama, un sillón y una mesita. No tenemos tele, pero la verdad es que a mí no me importa. ¡Ah! La cocina es bastante estrecha, no cabe ni una mesa pequeña, pero los electrodomésticos son nuevos: la nevera, el microondas, la cocina...
De las tres habitaciones, la mía es la más grande; tengo que pagar un poco más, eso sí, pero como el piso no está en el centro, el alquiler no es muy alto.
¿Lo mejor del piso? Lo mejor es que todo es exterior, todas las ventanas dan a la calle y entra mucha luz. Y lo peor, que solo hay un baño y, especialmente por las mañanas, hay bofetadas para entrar el primero.

UNIDAD 3: AFICIONES Y GUSTOS

Textos y pretextos
Ejercicios 2b y 2c

Laura: Oye, Tomás, ¿qué haces este puente?
Tomás: Pues, no lo sé todavía, ¿por qué?
Laura: Mira, es que vamos a ir al pueblo de mis abuelos, ¿te apetece venir?
Tomás: Pues, no sé, es que tengo que hacer un trabajo para la asignatura de Historia del Arte y...
Laura: Venga, hombre, que lo vamos a pasar muy bien. Vamos casi todos los del grupo.
Tomás: ¿Ah, sí? ¿Quién va?
Laura: Pues, seguro, Lorena, Sandra, Luis, Miguel, Sofía, Pedro, Nacho y Rubén. Mónica no puede venir porque tiene una boda. ¡Ah! Y Santi no lo sabe todavía, depende de si sus padres se pueden quedar con el gato.
Tomás: ¡Somos un montón! ¿Dónde vamos a dormir? ¿Ya tenemos hotel?
Laura: No, no, qué va, pero si vamos a ir a casa de mis abuelos. Ellos ya no viven ahí, sólo van a veces en verano.
Tomás: Pues, ¡menuda casa tienen tus abuelos! Será grande, ¿no?
Laura: Bueno, no creas, algunos vamos a tener que dormir en el suelo. El comedor es bastante grande, y podemos poner colchones en el suelo. ¡Además, hay chimenea! A mí me encanta dormir junto al fuego.
Tomás: ¡Anda! Y a mí... ¡Seguro que todo el mundo va a querer dormir ahí! Oye, Laura, ¿y qué se puede hacer en el pueblo de tus abuelos?
Laura: Pues, no sé, muchas cosas. Podemos ir a caminar por la montaña, montar a caballo...
Tomás: ¿Montar a caballo? ¡A mí me da un miedo...!
Laura: ¡Qué dices! Pero si es súper divertido.
Tomás: Bueno, pues unos os vais a montar a caballo y los otros nos vamos a pasear por la montaña. A mí me gusta mucho coger setas y las podemos preparar para cenar.
Laura: Vale, y otro día podemos hacer turismo, visitar otros pueblos... A mí me encanta la arquitectura de la zona, hay un

montón de iglesias románicas.

Tomás: ¡Por mí genial! A mí también me gusta mucho visitar iglesias y pueblos que no conoce casi nadie. ¿Y por la noche? ¿Hay discotecas?

Laura: ¡Qué va! Es un pueblo muy pequeño. No sé, podemos jugar a cartas o algo así. A mí me gusta mucho jugar a las películas. Te ríes mucho.

Comunicación oral
Ejercicios 1a y 1b

Marga: ¿Diga?
Miguel: ¿Marga?
Marga: Sí, soy yo.
Miguel: Hola, soy Miguel.
Marga: Hola Miguel. ¿Qué tal?
Miguel: Bien, bien. Te llamo porque el próximo fin de semana estamos pensando en hacer una salida a la nieve con la gente del club excursionista. Queremos ir a esquiar y quedarnos a dormir en un albergue. ¿Te apuntas?
Marga: ¡Hombre...! No sé. ¿Quién va?
Miguel: De momento vamos Sara, Pablo, Rafa y yo. Y tú, si quieres.
Marga: La verdad es que me apetece, pero es que yo no sé esquiar.
Miguel: Ah, bueno, por eso no hay ningún problema. Ninguno de nosotros esquiamos bien, pero allí podemos hacer una hora de clase con un monitor.
Marga: ¿Y qué día queréis ir?
Miguel: El viernes. Queremos salir el viernes a las seis de la tarde. Las pistas de esquí más cercanas están a dos horas y media, así que podemos ir a dormir al albergue que está a pie de pistas, y así al día siguiente podemos aprovechar más horas de sol.
Marga: Pues... Vale, me apunto. ¿Y en qué coche vamos?
Miguel: En el de Rafa, que es más grande.
Marga: ¡Ah! ¿Y dónde quedamos?
Miguel: En mi casa a las seis de la tarde. ¿Te va bien?
Marga: ¡Hombre! Mejor a las seis de la mañana del sábado, ¿no?
Miguel: ¿Qué?
Marga: Que no, que no, que es una broma. A las seis de la tarde del viernes es perfecto.

Tomás: O puedo llevar algunos DVD y la play.
Laura: Bueno, es que en casa de mis abuelos no hay tele y, además, a mí no me gusta nada jugar a la play.
Tomás: ¿Y tampoco hay equipo de música?
Laura: No, tampoco. Pero Pedro va a llevar la guitarra.
Tomás: ¡Huy! Entonces sí que nos vamos a reír.

Miguel: ¡Vale! Pues quedamos así.
Marga: Oye, ¿y vosotros tenéis esquís?
Miguel: No, pero los podemos alquilar allí.
Marga: ¿Y ya están reservadas las habitaciones del albergue?
Miguel: Bueno, ahora voy a entrar en Internet y las reservo.
Marga: Venga, pues nos vemos a las seis en tu casa.
Miguel: ¡Hasta el viernes! Y si hay algún problema, nos llamamos, ¿vale?
Marga: De acuerdo. ¡Hasta el viernes!

Ejercicio 1c

a) ¿Dónde está mi mochila? b) ¡Me encanta la nieve!
c) ¿Me ayudas con los esquís? d) ¡Qué frío! e) ¡Qué divertido!
f) ¿Dónde vamos ahora? g) ¡Qué miedo! h) ¿Estás bien?

Ejercicios 2a y 2b

Sara: ¡Qué aburrimiento!
Rafa: ¿Jugamos a las cartas?
Sara: No me gustan las cartas.
Rafa: ¿Quieres ir a pasear?
Sara: ¿A pasear? ¡Huy, no, qué frío!
Rafa: Pues... no sé. ¿Por qué no miramos un rato la tele?
Sara: ¿La tele? ¡Qué rollo!
Rafa: ¡Venga, anímate! ¿Por qué no jugamos al billar?
Sara: No, al billar no.
Rafa: Pues, ¿qué te apetece hacer?
Sara: No lo sé.
Rafa: Pues yo me voy a ver el partido de fútbol con los otros. ¿Vienes?
Sara: No. No me gusta el fútbol.

UNIDAD 4: AMIGOS Y COMPAÑEROS

Textos y pretextos
Ejercicios 2a y 2b

1.
Amiga: Oye, ¿quién es ésta de aquí?

Olga: ¿Lo dices en serio? Soy yo.
Amiga: ¿Tú? ¿Y cuántos años tenías en esta foto?
Olga: Pues, no sé, doce o trece. Ese día me fui de excursión con el colegio. En esa época todavía no llevaba gafas.
Amiga: Sí, y llevabas el pelo muy corto, ¿no?

Transcripciones

Olga: Sí, sí. Mi madre decía que así era más práctico, pero a mí no me gustaba nada.

Amiga: ¿Y la niña que está a tu lado? ¿Quién es?

Olga: ¿Niña? No es una niña, es un niño. Se llamaba Marcos. En la escuela era mi mejor amigo. Siempre jugábamos juntos, al fútbol, al escondite… Pero ahora no sé nada de él.

2.

Olga: Mira, esta foto me gusta mucho. Es la casa de los abuelos, que vivían en el pueblo.

Amiga: ¡Hala! ¡Cuánta gente!, ¿no?

Olga: Sí, estamos todos los nietos. En verano, íbamos unas semanas al pueblo y coincidíamos allí todos los primos. La casa no era muy grande y teníamos que compartir las habitaciones, pero nos lo pasábamos súper bien.

Amiga: ¿Y este niño que está a tu lado?

Olga: Es mi primo Miguel. De pequeño era muy travieso, nunca estaba sentado más de dos minutos y no le gustaba nada estudiar. Y, mira, ahora está a punto de acabar Medicina, con muy buena nota además.

Amiga: ¿Y teníais un perro?

Olga: Sí, era de mis abuelos, era un perro muy cariñoso. Se llamaba Tobías. Jugábamos mucho con él, ¡tenía una paciencia…!

3.

Olga: Mira, mira, éstos son mis padres cuando eran jóvenes. La foto es del día que estrenaron su primer coche.

Amiga: ¡Anda! ¡Te pareces muchísimo a tu madre!

Olga: Sí, las dos tenemos el pelo rizado y muy negro, llevamos gafas y no somos muy altas. Pero en el carácter me parezco más a mi padre: los dos somos bastante tozudos y, también, muy perfeccionistas.

Amiga: ¡Qué guapo era tu padre!

Olga: Bueno, no estaba mal. De joven siempre llevaba el pelo bastante largo pero, ahora, el pobre está casi calvo. Y mi madre estaba delgadísima. Ahora está bastante gordita; ella dice que es por culpa de los hijos.

Amiga: Sí, la mía dice lo mismo.

4.

Amiga: ¿Y esta foto? ¿De cuándo es?

Olga: A ver… ¡ah! Es del año pasado, de la fiesta de Fin de Año.

Amiga: ¿Y tú dónde estás?

Olga: ¿No me ves? Yo soy la que está en el centro.

Amiga: ¿Sí? Pues estás muy cambiada, ¿no?

Olga: Bueno, es que entonces llevaba el pelo muy largo. Además, lo llevaba teñido de rubio.

Amiga: Y el chico que te está abrazando, ¿quién es?

Olga: Pues no recuerdo cómo se llamaba. Era italiano y estaba estudiando en nuestra Universidad. Era un poco sobón, la verdad.

Amiga: Pero, ¿era tu novio?

Olga: ¡Qué va! ¡Qué dices! Pero esa noche estaba un poco borracho y estaba más cariñoso de lo normal.

Amiga: ¿Y cómo es que no llevabas gafas?

Olga: Es que esa noche llevaba lentillas.

Comunicación oral
Ejercicios 1a y 1b

Luisa: Por cierto, ¿sabes que el sábado es el cumple de Laura?

Jaime: ¡Ah, sí!, es verdad… Oye, ¿y por qué no le organizamos una fiesta sorpresa?

Luisa: Pues… no es mala idea. ¿Y a quién invitamos?

Jaime: Ya me encargo yo de llamar a la gente. ¿Compras tú el regalo?

Luisa: Vale, ¿y la pasta?

Jaime: Pues hacemos un fondo común entre todos. ¿Ponemos cuatro euros cada uno? Yo creo que vendrán unos diez colegas. Diez más nosotros dos, doce. Doce por cuatro… a ver… Son 48 euros. Con eso podemos comprarle un CD y las bebidas, ¿no?

Luisa: Vale, pues ya compro yo el CD, que sé qué música le gusta a Laura.

Jaime: De acuerdo. ¿Y las bebidas y el picoteo?

Luisa: Lo podemos comprar el sábado por la mañana en el súper. Compramos birras, algo para hacer cubatas y pan y embutidos para preparar bocatas, ¿vale?

Jaime: Vale. ¿Y a qué hora quedamos con la gente?

Luisa: Laura llegará sobre las cinco, que los sábados come en casa de sus padres. Podemos quedar con todos a las cuatro y media, ¿qué te parece?

Jaime: Mejor a las cuatro, ¿no?, por si alguien llega tarde.

Luisa: Sí, mejor, tienes razón. Laura no se lo espera. Va a flipar, va a flipar.

Jaime: Seguro. Laura es buena tía. Vale la pena montarle una fiesta. Por cierto, ¿cuántos años cumple?

Luisa: Veintitrés, creo.

Jaime: Compramos también un pastel, ¿no? Con velas de cumpleaños.

Luisa: Bueno, el pastel puedo hacerlo yo, que se me da bien. Y las velas, ya está, las compramos en los chinos.

Jaime: De acuerdo. Bueno, pues ya está. Todo organizado.

Luisa: Si es que… a veces tienes buenas ideas, Jaime.

Ejercicio 1d

Conversación 1: Laura entra en el piso
Todos: ¡Felicidades!
Laura: ¡Hala!... ¡Qué sorpresa! Pero, ¿qué hacéis todos aquí?
Jaime: ¡Venga!, vamos a cantarle el cumpleaños feliz.
Todos: ¡Cumpleaños feliz, cumpleaños feliz, te deseamos todos cumpleaños feliz!

Conversación 2: El momento del brindis y del regalo de cumpleaños
Luisa: A ver... ¡Un brindis por Laura!
Todos: ¡Salud!

Luisa: Y esto es para ti, de parte de todos nosotros.
Laura: ¿Qué es? ¿Qué es?
Luisa: Venga, ábrelo ya.
Laura: ¡Qué chulo! El último de Chambao. Muchas gracias. ¡Me encanta!

Conversación 3: La fiesta continúa
Jaime: ¿Quién quiere otra birra o un cubata?
Paco: Yo una cerveza, por favor. ¿Quedan patatas?
Jaime: No, ya no quedan. ¿Quieres un bocata? Toma.
Paco: Gracias. Oye, ¿ponemos otra música?
Jaime: Bueno, vale. ¿Qué música prefieres?
Paco: ¿Electrónica?

Ejercicio 2a

1. ¡Cuánta gente hay! / **2.** ¿Otra birra? / **3.** ¿El sábado es tu cumple? / **4.** ¿Un cubata? / **5.** ¿Un brindis? / **6.** ¡No quedan bocatas!

UNIDAD 5: VIVENCIAS

Textos y pretextos
Ejercicios 2a y 2b

Diálogo 1.
Sandra: ¿Diga?
Lucas: ¡Hola! ¿Está Sandra?
Sandra: Sí, soy yo.
Lucas: ¿Sandra? Soy Lucas. ¿Qué te pasa? ¿Estás enferma?
Sandra: Bueno, estoy bastante afónica y no me encuentro muy bien.
Lucas: ¡Vaya! ¿Y qué te pasa?
Sandra: Pues, me duele muchísimo la cabeza y la garganta. Está mañana he vomitado y estoy un poco mareada.
Lucas: A lo mejor estás resfriada, ¿no?
Sandra: No, no, qué va. Es que ayer fui con unos amigos a un concierto y bebí demasiado. Además, tengo mucho sueño, he dormido poquísimo porque esta mañana muy temprano ha venido el técnico a instalar Internet.
Lucas: No te preocupes, cuando descanses seguro que te sentirás mejor.

Diálogo 2
Marcos: Hola, Felipe. ¿Dónde estás? ¿Por qué no has venido al examen?
Felipe: Es que me encuentro fatal. Esta mañana he ido al médico.
Marcos: ¿En serio? ¿Qué te pasa?

Felipe: Pues, me duele muchísimo el estómago, tengo diarrea y estoy un poco mareado. Además, he vomitado varias veces.
Marcos: Igual tienes la gripe. ¿Y tienes fiebre?
Felipe: Ahora no, pero esta mañana estaba a 39°.
Marcos: ¿Y qué te ha dicho el médico?
Felipe: Pues, que tengo que hacer dieta, y me ha recetado un jarabe para los vómitos.
Marcos: Venga, que te mejores.

Diálogo 3
Pedro: Hola, Elena, soy Pedro. ¿Te apetece ir esta noche al cine?
Elena: Hola, Pedro. Lo siento, pero es que no me encuentro bien.
Pedro: ¿Qué te pasa?
Elena: No es nada grave, tengo malestar general. Me duele la cabeza y la garganta. Tengo muchos mocos y mucha tos.
Pedro: ¡Vaya! ¿Y tienes fiebre?
Elena: No, fiebre no tengo. Pero prefiero quedarme en casa.
Pedro: Oye, ¿alquilo una película y la vemos en tu casa?
Elena: Vale, buena idea.

Diálogo 4
Rosa: Oye, Miguel, mañana vamos a ir de excursión a la montaña y después iremos a cenar a casa de Lucía. ¿Te apetece venir?
Miguel: Me encantaría, en serio, pero es que estoy fatal.
Rosa: ¿Por qué? ¿Qué te pasa?
Miguel: Pues que hoy he ido por primera vez al gimnasio.

Primero, he ido a una clase de aeróbic y después he hecho pesas. Ahora estoy muerto. Me duele todo el cuerpo, sobre todo las piernas. Estoy cansadísimo.

Rosa: ¿Aeróbic? ¿Pero tú no decías que el aeróbic era cosa de niñas?

Miguel: No te rías, por favor, que me duele hasta el pelo.
Rosa: ¡Hala! No es para tanto, mañana ya estarás bien.
Miguel: No sé, si me encuentro mejor te llamo, ¿vale?
Rosa: Vale, de acuerdo.

UNIDAD 6: VIDAS

Textos y pretextos
16 Ejercicios 2a y 2b

Lucía: ¿Qué tal el fin de semana? ¿Al final fuiste a la fiesta de cumpleaños de tu amigo Lucas?

Marcos: Sí, sí que fui. Me lo pasé genial y además... conocí a una chica.

Lucía: ¿Ah, sí? Cuenta, cuenta. ¿Qué pasó?

Marcos: Espera, que te lo cuento desde el principio. Pues la fiesta fue el sábado por la noche en un local que está por la zona de Marina. Los dueños del local son amigos de Lucas y se lo dejaron...

Lucía: Vale, vale, pero vamos al grano.

Marcos: Pues, la fiesta empezaba a las diez, pero yo llegué antes, sobre las ocho, para ayudar a Lucas a prepararlo todo. Y un rato después llegó ella, que también venía a ayudar.

Lucía: ¿*Ella* tiene nombre?

Marcos: Sí, sí, se llama Laura. Pues nada, eso, que hablamos un montón durante esas dos horas y nos reímos muchísimo. Es una tía muy simpática.

Lucía: ¿Y ya está? Hablamos un montón...

Marcos: Es que luego empezó a llegar gente y... además, ella se marchó súper pronto.

Lucía: ¿Y no pasó nada?

Marcos: Bueno, antes de irse vino a despedirse de mí y me dio su número de teléfono.

Lucía: Y no la has llamado todavía, ¿verdad?

Marcos: Pues, te equivocas, la llamé ayer.

Lucía: ¡Increíble! Con lo tímido que tú eres. ¿Y qué? ¿Cuándo os volvéis a ver?

Marcos: Pues no lo sé, es que no cogió el teléfono. Yo le dejé un mensaje con mi número y la invité a ir al cine mañana por la noche, pero ella todavía no me ha llamado.

UNIDAD 7: RETOS Y PROYECTOS

Textos y pretextos
17 Ejercicios 2a y 2b

Lucía: Bueno, cuenta, ¿cómo te ha ido la entrevista? Hoy has ido a la del restaurante, ¿no?

Óscar: No, no, hoy he ido a la de la casa de colonias. Y bien, vamos, creo que me ha ido bien. La señora era muy amable.

Lucía: Entonces, ¿te han dado el trabajo?

Óscar: Bueno, la señora me ha dicho que casi seguro que sí, pero que el plazo para las entrevistas acaba mañana.

Lucía: ¿Y cuándo te dirá algo seguro?

Óscar: Pues, en principio, me llamará el jueves y, si todo va bien, firmaré el contrato la semana que viene.

Lucía: Bueno, ¿y qué te ha explicado del trabajo? ¿Qué tendrás que hacer?

Óscar: Pues, que seremos varios monitores por grupo y que cada uno hará diferentes talleres, por ejemplo, de artes plásticas, de naturaleza, de cocina... Y, claro, también habrá juegos y fiestas.

Lucía: ¿Ah, sí? Y tú, ¿cuál harás?

Óscar: Pues todavía no lo sé. La semana que viene nos reuniremos los monitores en un local que tiene la empresa en el centro y prepararemos los talleres y las actividades comunes.

También decidiremos los turnos de trabajo y de descanso. Y no sé, me ha dicho algo más, pero ahora no me acuerdo.

Lucía: ¿Y todo eso te lo pagan?

Óscar: Sí, sí, el contrato incluye dos semanas de organización del trabajo. A mí me parece bien, y así de paso conoceré a los otros monitores. Se ve que ellos ya han trabajado juntos otros años. O sea, que el único nuevo soy yo.

Lucía: Seguro que son muy majos. Oye, pero eso es mucho curro, ¿no? ¿Cuántas horas trabajarás al día?

Óscar: Es que no cuentan el trabajo por horas, se supone que trabajaremos todo el día. Piensa que comeremos, cenaremos y dormiremos allí. Bueno, haremos algún descanso por turnos, pero, vamos, que si pasa algo se acaba el descanso.

Lucía: Por lo menos te pagarán bien, ¿no?

Óscar: Bueno, por el mes de colonias más las dos semanas de preparación ganaré unos 1.300 euros limpios.

Lucía: Pues tampoco es mucho dinero. ¡Con el trabajo que dan los niños!

Óscar: Ya, pero a mí me gustan. Y creo que me lo pasaré bien. Vamos, mejor que en un restaurante doce horas al día, eso seguro.

Lucía: Sí, eso sí.

Juan: ¡Hombre! ¿Qué tal, Marta?

Marta: ¡Cuánto tiempo, Juan! ¿Qué tal? ¿Cómo te va?

Juan: Mira, acabando la carrera de Teleco. Bueno, eso espero. Me queda este año, si lo apruebo todo. ¿Y tú?

Marta: Pues yo estoy haciendo Filología Inglesa. Ya estoy en segundo.

Juan: Y, ¿todo bien?

Marta: Sí, bien. Y el año que viene quiero hacer un Erasmus en Inglaterra. Ya he pedido la beca. A ver si me la dan.

Juan: ¡Qué bien!... Oye, ¿y tu familia?

Marta: Pues mira, mis padres ya están jubilados y mi hermano está a punto de casarse con Elena.

Juan: ¿Con Elena?, ¿su novia del instituto?

Marta: Sí, sí, salen juntos desde hace casi diez años. Y por fin se casan el próximo agosto. Y vosotros, ¿qué tal?

Juan: ¡Huy! Nada, yo sigo soltero y sin novia. Pero, ¿sabes que ya soy tío? Mi hermana Lucía tuvo gemelos el año pasado.

Marta: ¡No me digas! ¡Gemelos! ¡Uf! Debe de estar muy ocupada.

¿Y todavía trabaja en la peluquería?

Juan: Sí, sí, dice que no quiere dejar de trabajar, que le gusta mucho su trabajo y que no quiere ser solo ama de casa. Pero ahora con los niños trabaja a media jornada.

Marta: Ya, claro, es normal. Bueno, y tú, cuéntame, ¿dónde vives ahora?

Juan: Pues vivo en un piso de estudiantes en el centro, pero quiero mudarme. Si acabo la carrera este año, buscaré trabajo y me iré a vivir solo. ¿Y tú? ¿Dónde vives?

Marta: Pues yo todavía vivo con mis padres. Pero cuando pueda, me independizaré. No sé, quizá dentro de un par de años, cuando acabe el Erasmus. Si es que me dan la beca, claro. ¡Huy!, yo me bajo en esta parada, pero dime tu teléfono, que me lo apunto en el móvil. Así te llamo un día de estos y quedamos.

Juan: ¡Ah, vale! Mira, es el 789 23 46. ¿Y el tuyo?

Marta: Ahora te hago una llamada perdida y así tienes tú también el mío. Bueno, pues a ver si quedamos pronto, ¿eh?

Juan: Sí, hasta pronto, y dales recuerdos a tus padres y a tu hermano.

Marta: Igualmente. Bueno, pues hasta pronto, que te vaya muy bien.

1

Marta: ¿Sabes a quién me encontré el jueves en el autobús? Ni te lo imaginas, ¡a Juan, el hermano de Lucía!

2

Marta: Y me ha dicho que a ver si quedamos un día todos. Nos hemos dado el teléfono.

3

Marta: Seguramente llamaré a Juan mañana o pasado mañana para quedar. ¿Qué te parece?

4

Marta: Bueno, Carlos, se me hace tarde y tengo que irme. Nos vemos el sábado. Que te vaya bien el día.

1

Marta: ¿Sabes a quién me encontré el jueves en el autobús? Ni te lo imaginas, ¡a Juan, el hermano de Lucía!

Carlos: ¡No me digas! ¿Y cómo le va todo?

2

Marta: Y me ha dicho que a ver si quedamos un día todos. Nos hemos dado el teléfono.

Carlos: Por mí, perfecto. Tengo ganas de volver a verlo. Oye, ¿y Lucía?

3

Marta: Seguramente llamaré a Juan mañana o pasado mañana para quedar. ¿Qué te parece?

Carlos: Cuando hables con él, dale recuerdos de mi parte.

4

Marta: Bueno, Carlos, se me hace tarde y tengo que irme. Nos vemos el sábado. Que te vaya bien el día.

Carlos: Igualmente. Venga, ¡hasta el sábado!

Transcripciones

Textos y pretextos
Ejercicios 2a y 2b

Locutor: Buenas noches, queridos oyentes. Hoy en nuestro programa *Debate al día* trataremos el polémico tema de las redes sociales. En España, este fenómeno ya cuenta con millones de usuarios, e incluso con redes creadas aquí, en nuestro país. Sin embargo, a pesar del éxito de esta nueva forma de comunicación, algunas personas han denunciado que pueden llegar a ser peligrosas. Si queréis aportar vuestra opinión, llamadnos. Os recordamos el número de nuestro programa, es el 902 31 20 31. Me avisan de que tenemos la primera llamada. ¡Hola! ¡Buenas noches! ¿Cómo te llamas?

Mónica: ¡Hola! Soy Mónica.

Locutor: ¿Desde dónde llamas, Mónica?

Mónica: Desde Madrid.

Locutor: Muy bien, Mónica. Adelante, ¿cuál es tu opinión sobre el tema?

Mónica: Pues, bueno, yo tengo una cuenta en una red social y no creo que sean peligrosas. Vamos, yo me siento súper segura. Siempre depende de ti aceptar una invitación o no.

Locutor: Mónica, perdona, ¿te importaría decirnos cuántos años tienes?

Mónica: No, no, qué va. Tengo 23, pero tengo la cuenta desde hace un año y en todo este tiempo no he tenido ningún problema.

Locutor: ¿Y qué ventajas tiene ser usuario de una red social?

Mónica: Pues, para mí lo mejor es poder hablar con mis amigos y compartir las cosas que hacemos. Además, te permite reencontrarte con amigos. Por ejemplo, yo estuve estudiando un año en Italia, con una beca Erasmus, y gracias a Facebook he conseguido recuperar a algunos amigos que hice allí. No sé, para mí las redes sociales son un espacio que puedes crear tú mismo, a tu manera... Son muy divertidas, una vez las pruebas no puedes vivir sin ellas.

Locutor: Muchas gracias, Mónica, por tu aportación.

Mónica: ¡Hasta luego!

Locutor: Ahora, vamos a dar paso a Rafa desde Málaga. Buenas noches, Rafa.

Rafa: Hola, buenas noches. Antes de nada, os quiero decir que me gusta mucho vuestro programa y que os escucho todas las noches.

Locutor: Muchas gracias, Rafa. Siempre es una alegría oír estos comentarios. Gracias. ¿Qué opinas tú del boom de las redes sociales?

Rafa: Bueno, pues yo no estoy de acuerdo con Mónica. Creo que las redes sociales pueden ser muy peligrosas, especialmente para los menores, pero no únicamente para ellos. Verás, yo soy profesor en un instituto y algunos de mis alumnos han colgado fotos mías en una red social. Evidentemente, sin mi permiso y, además, incluyen comentarios poco agradables sobre mí.

Locutor: Entiendo, hay gente que puede hacer un uso incorrecto de estas páginas.

Rafa: Sí, sí, y además creo que los adolescentes no son conscientes de la cantidad de datos personales y detalles sobre su vida que cuelgan en la red. Me parece mal que haya tan poco control en estos sitios. Considero que estas páginas no respetan la privacidad de las personas porque está demostrado que todo lo que se incluye en estas redes se traslada a otros lugares de Internet. Es evidente que pueden hacer mucho daño a los usuarios y a los no usuarios, como en mi caso.

Locutor: Muchas gracias, Rafa, y buenas noches. Recordamos que según la ley los menores de 14 años no pueden acceder a estas páginas sin la autorización de sus padres. Sin embargo, es cierto que muchos niños mienten sobre su edad para poder crearse un perfil. Vamos a saludar al siguiente oyente. Desde Barcelona nos llama Sandra. Buenas noches, Sandra.

Sandra: ¡Hola! ¡Buenas noches!

Locutor: Dinos, ¿qué piensas tú de las redes sociales?

Sandra: Bueno, es lamentable que sucedan cosas como las que ha contado Rafa, pero por otra parte este tipo de problemas o delitos también existen en la vida real, no los crea la red. Creo que uno de los problemas es que la mayoría de los usuarios no toma las precauciones necesarias, a veces por ignorancia, a veces por inconsciencia. Por ejemplo, mucha gente invita a desconocidos a su Facebook y comparte con ellos detalles muy personales.

Locutor: En tu opinión, ¿crees que las redes sociales son un fenómeno positivo?

Sandra: Sí, para mí sí. Es un espacio donde puedes intercambiar información, crear foros de opinión, puedes mantener contacto con muchas personas, compartir aficiones... Creo que las redes sociales son una posibilidad más de la comunicación. En este tema, vamos, y en muchos otros, creo que no hay que adoptar posturas extremas. Es decir, no creo que sea bueno estar conectado constantemente a la red, pero tampoco rechazar la posibilidad de usarla, siempre que se tomen las precauciones necesarias.

Locutor: Muchas gracias, Sandra, por tu intervención. Seguimos con más llamadas, recordad que también podéis hacernos llegar vuestra opinión a través del correo electrónico a la dirección debatealdia@cadenamas.com. Ahora desde Alicante nos llama Antonio. Buenas noches, Antonio...

Unidad 9: Consejos y comportamientos

Textos y pretextos
Ejercicios 2a y 2b

Diálogo 1

Sandra: ¿Qué tal? ¿Cómo te ha ido el trabajo de Literatura?
Alfredo: Pues fatal, la verdad.
Sandra: ¡Va! No exageres, seguro que no te ha ido tan mal.
Alfredo: ¿Que no? No sólo lo he suspendido, sino que la profe me ha puesto un dos.
Sandra: ¿Un dos? ¿Por qué?
Alfredo: Bueno, dice que lo he copiado de Internet.
Sandra: ¿Y lo has copiado?
Alfredo: Hombre, todo no, sólo algunas partes. Es que no sabía qué decir.
Sandra: ¿Y ahora qué? ¿Qué vas a hacer?
Alfredo: Pues no lo sé, pero si suspendo esta asignatura no terminaré este año.
Sandra: ¡Vaya faena! ¿Y por qué no vas a hablar con ella?
Alfredo: ¡Ya! ¿Y qué le digo? Tú no sabes el carácter que tiene esa profesora.
Sandra: Ya, pero algo tienes que hacer. Mira, ve a hablar con ella y discúlpate. Es lo mejor.
Alfredo: Claro, ¿tú crees que si le digo que "lo siento" me aprobará? Pues no, haré el ridículo y encima no servirá de nada.
Sandra: ¡Hombre, claro que no! Proponle una solución.
Alfredo: ¿Una solución?
Sandra: Sí, sí. Yo qué sé, proponle repetir el trabajo o hacer un examen o...
Alfredo: No sé, me dirá que no, que ya he tenido mi oportunidad.
Sandra: Pero por proponérselo no pierdes nada. El "no" ya lo tienes. Venga, anímate, ya verás como todo se arregla.
Alfredo: Bueno, vale, ¿me acompañas?

Comunicación oral
Ejercicios 1a y 2a

Ángel: A ver... Vamos a repasar qué hay en el carro y qué falta por comprar. En el carro ya tenemos todo lo del aperitivo: el jamón, el queso y las olivas.
Felipe: Sí, y también podemos comprar un chorizo, unas anchoas y una lata de espárragos.
Ángel: Vale. A ver... ¿Qué más hay que comprar?
Felipe: Pues mira, hay que comprar fruta y verdura, huevos y arroz. Y... ¿algo más?
Ángel: Sí, sí, el pescado, el marisco y un litro de aceite de oliva para la paella.
Felipe: No, aceite no, que quedan dos botellas en el armario de

Diálogo 2

Pedro: Bueno, ¿qué? ¿Ya le has dicho algo?
Lucas: Pues no, todavía no. Es que no sé qué decirle.
Luis: ¡Pues tampoco es tan difícil! Te acercas, la miras a los ojos y le preguntas con voz sugerente: "¿Qué haces esta noche?"
Lucas: ¡Ya! Me parece que tú has visto demasiadas películas. Si hago eso, primero, va a pensar que estoy mal de la cabeza y, segundo, se va a ir corriendo.
Pedro: No le hagas ni caso. Tienes que pedirle su número de teléfono a una amiga suya. Después la llamas y la invitas a cenar. Como no se lo espera, seguro que te dice que sí.
Lucas: Sí, claro, y también puede pasar que su amiga no me dé el teléfono o que ella no lo coja, o... Ahora en serio, ¿no se os ocurre nada mejor?
Luis: ¿Por qué no organizamos una cena con los de la clase?
Pedro: Sí, así no sospechará nada. Podemos quedar en el bar del otro día, luego vamos a cenar y después a tomar algo.
Lucas: Ya, ¿pero yo qué hago?
Luis: Hombre, Lucas, así es mucho más fácil. Cuando estemos en el bar, acércate a ella, pregúntale algo, habla con ella de cualquier cosa, no sé...
Pedro: Siéntate a su lado en el restaurante. Sé que es difícil, pero intenta no ser muy pesado. ¡Es broma! Pero no hables todo el rato de la Universidad, escúchala, interésate por lo que hace, lo que le gusta...
Luis: En definitiva, déjate llevar y sé natural.
Lucas: ¡Gracias! Habéis resuelto mi problema. Oye, ¿por qué no abrís un consultorio sentimental?

la cocina.
Ángel: Bueno, pues el pescado, el marisco y unas salchichas. ¡Ah sí!, también hay que comprar un paquete de café.
Felipe: Sí, o mejor dos, que tomamos mucho café.
Ángel: De acuerdo, y... ¡Ah! También faltan las bebidas. Las Coca-Colas, las cervezas y el vino.
Felipe: Sí, dos botellas de vino blanco y dos de tinto.
Ángel: Venga, pues ya está.
Felipe: Oye, también hay que comprar algunas cosas que hacen falta para casa, como papel higiénico, pasta de dientes y jabón para la lavadora. ¡Ah! Y una botella de lejía.
Ángel: ¡Uf! ¡Cuántas cosas! Ya verás como no nos va a llegar el dinero. ¿Tú has traído la tarjeta de crédito?
Felipe: ¡Anda!, pues no. ¿Y tú tampoco?

Ángel: No, y solo llevo treinta euros.
Felipe: Vaya, y yo cuarenta euros.
Ángel: Pues mejor compramos solo la comida para mañana, ¿no?

1

- ¡Venga! Ya podemos empezar a comer, si no, se enfriará la paella.
- ¡Que aproveche!

2

- El otro día me explicaron un remedio chino para el resfriado. Se ve que es bueno tomar una sopa de Coca-Cola con jengibre.
- ¡Anda ya! ¡No puede ser! ¿Tú ya lo has probado?

3
- ¿Queda un poco más de sangría?
- Vaya, lo siento. Se ha acabado.

Felipe: Vale, pues venga, vamos a poner todo lo de la lista en el carro y se acabó.
Ángel: ¡Qué rollo es ir a comprar! No me gusta nada.
Felipe: ¡Toma!, ni a mí. Pero hay que hacerlo.

4
- ¿Me pasas la sal, por favor?
- Sí, toma.

5
- Venga, pues hasta pronto. Nos llamamos, ¿vale?
- Sí. Venga, que vaya bien.

6
- ¿Qué lleva esta salsa? Está buenísima.
- Lleva vinagre, aceite, mostaza y sal.
- ¡Vaya! ¿Lleva mostaza?

UNIDAD 10: EXPERIENCIAS ERASMUS

Martina: Bueno, ¿qué tal el examen? ¿Es tan difícil como dicen?
Paolo: Calla, calla, no me hables del examen. ¡Menudo día!
Martina: ¿Por qué? ¿Tan mal te fue?
Paolo: Hombre, mal, mal, no me fue. Pero es que pasé muchos nervios.
Martina: ¡Ah, bueno! Pero eso es normal.
Paolo: No, no, pero es que tú no sabes lo que me pasó. Es que fue muy fuerte.
Martina: ¿Qué? ¿Te pillaron copiando?
Paolo: No, no, qué va. Tú sabes que en el DELE tienes que presentar el pasaporte, la hoja de inscripción... y todo eso... Y que si no lo presentas, no puedes hacer el examen.
Martina: Sí, sí, ya lo sabía. Son muy estrictos con eso. Es normal, ¿no? Es un examen oficial.
Paolo: Sí, sí, si a mí me parece bien. Bueno, pues yo llegué por la mañana para hacer la primera parte del examen, enseñé los documentos, me senté, hice el examen, vamos, todo bien. Cuando terminó esa parte de la prueba, nos dijeron que antes del oral teníamos una pausa de dos horas. Total, que yo me

fui a tomar algo y como aún me sobraba tiempo, me fui a una librería.
Martina: No me lo digas. Se te pasó la hora.
Paolo: No, no, peor aún. Según la lista, yo tenía que hacer el examen el segundo. Mientras estaba esperando, una profesora me pidió la documentación. Y en ese momento me di cuenta de que no llevaba la mochila con los libros, los papeles del examen y la documentación.
Martina: ¿Qué? ¿En serio?
Paolo: Sí, sí. La profesora se acordaba de mí, pero me dijo que sin la documentación no podía hacer el examen.
Martina: ¿Y qué hiciste?
Paolo: Pues, me ofreció la posibilidad de hacer el examen el último. Y salí pitando a buscar la mochila.
Martina: ¡Qué maja!
Paolo: Sí, la verdad es que sí. Si no llega a ser por ella...
Martina: Bueno y, ¿dónde te habías dejado la mochila?
Paolo: En la librería. Menos mal que un dependiente la vio y me la guardó. Imagínate que me la roban.
Martina: ¡Después de todo lo que te pasó, seguro que apruebas el examen!
Paolo: Eso espero.

Claves

UNIDAD 1: RUTINAS Y COSTUMBRES

Ejercicio 1
B. a1, b1, c2.

Ejercicio 2
a. gente / **b.** amigos / **c.** experiencia, cambio / **d.** comunicarse, forma / **e.** ejercicio, dinero, calle, parque / **f.** ciudades, precios.

Ejercicio 3
HORIZONTALES: 1. empiezas / **2.** te llamas / **3.** puedo / **4.** salgo / **5.** se viste / **6.** oye.
VERTICALES: 1. duermen / **2.** pongo / **3.** juego / **4.** pedimos / **5.** sentís / **6.** va / **7.** sueñas / **8.** sé / **9.** dices.

Ejercicio 4
1. tiene / **2.** vive / **3.** trabaja / **4.** se levanta / **5.** desayuna / **6.** Trabaja / **7.** estudia / **8.** ve / **9.** lee / **10.** se acuesta / **11.** habla / **12.** quiere.

Ejercicio 5
13. navega / **9.** Falta / **4.** prepara / **14.** pone / **1.** Suena / **6.** Llega / **11.** pasa / **8.** se come, se toma / **7.** Se toma, llega / **2.** Se levanta / **10.** vuelve / **3.** se ducha, se viste / **12.** Cena, ve / **15.** se acuesta / **5.** Sale.

Ejercicio 6
a5 / b7 / c6 / d4 / e2 / f3 / g8 / h1.

Ejercicio 7
a. Vuestro piso es pequeño, pero bonito. / **b.** Mis sandalias son muy cómodas. / **c.** Tus compañeros son divertidos, pero ruidosos. / **d.** Mis bombones son sin azúcar / **e.** Nuestra empresa es extranjera. / **f.** Tu reloj es muy original. / **g.** Nuestro coche es un poco viejo. / **h.** Sus novelas son aburridísimas, no me gustan. / **i.** Sus productos no son muy baratos.

Ejercicio 8
4 / 7 / 2 / 3 / 5 / 1 / 6 / 11 / 8 / 10 / 13 / 12 / 9.

UNIDAD 2: ESPACIOS PARA VIVIR

Ejercicio 1
1. Verdadera **2.** Verdadera **3.** Verdadera **4.** Falsa.

Ejercicio 2
Horizontales: 1. despertador / **2.** escritorio / **3.** lavadora / **4.** mesita / **5.** calefacción / **6.** microondas / **7.** olla
Verticales: 1. espejo / **2.** nevera / **3.** alfombra / **4.** sartén / **5.** armario / **6.** toalla / **7.** lámpara / **8.** silla.

Ejercicio 3
a. hay, hay / **b.** está, está / **c.** hay / **d.** está, hay, está / **e.** hay, hay, está.

Ejercicio 4
a. Hay algunos, hay nadie / **b.** está, estar / **c.** hay, hay ninguno, está / **d.** hay nada, hay algo, algunas.

Ejercicio 5
a. eso / **b.** ese, este / **c.** estas / **d.** aquel, aquello / **e.** esas, estas / **f.** eso.

Ejercicio 6
1. es / **2.** Está / **3.** en / **4.** están / **5.** hay / **6.** hay / **7.** es / **8.** esta / **9.** es / **10.** está.

Ejercicio 7
1. también / **2.** Por eso / **3.** Además / también / **4.** porque / **5.** pero.

Claves

UNIDAD 3: AFICIONES Y GUSTOS

Ejercicio 1
B. 4 / 3 / 1 / 5 / 2.

Ejercicio 2
1. entradas, taquilla, sesión, películas / **2.** escenario, obra, actores / **3.** estadio, partido, equipo / **4.** excursiones, mapa, itinerario.

Ejercicio 3
El tutor ➜ los tutores
los amigos ➜ el amigo
las citas ➜ la cita

la película ➜ las películas
la edad ➜ las edades
la entonación ➜ las entonaciones
los juegos ➜ el juego
las ciudades ➜ la ciudad
el aprendizaje ➜ los aprendizajes
las recomendaciones ➜ la recomendación
los ordenadores ➜ el ordenador
la reunión ➜ las reuniones
los errores ➜ el error
la habilidad ➜ las habilidades

Ejercicio 4
b. La estudiante lleva en la **mano** derecha unas **flores** rojas y en la izquierda unos **poemas** y una **foto** antigua del **poeta** Antonio Machado.
c. Durante todo el **día** el joven recorre en su **moto** nueva las **calles**, las plazas y los **parques** de la **ciudad**.
d. La **gente** mayor prefiere los **programas** informativos de la tele a los de la **radio**.

e. Después de las **clases** de esta **tarde** podemos ir al **cine** o a cenar a un **restaurante**.
f. En los próximos **meses** va a visitar los diez **lugares** más turísticos del **planeta**.
g. En este **mapa** de la **ciudad** no encuentro la **dirección** de nuestro **hotel**.
h. Este es el **resumen** de toda su **tesis** sobre el nuevo **sistema** económico.

-a masculino	-o / -or femenino	-e masculino	-e femenino	-consonante masculino	-consonante femenino
el problema	la mano	el parque	la calle	el país	la crisis
el poema	la foto	el restaurante	la clase	el lugar	la capital
el poeta	la moto	el cine	la tarde	el mes	la ciudad
el día	la flor		la gente	el hotel	la dirección
el programa	la radio			el resumen	la tesis
el planeta					
el mapa					
el sistema					

Ejercicio 5
a. les preocupa / **b.** nos gustan, nos vamos / **c.** me molesta / **d.** os preocupa, les preocupa, bañarse / **e.** te encanta, te molesta / **f.** le gusta, se queda / **g.** se enfada, se equivocan.

Ejercicio 6
a. le gustan, le gusta / **b.** le gusta / **c.** les gustan / **d.** les gusta / **e.** le gustan, le gusta / **f.** le gusta / **g.** les gustan / **h.** le gusta, le gustan / **i.** le gusta, le gusta.

Ejercicio 8
5 / 1 / 7 / 3 / 4 / 2 / 6 / 8.

UNIDAD 4: AMIGOS Y COMPAÑEROS

Ejercicio 1
Soluciones posibles:
Impuntuales: 8 / generosos: 4 / tardan en despedirse: 6 / modestos: 5 / informales: 7 / tocan a menudo a la persona con quien hablan: 2 / tienen la costumbre de invitar: 3 / saludan con dos besos: 1.

Ejercicio 2
1. alegre, triste / **2.** sincero, mentiroso / **3.** pesimista, optimista / **4.** realista, (idealista, romántico, soñador) / **5.** valiente, cobarde / **6.** divertido, aburrido / **7.** simpático, antipático / **8.** introvertido, extrovertido / **9.** egoísta, generoso.

Ejercicio 3
A. mide / pesa / es / tiene / lleva **B.** es / se pone / tiene / se lleva bien **C.** le encanta / le interesan **D.** soporta / le molesta.

Ejercicio 4
a. más que yo / **b.** menos difícil que / **c.** tan difícil como / **d.** tantas horas de clase como / **e.** tanto como / **f.** menos horas que / **g.** tantas horas como / **h.** más inteligente que / **i.** tanto como.

Ejercicio 5
Soluciones posibles:
a. Juana tiene más hermanos que Roberto. / Roberto tiene menos hermanos que Juana. / Roberto no tiene tantos hermanos como Juana.
b. Me gusta tanto este cuadro de Picasso como ese de Miró.
c. Natalia es más alta que Juana. / Juana no es tan alta como Natalia. / Juana es menos alta que Natalia.
d. Samuel es más gordo que Jorge. / Jorge no es tan gordo como Samuel. / Jorge es menos gordo que Samuel.
e. Jorge habla más que Juana. / Juana no habla tanto como Jorge. / Juana habla menos que Jorge.
f. Samuel es más simpático que Roberto. / Roberto no es tan simpático como Samuel. / Roberto es menos simpático que Samuel.

Ejercicio 6
A-B. Matilde es **menor** - más **joven** que Alejandro. / Alejandro es más **alto**. / Alejandro **pesa** más que Matilde. - Matilde **pesa** menos que Alejandro. - Matilde no **pesa** tanto como Alejandro. / Matilde **fuma** tanto como Alejandro. / Matilde **fuma** tantos cigarrillos al día como Alejandro. / Alejandro hace más **deporte** que Matilde. - Matilde hace menos **deporte** que Alejandro. - Matilde no hace tanto **deporte** como Alejandro.
C-D. Este castillo es tan **antiguo** como la iglesia de mi pueblo. /

Este castillo tiene tantos **siglos** como la iglesia de mi pueblo.- La iglesia de mi pueblo tiene tantos **siglos** como este castillo. / La iglesia de mi pueblo es más **pequeña** que este castillo./ Este castillo está **peor conservado** que la iglesia de mi pueblo./ Este castillo es tan **bonito** como la iglesia de mi pueblo. / Este castillo **me gusta** tanto como la iglesia de mi pueblo.- La iglesia de mi pueblo **me gusta** tanto como este castillo.
E-F. El anterior programa informático es más **barato** que el nuevo programa. / El anterior programa informático cuesta 100 euros **menos** que el nuevo programa.- El anterior programa informático cuesta **menos** euros que el nuevo programa.- El nuevo programa informático cuesta 100 euros **más** que el anterior programa.- El nuevo programa informático cuesta **más** euros que el anterior programa. / El nuevo programa informático es tan **rápido** como el anterior programa. / El nuevo programa informático es más **complicado** que el anterior programa.- El anterior programa informático es menos **complicado** que el nuevo programa.- El anterior programa informático no es tan **complicado** como el nuevo programa. / El nuevo programa informático tiene más **problemas** que el anterior programa.- El anterior programa informático tiene menos **problemas** que el nuevo programa.- El anterior programa informático no tiene tantos **problemas** como el nuevo programa.

Ejercicio 7
1. era / **2.** trabajaba / **3.** era / **4.** se reían / **5.** Era / **6.** Llevaba / **7.** se ponía / **8.** Caminaba / **9.** tenía / **10.** tenía / **11.** gritaba / **12.** lloraba.

Ejercicio 8
1. era / **2.** era / **3.** vivía(n) / **4.** trabajaba(n) / **5.** son / **6.** se dedican / **7.** era / **8.** convivían / **9.** se ocupaba / **10.** cuidaba / **11.** trabajaba / **12.** iban / **13.** seguían / **14.** tenían / **15.** necesitaban / **16.** tienen / **17.** trabajan / **18.** estudian / **19.** era / **20.** tenían / **21.** viajaban / **22.** estaba / **23.** escuchaban / **24.** resulta / **25.** había / **26.** tomaba / **27.** se bañaba / **28.** gobernaba / **29.** tenía / **30.** es / **31.** se divertían.

Ejercicio 9
1. chula / **2.** qué dices / **3.** hala / **4.** súper joven.

Claves

Unidad 5: VIVENCIAS Y SENSACIONES

Ejercicio 1
B. 2 / 6 / 4 / 1 / 5 / 3.

Ejercicio 2
Síntomas: dolor, vómitos, diarrea, picor, tos, fiebre, estornudos, mareo, mocos / **Enfermedades:** gripe, alergia, gastroenteritis, resfriado, bronquitis / **Medicinas:** supositorio, gotas, jarabe, pomada, pastilla, inyección.

Ejercicio 3
Cabeza: ojos - boca - orejas - nariz - cara - pelo /
Tronco: espalda - pecho - vientre - caderas /
Extremidades: brazos - piernas - manos - pies - dedos /
Órganos internos: corazón - hígado - estómago - pulmones - riñones.

Ejercicio 4
1. los / **2.** los / **3.** la / **4.** La / **5.** los / **6.** los / **7.** los / **8.** el / **9.** lo /
10. lo / **11.** el /los / **12.** lo/los / **13.** Los.

Ejercicio 5
1-4, ¿Por qué no has ido a clase? Es que no he oído el despertador y me he dormido./ **2-7**, ¿Por qué no has llamado todavía al dentista? Es que he perdido su número de teléfono./ **3-3**, ¿Por qué no has asistido a la reunión? Es que he estado muy ocupado y me he olvidado./ **4-1**, ¿Por qué has llegado tan tarde? Es que he perdido el autobús y he tenido que esperar…/ **5-8**, ¿Por qué no has venido a comer conmigo? Es que he tenido mucho trabajo y he comido en la oficina./ **6-0**, ¿Por qué no has escrito nada…? Es que no he tenido tiempo y no he podido terminarlo./ **7-6**, ¿Por qué has vuelto tan pronto? Es que el profesor no ha venido y no ha habido clase./ **8-5**, ¿Por qué no te has presentado a la comida…? Es que me he roto una pierna y he tenido que ir al hospital.

Ejercicio 6
1. he venido / vengo **2.** tengo **3.** estornudo **4.** he venido / vengo **5.** me he despertado **6.** ha durado **7.** he tenido **8.** me tomo **9.** he tomado - estoy tomando **10.** está **11.** molesta **12.** he tenido **13.** me he levantado **14.** me he puesto **15.** he visto.

Ejercicio 7
1. Lo siento / **2.** no te preocupes / **3.** Estimado profesor Escribano: / **4.** Le agradezco mucho/ **5.** Podrías/ **6.** Siento mucho/ **7.** Un saludo cordial.

Unidad 6: VIDAS

Ejercicio 1
1- c / 2-d / 3-a / 4-f / 5-b / 6-e.

Ejercicio 2
1- e / 2-a / 3-b / 4-c / 5-d.

Ejercicio 3
a. Conocí a mi novio hace 3 años. Salgo con mi novio desde 2010. / **b.** Se pusieron enfermos hace 4 días. Están enfermos desde el sábado. / **c.** Empezasteis el curso hace 2 semanas / hace 14 días. Asistís al curso desde el 7 de enero. / **d.** Saliste de tu país hace 6 meses / hace medio año. No vives en tu país desde diciembre.

Ejercicio 4
1. hace / **2.** hace / **3.** en / **4.** en / **5.** desde / **6.** en / **7.** hace / **8.** desde / **9.** en / **10.** hace /**11.** desde / **12.** desde / **13.** hace / **14.** desde / **15.** hace.

Ejercicio 5
a. (he estado) estuve / **b.** (he tenido) tuve / **c.** (he podido) pude / **d.** (he llamado, he dicho) llamé, dije / **e.** (hemos ido, hemos estado) fuimos, estuvimos / **f.** (he hecho, he hecho, he tenido, me he comido, he ido, he terminado, he entregado) hice, hice, tuve, me comí, fui, terminé, entregué.

Ejercicio 6
(1) llegué / **(2)** he hecho/ **(3)** me alojé / **(4)** paré / **(5)** fui / **(6)** busqué/ **(7)** visité/ **(8)** he podido / **(9)** encontré / **(10)** gustó / **(11)** firmé / **(12)** dejé / **(13)** me instalé / **(14)** he podido / **(15)** dormí / **(16)** salí / **(17)** empecé / **(18)** hice / **(19)** he vuelto / **(20)** he hecho / **(21)** he conocido.

Ejercicio 7
En 1980 comenzó / al año siguiente realizó / participó / En 1982 abrió / Tres años más tarde llevó / organizó / En otoño de aquel año realizó / fue / Al año siguiente, 1986, organizó / empezó / En 1987 diseñó / participó / Al cabo de tres años presentó / En 1992 empezó / diseñó / inició / Tres años después / dio / En 1999 inauguró.

Unidad 7: Retos y proyectos

Ejercicio 1
1. Verdadera / 2. Falsa / 3. Verdadera / 4. Falsa.

Ejercicio 2
1. entrevista / 2. jornada laboral / 3. sueldo / 4. ascenso / 5. despido / 6. contrato / 7. paro / 8. jubilarse.

V	A	S	C	E	N	S	O	T	A	S	R	G	E
J	E	E	S	A	Y	J	E	S	E	A	D	F	N
J	R	J	H	D	A	O	G	I	K	C	B	A	T
D	U	A	E	D	E	S	P	I	D	O	F	I	R
I	A	B	S	R	P	F	C	N	E	N	W	P	E
E	L	E	I	A	E	C	C	A	M	T	E	L	V
V	C	A	E	L	S	V	N	C	C	R	R	G	I
B	E	R	C	F	A	R	I	I	U	A	Y	E	S
L	T	E	S	E	G	R	E	S	G	T	H	F	T
U	I	F	A	B	R	A	S	E	T	O	B	A	A
S	U	E	L	D	O	T	E	E	I	A	E	D	J
A	E	B	D	G	I	A	L	A	N	M	O	E	B
J	O	R	N	A	D	A	L	A	B	O	R	A	L
P	A	R	O	S	A	C	I	N	T	O	N	T	E

Ejercicio 3
1. dentro de tres meses empezaré / 2. el próximo verano – el verano que viene colaboraré / 3. mañana veré / 4. el año que viene / el próximo año pasaré / 5. dentro de tres años, cuando acabe la carrera, empezaré / 6. el fin de semana que viene / el próximo fin de semana haremos / 7. dentro de un rato llamaré /

8. la semana que viene / la próxima semana haré / 9. cuando llegue, me pondré / 10. pasado mañana me sacaré / 11. mañana por la mañana vendrán / 12. la semana que viene / la próxima semana dejaré.

Ejercicio 4
A. 1. empezarás 2. me contraten 3. contratarán 4. tenga 5. tendrás 6. compre 7. comprarás 8. consiga 9. conseguirás 10. trabaje 11. gane 12. ganarás 13. empiece.
B. 1. enviará 2. hable 3. pueda 4. hablará 5. estudie 6. practique 7. practicará 8. hable 9. hablará 10. 11. tendrá 12. me sienta 13. pueda.

Ejercicio 5
1. llama / 2. contratan / 3. hacen / 4. monta / 5. llame / 6. ofrezcan / 7. sea / 8. tenga.

Ejercicio 6
1. estudiaré 2. voy a vomitar 3. quedaremos 4. voy a coger, empezaré 5. devuelvo 6. aterrizaremos 7. vamos a aterrizar 8. ceno 9. lloverá-va a llover 10. aumentará 11. estaré 12. vamos a comer.

Ejercicio 7
Conversación A: 1. ¿Cómo te va todo? / 2. ¿Y a ti? / 3. Oye / 4. tengo un poco de prisa / 5. que te vaya bien / 6. Igualmente.
Conversación B: 1. ¡Hombre / 2. Mira / 3. tengo que decirte algo / 4. ¡Qué me dices! / 5. Es que / 6. a ver si.

Unidad 8: Puntos de vista y valoraciones

Ejercicio 1
A. 1b , 2b, 3 a
B. Noticia 1: un diario de alcance nacional / Noticia 2: una revista del corazón / Noticia 3: una revista universitaria o un diario de alcance nacional.

Ejercicio 2
Televisión: parabólica, documental, zapear, telespectador, telediario, periodista, serie, informativos, cadena, sensacionalismo, audiencia, mando a distancia, programa, programación, publicidad, anuncio, canal, culebrón, película, cable, satélite, sintonizar, retransmitir, dibujos animados, antena / Radio: frecuencia, periodista, cadena, sensacionalismo, audiencia, sintonía, oyente, programa, programación, emisora, publicidad, anuncio, sintonizar, retransmitir, onda, antena / Prensa escrita: quiosco, periodista, editorial, columna, sensacionalismo, lector, tirada, publicidad, suplemento, periodismo, anuncio, artículo, periódico, revista / Internet: arroba, virus, navegar, usuario, módem, portal, anuncio, publicidad, ADSL, página web.

Ejercicio 3
1. creo que puede / 2. no creo que haya / 3. piensa que viven / 4. me parece que es, no creo que tengan / 5. pienso que necesitan, no creo que exista / 6. creo que actúan, no deben / 7. no está claro que sea, respete / 8. no creo que haya, me parece que no se respetan / 9. creo que no es / 10. no me parece que informe.

Ejercicio 4
2. Es una tragedia que el SIDA en África esté matando a miles de personas. / 3. Es injusto que haya gente en la cárcel por sus

ideas o su religión. / **4.** Es un desastre que muchos pueblos no tengan agua potable. / **5.** Es indignante que grandes marcas utilicen mano de obra infantil. / **6.** Es increíble que 3.000 millones de personas vivan con 2 dólares al día. / **7.** Es necesario que muchos ciudadanos hagan cosas para cambiar la situación.

Ejercicio 5
1. va / **2.** estudiar / **3.** es / **4.** va / **5.** bien / **6.** tenga / **7.** tiene /

8. bajan / **9.** baje / **10.** bajen / **11.** van / **12.** bueno / **13.** estudiarán / **14.** tenga.

Ejercicio 6
1. vaya, piensen, intenten **2.** ayuda, mejora, compremos, podemos **3.** tienen, tengan, sean, manipulan **4.** tenemos, podemos.

UNIDAD 9: CONSEJOS Y COMPORTAMIENTOS

Ejercicio 1
B. a. 11 / **b.** 17 / **c.** 2 / **d.** 8 / **e.** 19 / **f.** 7 / **g.** 1 / **h.** 20 / **i.** 6 / **j.** 9.

Ejercicio 2
Pescado y marisco: sardina, bacalao, salmón, atún, almejas, mejillones, merluza, gambas, calamares / **Carne y embutido:** ternera, buey, cerdo, cordero, chorizo, jamón, salchichas, pollo / **Frutas, verdura y hortalizas:** acelgas, cebolla, lechuga, col, tomate, naranja, limón, fresa, pimiento, manzana, melón, uva, plátano, zanahoria, judías verdes / **Lácteos:** leche, queso, yogurt, mantequilla, flan / **Legumbres y cereales:** alubias, arroz, garbanzos, lentejas, pan.

Ejercicio 3
1. ¿Habláis más bajo, por favor? Hablad más bajo, por favor. / **2.** ¿Me puedes dejar un boli? ¿Puedes dejarme un boli? Déjame un boli. / **3.** ¿Podéis cerrar la ventana? ¿Cerráis la ventana? / **4.** ¿Puede subir un poco el volumen? Suba un poco el volumen. / **5.** ¿Corre las cortinas? Corra las cortinas. **6.** ¿Podéis hacer ahora el ejercicio 9? Haced ahora el ejercicio 9. / **7.** ¿Puedes explicarlo otra vez, por favor? ¿Lo puedes explicar otra vez, por favor? ¿Lo explicas otra vez, por favor? / **8.** ¿Pones el aire acondicionado? Pon el aire acondicionado.

Ejercicio 4
1. Recuerde / **2.** se olvide / **3.** Tome / **4.** haga / **5.** compre / **6.** organice / **7.** preste / **8.** elija / **9.** Compruebe / **10.** Lea / **11.** fíjese / **12.** Deje / **13.** acepte / **14.** meta / **15.** ponga / **16.** Lave / **17.** Consuma / **18.** saque / **19.** Lave / **20.** lávese / **21.** tenga / **22.** recuerde.

Ejercicio 5
A. 1. pon / **2.** lava / **3.** pela / **4.** te olvides / **5.** corta / **6.** pon / **7.** Añade / **8.** tritura / **9.** pasa / **10.** Pon / **11.** añade / **12.** Vuelve / **13.** Sirve / **14.** corta / **15.** guárda / **16.** consérva / **17.** pon.
B. 1. rompe / **2.** bate / **3.** mezcla / **4.** deja / **5.** calienta / **6.** bate / **7.** añádelos / **8.** echa / **9.** baja / **10.** muévelo / **11.** baja / **12.** déjalo / **13.** pon / **14.** dale / **15.** pon / **16.** elige.

Ejercicio 6
1. Pon / **2.** Machaca / **3.** mueve / **4.** añade / **5.** remueve / **6.** Corta / **7.** coge / **8.** sírvelo / **9.** pon / **10.** utiliza.

Ejercicio 7
1. elígela / **2.** Prepáralas / **3.** Hazlas / **4.** Cómpralo / **5.** cocinarlos / **6.** Combínalas / **7.** prepáralos.

Ejercicio 8
Conversación A: 1. ¿Diga? / **2.** Oye / **3.** ¡Anda! / **4.** ¡Venga!
Conversación B: 1. Perdona / **2.** ¡Vaya! / **3.** Venga.
Conversación C: 1. ¡Anda! / **2.** mira / **3.** Venga / **4.** Venga.

UNIDAD 10: EXPERIENCIAS ERASMUS

Ejercicio 1
1a / 2d / 3e / 4c / 5b.

Ejercicio 2
1. albergues / **2.** pasaporte / **3.** guía / **4.** mapas / **5.** mochila / **6.** calzado / **7.** botiquín / **8.** tarjetas.

Ejercicio 3
a. Hace una semana me compré, gustaban-gustaron, eran / **b.** Esta mañana estaba, tenía, he podido / **c.** Anteayer llevaba, tuvo / **d.** El sábado se marchó, se enfadó / **e.** Esta semana hemos hecho, hemos tenido-teníamos / **f.** Hoy ha sonado, se ha dormido, ha llegado.

Ejercicio 4
a-5. hacías, comías, estabas / **b-3.** estaba, conducía, patinó, chocó / **c-6.** estaba, tenía, he encendido, me he tomado / **d-1.** me acosté, dormí, me he dormido, se ha enfadado / **e-2.** estaba, ganaba, trabajaba, decidió / **f-4.** llovía, hacía, me quedé.

Ejercicio 5
a. 2. - b. 1. / c. 2. - d. 1. / e. 1.- f. 2. / g. 1.- h. 2. / i. 2. - j. 1.

Ejercicio 6
a. 1. - b. 2. / c. 1. - d. 2. / e. 2.- f. 1. / g. 1.- h. 2.

Ejercicio 7
Hace muchos años **1.** vivía / **2.** era / **3.** Todas las mañanas, llevaba / **4.** sentía / **5.** pensaban / **6.** era / De repente, una noche, **7.** cambió / **8.** atacó / **9.** mató / Al día siguiente **10.** estaban / Una semana después **11.** volvió / **12.** se comió / **13.** tenían / **14.** hablaron / **15.** pidieron / Cinco días más tarde **16.** atacó / **17.** mató / Al día siguiente **18.** estaban / **19.** era / **20.** reunió / **21.** preguntó / **22.** respondió / **23.** fue / **24.** dijo / **25.** pensó / **26.** era / **27.** era / **28.** era / **29.** aceptó / **30.** dio / **31.** volvió.

Ejercicio 8
Unos días después **1.** huyeron / **2.** fue / **3.** habló / **4.** ha comido / **5.** he venido / **6.** he venido / **7.** estaba / **8.** aceptó / **9.** llevó / **10.** estaba / **11.** pidió / **12.** comió / Aquella noche y muchas noches más **13.** estuvieron / **14.** se quedó / **15.** se acercó / Un mes después **16.** volvió / **17.** estaban / **18.** pidieron / **19.** dijo / **20.** se fue / **21.** estaban / **22.** volvió / **23.** estaba / **24.** sonreía / **25.** preguntó / **26.** llegaron / **27.** salía / **28.** estaba / **29.** estaba / **30.** veía.